Sisis Hochzeit

UND DAS

ELISABETH-FEST-ALBUM

Kaiserin Elisabeth
im Jahr ihrer
Hochzeit 1854

Autor und Idee | Michael Budde

Klavier | Nino Kotrikadze

Sisis
Hochzeit

UND DAS

ELISABETH-FEST-ALBUM

Michael Imhof Verlag

Autor und Idee
Michael Budde

Lektorat
Dorothée Baganz, Michael Imhof Verlag

Gestaltung und Reproduktion
Margarita Licht, Michael Imhof Verlag

Druck
Dräger+Wullenwever
print+media Lübeck GmbH & Co. KG
Grapengießerstraße 30, D-23556 Lübeck

Umschlagabbildungen
Porträt der Kaiserin Elisabeth und Imperialwagen,
Details aus den Abbildungen der Seiten 15 und 44

© 2012
Michael Imhof Verlag GmbH & Co. KG,
Petersberg
Stettiner Straße 25, D-36100 Petersberg
Tel. 0661 9 62 82 86; Fax 0661 6 36 86
info@imhof-verlag.de
www.imhof-verlag.de
Printed in EU

ISBN 978-3-86568-711-1

Klavier
Nino Kotrikadze, Hamburg

Instrument
Steinway & Sons, D-Flügel

Aufnahme
Musikhochschule Lübeck, Großer Saal

Aufnahmeleitung und Tontechnik
Thomas Fricke-Masur, Lübeck

CD-Herstellung
Master & Servant GmbH, Hamburg
Katja Kühn

Produzent und Produktionsleitung
Michael Budde, Lübeck

Inhaltsverzeichnis

9 Grußwort „Menschen für Menschen"

I. Teil | *Sisis Hochzeit*

16 Heimatidylle Possenhofen

20 Verlobung in Bad Ischl

26 Ausflugsfahrten zum Hallstätter See

28 Abschied von Bayern

31 Spannung und frohes Erwarten in Wien

32 Offizielles Programm der Festwoche

36 Empfang in Nußdorf

39 Ankunft in Schloss Schönbrunn

41 Feierlicher Einzug in die Innere Stadt

45 Schmuck der neuen Elisabeth-Brücke

47 Vermählungsfeier in der Augustinerkirche

56 Passagen aus der Predigt

59 Brautkleid und Brautschmuck

62 Gratulationscour im Ceremoniensaal

64 Tagebuchnotizen der Schwiegermutter

67 Festliche Beleuchtung der Stadt Wien

70 Truppen-Revue und Gala-Diner

72 Abendvorstellung im Hofoperntheater

73 Hofball im Redoutensaal

77 Zünftiges Volksfest im Prater

81 Ball der Stadt Wien

84 Flitterwochen in Laxenburg

86 Staatsakt oder Traumhochzeit?

II. Teil | *Elisabeth-Fest-Album*   Komponisten | Werke

110 Meister der linken Hand
Alexander Dreyschock (1818–1869)

116 **Spinnerlied**

126 Poetische Klaviermusik aus St. Petersburg
Adolph von Henselt (1814–1889)

138 **Abendgedanken**

144 London High Society
Wilhelm Kuhe (1823–1912)

147 **Idylle**

154 Königlich-Preußische-Klavierpädagogik
Theodor Kullak (1818–1882)

160 **Nocturne**

165 König der Klaviervirtuosen
Franz Liszt (1811–1886)

172 **Berceuse**

181 Wahrer, feiner Salonstil
Julius Schulhoff (1825–1898)

188 **Gebet**

193 Mecklenburger Modekomponist wird
Pariser Salonlöwe
Charles Voss (1815–1882)

197 **Rosenblatt**

204 Komponierte Schachprobleme
Rudolf Willmers (1821–1878)

208 **Melodisches Scherzo**

210 Anmerkungen

229 Bildnachweis

230 Literatur

239 Pianistin Nino Kotrikadze

6

CD | *Elisabeth-Fest-Album*   Nino Kotrikadze | Klavier

Alexander Dreyschock (1818–1869)
1 **Spinnerlied**   2'59

Adolph von Henselt (1814–1889)
2 **Abendgedanken**   2'05

Wilhelm Kuhe (1823–1912)
3 **Idylle**   2'28

Theodor Kullak (1818–1882)
4 **Nocturne**   5'13

Franz Liszt (1811–1886)
5 **Berceuse**   4'37

Julius Schulhoff (1825–1898)
6 **Gebet**   3'20

Charles Voss (1815–1882)
7 **Rosenblatt**   1'43

Rudolf Willmers (1821–1878)
8 **Melodisches Scherzo**   4'17

Ⓟ 2011, Musikhochschule Lübeck, Großer Saal
© Michael Budde, Lübeck | Gesamtspielzeit 27'51

7

Romy Schneider - Karlheinz Böhm

Autogrammkarte vom 21. Juni 1957
Mit Ernst Marischkas Film-Trilogie (1955–1957) wurde die Kaiserin von Österreich rund 100 Jahre nach ihrer Hochzeit zur weltweit bekannten und verehrten „Sissi". Elisabeths Rufname im Kreis der Familie und Freunde war jedoch „Sisi", so unterzeichnete sie auch ihre Schreiben an vertraute Briefpartner.

Liebe Freunde und Unterstützer,

welch glanzvolles Ereignis die Hochzeit von Elisabeth und Kaiser Franz Joseph I. tatsächlich war, kann selbstverständlich auch ich heute nur mehr erahnen. Dennoch habe ich durch meine Rolle in den drei „Sissi"-Filmen eine Idee davon erhalten, wie grandios sie gewesen sein muss. Sicherlich ist es auch der prachtvollen Inszenierung durch Ernst Marischka zu verdanken, dass die „Sissi"-Filme mittlerweile weltweit als Kulturgut gelten. Der Erfolg dieser Filme und die damit einhergehende Popularität meiner Person tragen wohl ihren Teil dazu bei, dass unsere Arbeit für die Menschen in Äthiopien so wunderbare Früchte trägt.

Die Aufmerksamkeit, die ich durch diese Rolle erhielt, konnte ich 1981 auf die Situation in Afrika lenken. In den vergangenen 30 Jahren haben 4,5 Millionen Menschen durch Unterstützung meiner Äthiopienhilfe *Menschen für Menschen* Hoffnung erhalten, und die Kraft, ihr Leben selbst zum Besseren zu ändern. „Hilfe zur Selbstentwicklung" war und ist mein erklärtes Ziel. Mein großer Traum ist es, dass man diese Hilfe irgendwann nicht mehr braucht. Bis dahin gibt es noch viel zu tun und mit Ihrer Hilfe können wir diesen Traum Stück für Stück Wirklichkeit werden lassen.

Herzlichst, Ihr

Karlheinz Böhm

SPENDENKONTEN

Deutschland	**Österreich**
Stadtsparkasse München	Postsparkasse PSK
Konto: 18 18 00 18	Konto: 7.199.000
BLZ: 701 500 00	BLZ: 60 000

9

Segenswunsch zur
Hochzeit des Kaiserpaares

10

Jubel erschallt durch Oesterreichs Lande,

Freude herrschet am Donaustrande;

Bis zu den Wolken tönet es laut:

Hoch dem Kaiser und seiner Braut![1]

I. Teil | Sisis Hochzeit

Der Mythos „*Sisi*" hat einen Ausgangspunkt und dieser ist zweifelsohne mit der Hochzeit von Kaiser Franz Joseph I. (1830–1916) und Prinzessin Elisabeth (1837–1898) gegeben. Denn ausgehend von der Verlobung der beiden im Jahre 1853, die aus einer spontanen Liebe erwuchs, manifestierte sich kaum ein Jahr später im Festakt der glanzvollen Hochzeitszeremonie ein von Millionen beachteter Bund, dessen Lebens- und Schicksals-linien bis in das 20. Jahrhundert weisen.[2]

Die schöne, unkonventionelle, von schweren Konflikten und Krisen getroffene Kaiserin hat bis heute nicht an Attraktivität verloren, weil vieles aus ihrem Leben bedeutungsvoll blieb. Elisabeth trat im Laufe ihrer Regentschaft gewissermaßen als „*Anti-Kaiserin*" auf, erzwang jedoch durch ihr vielfach eigenwilliges Handeln ein allgemeines Umdenken gegenüber den traditionellen Ordnungen und Regelungen am kaiserlichen Hofe in Wien. Sie betrachtete die monarchische Staatsform als unzeitgemäße „*Ruine*" und widersetzte sich daher entschieden den ihr eigentlich obliegenden Pflichten.[3]

Für die den modernen Menschen der folgenden Jahrhunderte bezeichnenden Kategorien, wie Individualismus und Selbstverwirklichung, bot Elisabeths Persönlichkeit ein promi-nentes Vorausbild.

Bis in die Gegenwart hinein wirkt das Paar, insbesondere die Kaiserin, faszinierend. Viele Aspekte ihres Lebens, wie beispielsweise ihr Hochzeitskleid in Weiß, anstelle des üblichen

Schwarz, sind tatsächlich bedeutungsweisend für spätere Generationen der bürgerlichen Welt, andere wurden durch verschiedenste Medien dahingehend stilisiert. Historiker unterschiedlichster Fachrichtungen, Filmemacher, Buchautoren, Musicalkomponisten, Modedesigner, Mediziner, Psychologen, Therapeuten, die Tourismusindustrie und nicht zuletzt Boulevardblätter haben in allen zurückliegenden Jahrzehnten ihr Lebensschicksal erzählt, erforscht, gestaltet und interpretiert. Wohl deshalb, weil keine andere Kaiserin jemals ein solch hohes und weitreichendes Identifikationspotential für andere Menschen besaß. Episoden ihres Lebens behalten Stellvertreterfunktion. Für ungezählte Menschen war und ist Sisi Spiegel- und Vorbild zugleich. Anteil an ihrem Leben zu haben, bringt auch den Menschen heutiger Tage innere Erfüllung und sei es lediglich auf emotional berühren-der Ebene.

Immer wieder treten neue, erstaunliche Einzelerkenntnisse aus dem Leben der Kaiserin zu Tage. Sei es durch wiederentdeckte, nun veröffentlichte Briefe aus dem Familienkreis oder spezielle Forschungsperspektiven, wie beispielsweise psychohistorische Studien, durch die belegt werden konnte, dass Elisabeth ihr Erwachsenwerden verweigerte, einfach Mädchen bleiben wollte und daher ihre Figur durch Gewichtsabnahme mädchenhaft schlank trainierte.[4] Ihr Taillenumfang von 51 Zentimetern betrug noch rund zehn Zentimeter weniger als man ihn etwa bei einer Hochleistungssportlerin heutiger Tage antreffen kann (Abb. S. 2 u. 19).[5] Ihre angestrebten 50 Kilogramm Körpergewicht bei einer Größe von 172 Zentimetern gingen in Krisenzeiten bis auf 43,5 Kilogramm zurück.

Zunächst jedoch waren der Kaiser und seine junge bayerische Braut das Traumpaar des 19. Jahrhunderts (Abb. S. 10 u. 15).[6] Die Wiener allgemeine Theaterzeitung, im Untertitel als *„Conversationsblatt für alle Tagesbegebenheiten"* bezeichnet, verkündete zum Hochzeitstag: *„Der 24. April 1854 wird in den Jahrbüchern des österr. Kaiserstaates mit diamantenem Griffel und goldenen Buchstaben auf azurblauem Grunde eingetragen. Österreich und Baiern umschlingt ein neues Band, und ganz Deutschland wird dadurch fester und inniger verbunden. Se. Majestät der Kaiser Franz Joseph, der Vater Seiner Völker, hat ihnen eine Landesmutter gegeben. Die ganze Monarchie durchtönt ein Jubelruf."*[7]

Das Großereignis der Hochzeit in seinen vielfältigen Festen und Feierlichkeiten kommt in vorliegender Schrift ganz überwiegend durch Stimmen des 19. Jahrhunderts zur Geltung. Die Texte der Chronisten wurden weitestgehend in der Schreibweise ihrer Zeit belassen und nur geringfügig zu Gunsten einer besseren Verständlichkeit überarbeitet.

Bei dieser Gattung von Texten ist im Blick zu behalten, dass ihre Inhalte nicht immer als historisch genau oder objektiv in der Darstellung zu bewerten sind. Teils sind gehörige Übertreibungen bemerkbar, teils wohl auch ausgeprägte Huldigungen zugunsten des Hauses Habsburg eingeflossen. Euphorisches Schwelgen in Tönen der Freude, des Glücks und der Hoffnung bestimmen weite Passagen. Gerade aber diese Eigenarten machen den eigenen Kunststil der hier in kleinen Ausschnitten wiedergegebenen Schriften aus.

Es bereitet gewiss Vergnügen, auf diese Weise rückblickend an der glanzvollen Feier teilnehmen zu können.

Doppelporträt des Kaiserpaares
anlässlich der Hochzeit 1854

Heimatidylle Possenhofen

Am 24. Dezember des Jahres 1837 erblickte Elisabeth Amalie Eugenie als die zweitälteste Tochter des Herzogs Maximilian Joseph in Bayern (1808–1888) und der Herzogin Maria Ludovika Wilhelmine (1808–1892) im neuen Palais an der Ludwigstraße in München das Licht der Welt.

Im Sommerschlösschen Possenhofen (Abb. S. 17 u. 19), fern vom Münchner Königshof, erlebte Elisabeth eine naturverbundene, zwanglose Kindheit und Jugendzeit.[8]

Vom Starnberger See mit dem Dampfschiff kommend, vorbei an den malerisch angelegten Gärten, aus denen elegante Villen hervorlugen, erreicht man jenes mächtig emporstrebende Gebäude mit den vier Ecktürmen in warmem, rötlichgelben Mauerton, der so trefflich zu den grünen Bosketts und Bäumen, zu den schimmernden Blumenbeeten und blitzenden Fontänen wie zu der Efeukleidung harmoniert, welche die ganze östliche Front des Gebäudes wie ein natürlicher Mantel umgibt und nichts frei lässt, als die Fenster, – das ist Schloss Possenhofen.[9]

Im Jahre 1834 erwarb das Schloss Herzog Maximilian in Baiern, der erlauchte Vater unserer Monarchin, der die Umgestaltungen und Verschönerungen vornahm, der es seiner jetzigen Gestalt entgegenführte.[10]

Schloss Possenhofen

Bei Possenhofen an dem See,
Wo aus dem Dickicht springt das Reh,
Wo sich des Reihers weiße Flügeln
In der smaragd'nen Welle spiegeln,
Wo der Natur Erhabenheit
Sich gürtete mit Einsamkeit:
Seht ihr die Knospe sich entfalten,
Zur Wunderblume sich gestalten,
Ein Kelch voll edelstem Geblüt,
Voll Schönheit, Tugend und Gemüth,
Ein Blüthenkelch, in dessen Räumen
Die herrlichsten Gefühle schäumen;

Worin der Geist nach Gottes Plan,
Zu der Vollendung reift heran.
In trefflicher Geschwister Mitte
Erblüht die Jungfrau voller Sitte,
Die sanft mit Einfachheit gepaart,
Verborgen still nach Veilchen Art.
Auf grünem moosbedecktem Pfade
Eilt gern sie hin zu dem Gestade.
Wer sie erblickt, der glaubt, dem See
Entstieg die reizbegabte Fee,
Um alle Menschen zu beglücken,
Ihr Leben wonnig auszuschmücken.[11]

Elisabeth 1853
vor Schloss
Possenhofen

Verlobung in Bad Ischl

Der seinen 23. Geburtstag erwartende Kaiser hegte seit Längerem den Wunsch, sich zu verheiraten und eine eigene Familie zu gründen. Da er sich selbst von Standes wegen nicht nach Frauen umsehen konnte, bat er seine Mutter, Erzherzogin Sophie, Treffen mit katholischen Prinzessinnen zu ermöglichen. Das tat sie gerne und diskret. Die betroffenen jungen Damen wussten bei den arrangierten Familientreffen zumeist gar nicht, worum es ging. Auf diese Weise hatte der Kaiser in den frühen fünfziger Jahren bereits einige junge Damen gesehen, doch bei keiner regten sich in ihm Heiratswünsche. Das änderte sich erst im August 1853, als die Erzherzogin ihre Schwester Ludovika aus Bayern mit ihren vier ältesten Kindern zum Geburtstagsfest des Kaisers nach Ischl eingeladen hatte (Abb. S. 21).[12] Wiederum wollte sie ihrem Sohn zwei heiratsfähige Prinzessinnen vorstellen, verriet aber ihr Vorhaben nicht.[13]

Sophie empfing ihre Schwester im Hotel und schenkte dort auch den beiden Nichten Helene und Elisabeth, die sie seit einiger Zeit nicht mehr gesehen hatte, einen genaueren Blick. Wie schon fünf Jahre zuvor, war sie von der Anmut der jüngeren der zwei Schwestern bezaubert, wenngleich sie sicher auch Helene als mögliche Braut des Kaisers ansah.

Nach dem allseitigen Arrangement von Kleidern und Frisuren traten die Verwandten den Weg in das Haus der Erzherzogin an. Dort angekommen, fand die offizielle Begrüßung der Gäste statt. Hier nun traf Franz Joseph seine Cousinen Helene und Elisabeth wieder und er verliebte sich, wohl recht spontan, in die Jüngere der beiden.

Ischl um 1850

Insbesondere Briefen der Familienmitglieder ist zu entnehmen, dass man allgemein gerührt Anteil nahm an der aufkeimenden und rasch wachsenden Liebe des jungen Paares. Mit Freude erwartete die Gesellschaft das nahe Verlobungsfest.[14]

Am Tag der Verlobung in der Pfarrkirche zu Ischl, dem 19. August 1853, berichtete Erzherzogin Sophie in einem Brief: *„Seit heute früh 8 Uhr ist unser heiß geliebter Franzi [Kaiser Franz Joseph] der unausprechl. strahlend, glückliche Bräutigam der lieblichen Sisi, die gar zu lieb, innig u. glücklich u. gerührt ist u. immer voller heißer Thränen über ihrem lieblichen Gesicht [...] Mein guter Mann, Luise, wie alles, Herren, Damen, sind seligst weinen und heulen [...] Um 11 Uhr gehen wir alle mit dem Brautpaar in die Messe, Gott zu danken u. zu bitten u. um 1 Uhr nach Hallstadt zu Tisch u. zum Waldbachstrupp [...] Den Kaiser freut, daß eigentlich die Sache schon gestern an seinem Geburtstag, wo vor dem Souper gehen, Luise [Ludovika] mit Sisi in seinem Namen sprach, entschieden war [...]"*[15]

Das im Brief genannte, nach dem Mittagessen in Hallstatt anvisierte Ausflugsziel der kaiserlichen Familie, der Wasserfall *„Waldbachstrupp"*, wurde seinerzeit als eine der großartigsten Sehenswürdigkeiten der Region betrachtet (Abb. S. 23).[16]

Die *„Wiener Zeitung"* vermeldet das für die Zukunft des Landes bedeutsame Ereignis der Verlobung am 24. August wie folgt.: *„Se. k. k. Apostolische Majestät unser allergnädigster Herr und Kaiser, Franz Josef I., haben während Allerhöchst Ihres Aufenthaltes zu Ischl Ihre Hand der durchlauchtigsten Prinzessin Elisabeth Amalie Eugenie, Herzogin in Baiern, Tochter Ihrer königlichen Hoheiten des Herzogs Maximilian Josef und der Herzogin Ludovica, geborenen königlichen Prin-*

zessin von Baiern, nach eingeholter Zu-
stimmung Sr. Majestät des Königs Maxi-
milian II. von Baiern, sowie der durch-
lauchtigsten Eltern der Prinzessin-Braut
anverlobt. Der Segen des Allmächtigen mö-
ge auf diesem für das Allerhöchste Kaiser-
haus und das Kaiserreich beglückenden,
freudenvollen Ereignisse ruhen. "[97]

Ein Zeugnis der herzlichen Liebe zwischen Elisabeth und Franz gibt auch ein
weiterer Brief der zukünftigen Schwiegermutter, den diese einige Tage später
an ihren Sohn Ferdinand Maximilian
schrieb: *„Die Liebe des Braupaares steiger-*
te sich in der letzten Stunde der Maaßen,
daß Du es gar nicht glauben kannst!! Ein-
mal, während ich im Nebenzimmer mit
Luise auf dem Sopha saß, sagte sie plötzlich

Der Waldbach Strub bei Hallstatt

»aber jetzt geht's da drinnen zu«, da standen beide mit einem langen Kuß beschäftigt u. sich fest umschlingend [...]«[18]

Ergänzend zur Verlobung einige Ansichten zum Kurort Ischl aus damaliger Perspektive:

Sein Emporblühen verdankt übrigens Ischl in neuester Zeit, vorzüglich der jährlichen Anwesenheit des Hofes, was natürlich auch das Zuströmen hoher Personen aus allen Categorien zur Folge hat und man könnte vom Monat Juli bis September Ischl den Sammelplatz des hohen österreichischen Adels nennen. [...] Die Anwesenheit des Hofes und so vieler hoher Personen und ihres zahlreichen Gefolges hat für den Ort die bedeutendsten materiellen Vortheile – läugnen läßt sich aber auch nicht, daß die Nachtheile für Lebensweise und Sittlichkeit der Bewohner ebenso bedeutend sind. Der Bürgerliche lernt Genüsse und Lebensbequemlichkeiten kennen, die seinen Umständen durchaus nicht entsprechen; man gewöhnt sich an einen Ton und an eine Lebensart, die sich wohl in den Jahren der Blüthe und des Zuströmens innehalten läßt, aber bei veränderten Umständen unfehlbar den Ruin Vieler herbeiführen müßte. Die Hofluft ist überhaupt der Sittlichkeit nicht gedeihlich; wahrhaft verderblich aber besonders für die untern und

Annonce für das „Hotel zur Kaiserin Elisabeth" in Ischl

24

dienenden Classen ist der größte Theil der Dienerschaft des Adels, die nicht selten unter äußerlichen angenehmen und anständigen Formen die tiefste moralische Rohheit und Verderbtheit verbirgt.[19]

Für die zahlreichen Gäste waren Ferienwohnungen und Hotels unabdinglich. Doch nicht al-le Neubauten fanden gefallen. Besonders ins Auge stach der direkt an der Traun gelegene neue *„Wirtshauspalast"*, welcher sogleich nach der Hochzeit des Kaiserpaares werbewirksam in *„Hotel zur Kaiserin Elisabeth"* umbenannt wurde: *„[...] dem Auge [will] der Contrast, den das steinerne Haus mit der ernsten Natur bildet, nicht beha-gen [...] Wahrlich, es gibt Leute, die meinen, Ischl sei durch dieses Mausoleum, das so gewiß vornehm über die bürgerlichen Hausdächer hinschaut, eher verunstaltet als ge-schmückt worden."*, berichtet Gregor Baldi (vgl. Abb. S. 24 u. 25).[20]

Ischl von der Seite des Praters

Ausflugsfahrten zum Hallstätter See

Am 19. August machte der Kaiser mit seiner Braut und in Begleitung der Erzherzogin Sophie und der Herzogin Ludovica einen Ausflug von Ischl nach Hallstadt. Bei der abends erfolgten Rückkunft war Ischl zu Ehren des hohen Brautpaares auf das Glänzendste beleuchtet. Die Häuser waren mit Transparenten und Fahnen in den österreichischen und baierischen Farben geschmückt, während zahllose farbige Lampen sämmtliche Promenaden mit magischem Lichte erhellten und die umliegenden Villen in einem Lichtermeere erstrahlten. [...] Auf den höchsten Bergspitzen waren überall Freudenfeuer angezündet.[21]

Am 21. begab sich der Hof in zehn Wagen nach Steeg, von wo die Herrschaften die Rückfahrt zu Wasser nach Ischl antraten. Der Kaiser eröffnete die Fahrt mit der Prinzessin-Braut.[22] (Abb. S. 27)

Hallstatt um 1850

Abschied von Bayern

Während noch im Innern des herzoglichen Palais die erhabenen Verwandten von Ihrer königlichen Hoheit der Kaiserbraut Abschied nahmen, hatte sich in der grandiosen Ludwigsstraße eine unzählbare Menschenmenge versammelt. Vom herzoglichen Palais bis zum Siegesthore und darüber hinaus stand die Menge, Kopf an Kopf, so daß kaum Platz für die herzoglichen Equipagen übrig blieb. Alles harrte der lieblichen Kaiserbraut, Alles wollte sie noch einmal sehen und begrüßen, bevor sie für immer von München schied.

Da rollte der sechspännige Wagen aus dem Portale des herzoglichen Palais: auf dem Rücksitze Ihre königlichen Hoheiten die Frau Herzogin Ludovika, links von Ihr die liebliche Braut, auf dem Vordersitze ihre königlichen Hoheiten die Prinzessinnen Helene, Marie und Mathilde, und auf dem Bocke Seine königliche Hoheit der Prinz Karl Theodor.

Ein donnerndes Hochrufen empfing die höchsten Herrschaften, die tief gerührt und auf das freundlichste nach allen Seiten hin grüßten. Plötzlich, von der Macht der Gefühle des Augenblicks überwältigt, erhob sich die hohe Kaiserbraut im Wagen und wehte, das Antlitz von Thränen überströmt, mit ihrem Taschentuche ihren geliebten Münchnern das letzte Lebewohl zu.

Nur wenige Augen blieben in diesem ergreifenden Augenblicke trocken, Alles war auf das Tiefste gerührt und ergriffen! Alle fühlten im Herzen, welch köstliche Perle das Baierland an Habsburgs ritterlichen Sprößling hingibt.[23]

Abfahrt der Braut aus dem elterlichen Hause durch das Siegestor in München

Am 20. April 1854 verließ Elisabeth München (Abb. S. 29).[24] Die Reise erfolgte von Straubing in Bayern bis nach Nußdorf bei Wien per Schiff auf der Donau. Drei Tage lang dauerte die Fahrt. Unterwegs wurde der künftigen Kaiserin entlang der Uferstrecken und an allen Anlegestellen ein begeisterter und herzlicher Empfang bereitet. Franz Joseph überraschte Elisabeth mit seiner Anwesenheit in Linz. Der verliebte Bräutigam war ihr von Wien entgegengeeilt, um sie schon eher sehen zu können. Frühmorgens am nächsten Tag, Stunden vor Elisabeths Abfahrt, musste der Kaiser dann zurück an Bord seines Schiffes und von Linz ablegen lassen, damit er rechtzeitig vor Sisi beim offiziellen Empfang in Nußdorf zugegen war.

Spannung und frohes Erwarten in Wien

Wer die überaus freudige Aufregung, welche sich in den letzten Tagen vor der hochbeglückenden Ankunft unserer jetzigen inniggeliebten Kaiserin auf aller Mienen abspiegelte; wer das emsige Schaffen, die tausend und tausend bewegten Hände, die fast fieberhaften auf die letztern Nächte in Anspruch nehmenden Anstrengungen, welche in den meisten Ateliers herrschten; das emsige, rührende bemühen der Landbewohner ihre Häuser und Häuschen an den Straßen, auf welchen das hohe kaiserliche Brautpaar den Weg von Nußdorf nach dem k. k. Lustschlosse Schönbrunn zu nehmen hatte, ja recht nett zu übertünchen, zu scheuern und herauszuputzen; wer das nicht alles mit eigenen Augen gesehen; den patriotischen Wetteifer, welcher sich in allen Gemeinden in Sammlung von Spenden für die Bezirksarmen kundgab; die gleichsam unter allen Ständen gegenseitig unterhaltenen Verständigung, zur Verherrlichung des feierlichen Tages der allerhöchsten Vermählung alle Kräfte aufbieten zu wollen, nicht selbst beobachtet, und nicht die vielseitig ausgesprochene loyale Denkungsweise selbst des schlichtesten Theiles der Bevölkerung mit eigenen Ohren gehört hat, der kann sich von der Spannung und der begeisterten Erregtheit, in welche die ganze Bevölkerung sich versetzt fühlte, keinen, auch nicht den entferntesten Begriff machen; denn Alle schienen nur von dem einen erhabenen Gedanken beseelt zu sein, den Tag der allerhöchsten Trauung ja recht festlich zu begehen, und so auch der mit freudiger Ungeduld erwarteten hohen Kaiserbraut schon bei ihrem glücklichen Eintreffen in Nußdorf den herzlichsten Empfang zu bereiten.

In dieser allgemeinen, fast alles Andere vergessenden freudigen Aufregung erschien endlich der lang-erwartete 22. April, der denkwürdige Tag der glücklichen Ankunft unserer nunmehrigen hochge-priesenen Kaiserin Elisabeth.[25]

OFFIZIELLES PROGRAMM DER FESTWOCHE

෮ Samstag, den 22. April 1854

4 Uhr Nachmittags. Ankunft der Kaiserbraut und Höchstihrer Begleitung in Nußdorf.

Von dort werden Sich die allerhöchsten und höchsten Herrschaften, ohne die Vorstädte zu berüh-ren, in die k. k. Sommerresidenz Schönbrunn begeben, allwo die übrigen Mitglieder des allerdurch-lauchtigsten Kaiserhauses zur Bewillkommnung versammelt sein werden.

෮ Sonntag, den 23. April 1854

4 Uhr Nachmittags erfolgt der feierliche Einzug der Kaiserbraut.

Der Zug nimmt den Weg vom Theresianum über die Favoriten- und Wiedner-Hauptstraße herab, über die Elisabethbrücke durch das alte Kärntnerthor, die Kärntnerstraße, über den Stock-im-Ei-senplatz, Graben, Kohlmarkt, Michaeler-, inneren und äußeren Burgplatz, zur Bellaria.

Die neue Brücke über den Wienfluß welche über erfolge Allerhöchste Genehmigung den Namen „Elisabeth-Brücke" erhält, wird bei dieser feierlichen Gelegenheit zum ersten Male befahren.

Der Gemeinderath und der Magistrat der Reichshauptstadt Wien, den Herrn Bürgermeister an der Spitze, machen der durchlauchtigsten Prinzessin am Eingange der Brücke beim Vorüberfahren die Aufwartung.

- Montag, den 24. April 1854

  ¹/₂ 7 Uhr Abends. Feierliche Vermählung Sr. Majestät des Kaisers mit Ihrer königlichen Hoheit der Prinzessin Elisabeth, Herzogin in Baiern, in der Augustiner-Hofkirche.

  Der Zug bewegt sich aus der k. k. Hofburg über den Augustinergang in die Hofkirche, in welche jedoch dem Publikum der Eintritt nicht gestattet ist.

- Dienstag, den 25. April 1854

  Glänzende Beleuchtung der Stadt und der Vorstädte.

  Von der Gemeinde werden insbesondere die städtischen Brunnen und zwar jene auf dem hohen Markte, am Hofe, auf der Freiung und auf dem neuen Markte theils mit Gas, theils mit Lampen, theils mit färbigen Ballons und Transparenten beleuchtet.

  Außerdem ist der Kohlmarkt mit in der Mitte freihängenden transparenten Kronleuchtern und färbigen Ballons und das Kärntnerthor an der inneren Seite mit einer Brillant-Sonne verziert. Sämmtliche Gaskandelaber tragen Aufsätze mit den gekrönten Namenszügen Ihrer Majestäten in Gasflammen. Die Façade der Stephanskirche wird mit einem kolossalen Kreuze glänzend erleuchtet.

- Mittwoch, den 26. April 1854

  Große Truppen-Revue auf dem Exercierplatz vor dem Schottenthor, und Abends Theater paré im k. k. Hoftheater nächst dem Kärntnerthor.

- Donnerstag, den 27. April 1854

  Ball bei Hofe.

≈ Freitag, den 28. April 1854

Es finden keine Festlichkeiten statt.

Am Freitag, dem Gedenktag des Todes Jesu, sollten nach ersten Planungen keine Festlichkeiten stattfinden. Mit rund tausend Sängern und Musikern kamen jedoch unter Leitung der k. k. Hofkapellmeister Preyer und Eißen bei einem großen Musikfest in der kaiserlichen Winterreitschule Felix Mendelssohns Ouvertüre *„Meeresstille und glückliche Fahrt"* (op. 27) sowie der *„Hochzeitsmarsch"* aus der Schauspielmusik zu *„Ein Sommernachtstraum"* (op. 61, Nr. 4) zur Aufführung. Der Fest-Chor ließ unter anderem die österreichische und bayerische Volkshymne erklingen.

≈ Samstag, den 29. April 1854

Volksfest im Prater.

Für dasselbe und außer den gewöhnlichen Erlustigungen ein festlicher Umzug der Kunstreitergesellschaft des Herrn Renz um 4 Uhr durch die Jägerzeile und die Haupt-Fahr-Allee bis zum Feuerwerksplatze, wo eine Produktion stattfindet, dann das Aufsteigen mehrerer Luftballons und bei eintretender Dunkelheit das Abbrennen eines großen Feuerwerkes durch Herrn Stuwer bestimmt. In der Zwischenzeit werden akrobatische Spiele aufgeführt; für die Tanzlustigen sind zwei große Tanzsalons errichtet, welche Abends transparent beleuchtet werden.

Die Fahr-Allee im k. k. Prater ist vom sogenannten Pratersterne angefangen bis zum Rondeau mit Fahnen und Bändern geschmückt und wird Abends mit 15.000 färbigen Ballons und 73 Lampenlustern erleuchtet.

Am Rondeau werden die Namenszüge Sr. Majestät des Kaisers und Ihrer Majestät der Kaiserin, umgeben von einer Brillantsonne, im elektrischen Lichte erglänzen.

☙ Sonntag, den 30. April 1854
Städtischer Festball in den mit der Winterreitschule vereinigten Redoutensälen.[26]

Mit diesem Bürgerball in den Räumen der k. k. Hofburg, *„der alles Gesehene übertraf"*, so die Leipziger Illustrirte Zeitung: *„[...] schloß eine Festwoche, die ein Füllhorn von Reiz, Schönheit, Vergnügen, Lust und Entzücken über Wien ausgegossen hatte."*[27]

Relief auf der Revers-Seite der Gedenkmedaille zur Hochzeit
des Kaiserpaares, Medailleur Konrad Lange (1806–1854)

Empfang in Nußdorf

Die nun hierauf folgende Scene wird allen denjenigen, welche so glücklich waren, derselben beizuwohnen, niemals aus dem Gedächtnisse entschwinden. Denn kaum hatte sich die Brücke gesenkt, so schwang sich der Kaiser mit der ihm eigenthümlichen Lebendigkeit an Bord des „Franz Joseph" hinüber, sprang die auf das Verdeck führenden Stufen rasch hinan und drückte einen Kuß auf die Stirne seiner, in allen Reizen der Jugend und Anmuth strahlenden Braut.

Dieser ergreifende Moment, wo der mächtige Beherrscher Öesterreichs, der Erbe so vieler Kronen, sich über die Schranken der Etiquette hinwegsetzend, blos dem zarten Drange seiner Neigung folgte, brachte auf die Gesamtheit der Anwesenden einen unbeschreiblichen Eindruck hervor [Abb. S. 37].[28] Man vergaß bei diesem Anblicke über den glücklichen Bräutigam ganz den Monarchen.[29]

Das allerhöchste Brautpaar betrat Hand in Hand zuerst das Gestade, worauf die übrigen höchsten Herrschaften folgten. Der Herr Fürsterzbischof von Wien hatte die Ehre, unter allen Würdenträgern zuerst die durchlauchtigste Prinzessin zu begrüßen, und sie an der Pforte von Wien gleichsam mit einem frommen Willkomm zu empfangen, wonach von Sr. k. k. Majestät allerhöchst persönlich die übrigen in Function begriffenen Herren Ihrer königlichen Hoheit namentlich vorgestellt wurden.

Ankunft und Empfang in Nußdorf bei Wien

Seit die kaiserliche Braut auf dem festen Lande erschienen, wurden um sie immer dichtere Kreise gezogen, weil sich alles zusammendrängte, um diese reizende schlanke Gestalt in der Nähe nach Herzenslust betrachten zu können. Sie trug einen weißen Hut, rosafarbiges Atlaskleid und eine weiße Mantille; ihr natürlicher Haarschmuck war ganz so einfach wie auf dem Porträt [Abb. S. 2], und ließ das herrliche Oval in seiner frischen Anmuth ungeschmälert hervortreten.[30]

Der Eindruck, den die erhabene Kaiserbraut, nunmehrige Kaiserin von Öesterreich, bei höchst Ihrem ersten Erscheinen durch ihre Jugend, ihr unschuldig frohes Aussehen, kurz durch ihre engelreinen Züge auf die versammelte Menge ausübte, war ein überraschender, ein gewaltiger zu nennen; ein tausendfaches Lob verbreitete sich in einem Nu durch die ungeheure Masse des Volkes, Hoch und Niedrig stand sich von dem zauberischen Anblick unserer holdseligen Kaiserin auf das freudigste ergriffen. Ein tausendstimmiges Vivat erfüllte die Lüfte, die Damen schwenkten die Tücher, die Männer die Hüte und immer lebhafter erneuerten sich die Jubelrufe. Ihre königl. Hoheit schien von dem herzlichen Empfange sichtlich gerührt und dankte freundlich lächelnd nach allen Seiten.[31]

Gloriette im Park von
Schloss Schönbrunn

Ankunft in Schloss Schönbrunn

Seine. k. k. Majestät, welcher dem Zuge nach Schönbrunn vorausgeeilt und daselbst früher einge-
troffen waren, empfingen Allerhöchstsihre durchlauchtigste Braut beim Anlangen in Schönbrunn,
öffneten persönlich den Schlag und geleiteten Allerhöchst Dieselbe im Arme führend, über die mit
prachtvollen Teppichen belegte und mit Blumen und exotischen Gewächsen reich verzierte Treppe
in die kaiserlichen Gemächer, von deren Balkon herab sich später die holdselige Prinzessin dem hoch
aufjubelnden Publikum in anmuthiger Herablassung und Freundlichkeit zu zeigen geruhte. [Abb.
S. 39 u. 40] Später fand im k. k. Schlosse Hof-Gala-Diner statt.[32]

Schloss Schönbrunn um 1850

Feierlicher Einzug in die Innere Stadt

Am 23. April um 4 Uhr Nachmittags trafen Ihre k. Hoheiten die durchlauchtigste Frau Herzogin Louise in Baiern mit einem Diadem auf dem Haupte und die durchlauchtigste Prinzessin-Tochter, in einem sechsspännigen Leibwagen, von Höchstihren Oberhofmeisterinnen in einem zweiten Wagen begleitet, in der Theresianischen Ritter-Akademie [dem Ausgangspunkte des feierlichen Einzuges] ein. Die durchlauchtigsten Frauen waren unter Vorreitung einiger k. k. Bereiter in Kampagne-Dienstkleidern von Schönbrunn aus inkognito gefahren.[33]

Nachdem [...] Ihren königlichen Hoheiten die Stunde des Einzugs angesagt worden war, geruhten Höchstdieselben von den Obersthofmeistern geführt, in Begleitung der Obersthofmeisterinnen und der zwölf Pallastdamen, unter Vortretung zweier Hoffouriere, der Edelknaben und der sechs k. k. Kämmerer vom Dienste Sich zu dem in der Haupteinfahrt haltenden Prachtwagen zu begeben und unter Beihülfe der Obersthofmeister einzusteigen.[34]

Den Prachtwagen führten 8 kostbare milchweiße Schimmel, die Mähnen mit schweren rothen und goldenen Schnüren und Quasten eingeflochten, in rothem, reich mit Gold gesticktem Geschirre, auf den Köpfen weiße Federbüsche; die breiten goldenen bei sechs Klafter langen Zügel liefen in der Hand des Kutschers zusammen, der in der reich betreßten Hofgalla-Livré, auf dem schwarzsammtenen mit schweren goldenen Fransen und Quasten behängten Kutschbocke saß [Abb. S. 43].[35]

Zu beiden Seiten eines jeden Paars Pferde sowie neben jedem Wagenschlage schritten in voller Galla und in Gold strotzend zwei Leiblakeien. Der Wagen, der durchaus vergoldet, inmitten des Daches mit der goldenen Kaiserkrone geschmückt war und zwischen dessen hintern zwei Rädern ein goldener Reichsadler mit Apfel und Scepter prangte, war mit schwarzen goldgestickten Sammtpolstern belegt, alle Seitenwände waren mit schwarzem Sammt austapeziert und reich mit goldenen Arabesken gestickt. Im Fond des Prachtwagens saßen Ihre königl. Hoheiten die durchlauchtigste Braut und die Frau Herzogin Louise in Baiern [Abb. S. 44].[36] Ihre königl. Hoheit die Prinzessin trugen ein rundes Rosa-Atlaßkleid mit weißem Aufputz, um den Nacken eine Spitzen-Scharpe, in den Haaren ein Diadem von Diamanten, umgeben von einem Kranz von weißen und rothen Rosen.[37]

Als sich der Zug in Bewegung setzte, donnerten von den auf den Basteien aufgestellten Geschützen Kanonenschüsse und das Glockengeläute aller Vorstadtkirchen kündigte den feierlichen Moment des Einzugs an.[38]

Der Zug nahm unter dem Donner der Kanonen den Weg zum Theresianum über die Favoriten- und Wiedner Hauptstraße, dann über die neue Wienbrücke, hierauf durch das alte Kärnthnerthor und die Kärnthnerstraße, über den Stock im Eisenplatz, Graben, Kohlmarkt, Michaeler-, inneren und äußeren Burgplatz zur Bellaria [Abb. S. 45].[39]
Als sich der Zug den Stadtwällen näherte, verstummten die Artilleriesalven und bei dem Eintritte in die Innere Stadt begann das Glockengeläute der Stadtkirchen.[40]

Ankunft an der Elisabeth-Brücke

Empfang durch den Bürgermeister und den Gemeinderat von Wien an der Elisabeth-Brücke

Schmuck der neuen Elisabeth-Brücke

Die neue Elisabethen-Brücke war in eine von den seltensten Pflanzen und Blumen bedeckte Terrasse umgewandelt. Verschwunden waren größtentheils Stein- und Mauerwerk, ein grüner frischer Rasen bedeckte Ballustraden und den mächtig breiten Fahrweg, auf denen eine Fülle kleiner reizender Blumenparterre aus Rosen, Hyazinthen, Levkojen u.s.w. bestehend errichtet worden waren. Dazwischen wechselten wieder Gebüsche aus Orangen, Rhododendron und Citronen-Bäumen, die abermals mit geschmackvollen Baumgruppen verziert waren [Abb. S. 44 u. 46].[41]

Hofansage zum 23. April 1854

45

Einzug über die Elisabeth-Brücke

Vermählungsfeier in der Augustinerkirche

BERICHT DER WIENER PRESSE

Vermälung Sr. k. k. apost. Majestät des Kaisers F r a n z J o s e p h I.
mit
Ihrer königlichen Hoheit der Herzogin E l i s a b e t h in Baiern.

Die allerhöchste Vermälung Ihrer k. k. Majestät wurde gestern Abends genau nach dem von uns bereits früher mitgetheilten Programme in der Hofkirche bei den Augustinern vollzogen. Dieses Gotteshaus, in welchem seit mehreren Jahrhunderten die großen kirchlichen Feierlichkeiten unsers Kaiserhofes stattgefunden haben, ward zuerst in Folge eines frommen Gelübdes erbaut, das Friedrich der Schöne von Oesterreich machte. Kaiser Ferdinand II. übergab sie später den Augustiner-Barfüßern und erhob sie zur Hofkirche [Abb. S. 49].[42] Seit Kaiser Joseph II., welcher ihr im Jahr 1783 die jetzige Gestalt verlieh, wurde sie auch mit einem eigenen Pfarrsprengel betheilt.

Die Ausschmückung dieser Kirche gewährte gestern mit ihrer von unzähligen Candelabern und Kronleuchtern ausströmenden tageshellen Beleuchtung einen herrlichen Eindruck. Es brannten im ganzen gegen 10.000 Kerzen. Der obere Theil des Hochaltars, so wie die Wände des Presbyteriums waren bis zur höchsten Wölbung mit rothsammtenen, golddurchwirkten Stoffen verziert und der Hauptaltar selbst reich mit Blumen ausgeschmückt. Auf der Evangeliumseite stand der mit der kaiserlichen Reichskrone versehene Thronhimmel für Se. Majestät, wozu mehrere glänzend ornamentirte Stufen führten. Das Schiff der Kirche war mit Vorhängen von rothem Damaste ausgestattet, und rund um die Wände liefen kostbare Gobelin-Teppiche, mit kunstvollen Darstellungen aus der heiligen Schrift. Dicht vor dem Altar befand sich unter einem von der Decke des Presbyteriums herabreichenden Baldachin der für das Allerhöchste Brautpaar bestimmte Betschemel mit goldgesticktem weißen Sammt überzogen [Abb. S. 51].[43]

Hinter diesem standen unter einem Thronhimmel die Armstühle für die Mitglieder der kaiserlichen und herzoglichen Familie. Links davon war das Oratorium für den hohen Clerus aufgestellt und demselben gegenüber eine geräumige Tribunc für das diplomatische Corps, dann eine zweite für die verschiedenen Landesdeputationen und den Herrn Bürgermeister von Wien; für den Apostolischen Nuntius Monsignore Viale Prelà war ein eigener Fauteuil in Bereitschaft gehalten. Auf der Chorseite stiegen amphitheatralisch die für die arpatementfähigen Damen, für die Kämmerer und geheimen Räthe bestimmten Sitze empor. Die hohe Generalität und das Officiercorps füllten den Hintergrund. Für die Obersthofmeisterinnen der höchsten Frauen waren nahe am Hochaltar Kniebänke aufgestellt [Abb. S. 52 u. 53].[44]

Unmittelbar hinter dem Betschemel waren überdies noch zwei Armstühle für Se. Majestät und die durchlauchtigste Kaiserbraut angebracht.
Aber auch der sogenannte Augustinergang, welcher bekanntlich zwischen der Kirche und den kaiserlichen Gemächern in der Burg eine ununterbrochene Verbindung bildet, war bis zu der in die

Der Josephsplatz in Wien mit Blick auf die Augustinerkirche

Kirche herabführenden Stiege in einen duftenden Frühlingsgarten verwandelt. Die jugendlich fri-
schen Gestalten der Zöglinge aus der Neustädter-Militär-Akademie und der hiesigen Artillerie- und
Infanterieschule standen inmitten eines prangenden Blumenflors, welcher mit einer Allee von Oran-
gen- und Citronenbäumen eingefaßt unter der an den Wänden und dem Plafond angebrachten
magischen Beleuchtung sich wirklich feenhaft ausnahm.

Bereits um die Mittagsstunde, waren die Zugänge des Lobkowitzplatzes und die Bastei mit einem
zahlreichen Publicum besetzt; gegen drei Uhr entstand aber ein solches Gedränge, daß die Zufahr-
ten in die Augustinergasse abgesperrt werden mußten. Später stellte sich am Lobkowitzplatz ein
paradirendes Grenadier-Bataillon auf, und auf der Bastei wurden die Geschütze zur Lösung der
Freudensalven aufgefahren.

Schon bald nach sechs Uhr war der männliche Hofstaat und die Palastdamen in den Apartements
der kaiserlichen Burg vollständig versammelt. Nachdem über Meldung des k. k. Ober-Ceremonien-
meisters, daß alles bereit sei, Sr. Apostolischen Majestät durch den ersten Obersthofmeister Fürsten
Karl Liechtenstein der Kirchendienst angesagt worden war, setzte sich der Allerhöchste Brautzug
sogleich in Bewegung, und zwar in folgender Ordnung: zuerst zwei k. k. Hoffouriere, dann die
Edelknaben, zwei k. k. Kammerfouriere, die Truchsessen, Kämmerer, geheimen Räthe und die obers-
ten Hofämter.

Sodann folgten Ihre kaiserlichen königlichen Hoheiten die durchlauchtigsten Herren Erzherzoge,
von ihren Obersthofmeistern zur Seite begleitet.

Vermählung in der Augustinerkirche, Grundriss und Sitzordnung siehe S. 52

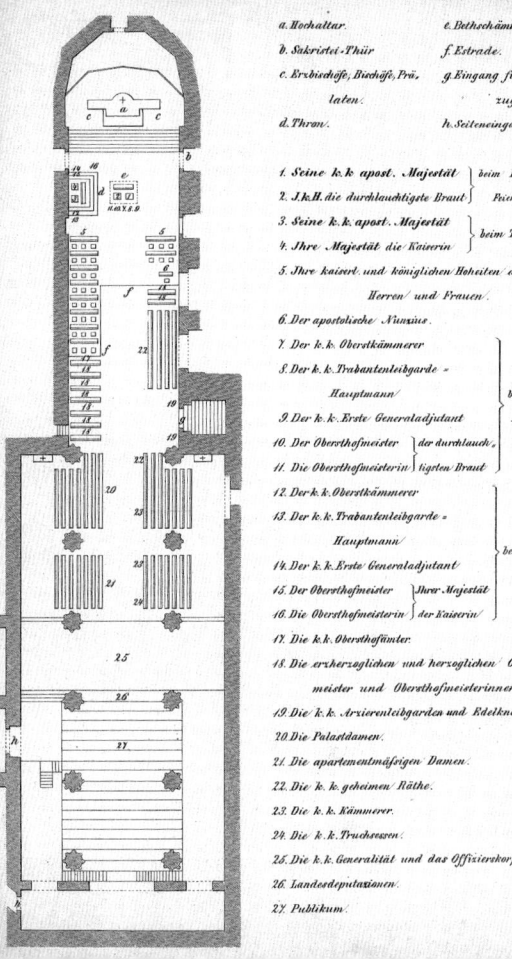

a. Hochaltar.
b. Sakristei-Thür.
c. Erzbischöfe, Bischöfe, Prä- laten.
d. Thron.
e. Bethschämmel.
f. Estrade.
g. Eingang für den Braut- zug.
h. Seiteneingänge.

1. Seine k.k. apost. Majestät } beim Beginn der
2. J.k.H. die durchlauchtigste Braut } Feierlichkeit.
3. Seine k.k. apost. Majestät } beim Te Deum.
4. Ihre Majestät die Kaiserin }
5. Ihre kaiserl. und königlichen Hoheiten die höchsten Herren und Frauen.
6. Der apostolische Nuncius.
7. Der k.k. Oberstkämmerer
8. Der k.k. Trabantenleibgarde-Hauptmann } beim Beginn der Feierlichkeit.
9. Der k.k. Erste Generaladjutant }
10. Der Obersthofmeister der durchlaucht-
11. Die Obersthofmeisterin tigsten Braut
12. Der k.k. Oberstkämmerer
13. Der k.k. Trabantenleibgarde-Hauptmann } beim Te Deum.
14. Der k.k. Erste Generaladjutant }
15. Der Obersthofmeister Ihrer Majestät
16. Die Obersthofmeisterin der Kaiserin
17. Die k.k. Obersthofämter.
18. Die erzherzoglichen und herzoglichen Obersthof- meister und Obersthofmeisterinnen.
19. Die k.k. Arcierenleibgarden und Edelknaben.
20. Die Palastdamen.
21. Die apartementmäßigen Damen.
22. Die k.k. geheimen Räthe.
23. Die k.k. Kämmerer.
24. Die k.k. Truchsessen.
25. Die k.k. Generalität und das Offiziercorps.
26. Landesdeputationen.
27. Publikum.

Zunächst hinter den Prinzen schritt Se. Majestät der Kaiser in Feldmarschall-Uniform, mit dem Großbande des königlich bairi- schen Hubertusordens, Aller- höchstwelchem der k. k. Oberst- kämmerer, der k. k. Trabanten- Leibgarde-Hauptmann und der k. k. erste General-Adjutant die Begleitung leisteten.

Unmittelbar darauf kam Ihre königliche Hoheit die durch- lauchtigste Braut; ihr zur Rech- ten die Erzherzogin Sophie und zur Linken Ihre Mutter die Her- zogin Louise in Baiern, dann Ihre kaiserlichen und königli- chen Hoheiten, die übrigen höchsten Frauen. Im Innern der Apartements trugen die Oberst- hofmeisterinnen, von dem Aus-

tritte der geheimen Rathsstube aber bis in die Kirche die k. k. Edelknaben die Schleppen der durchlauchtigsten Frauen.

Athemlose Spannung herrschte unter den Anwesenden, als die durchlauchtigste Braut die Schwelle der Kirche überschritt. Ihre königliche Hoheit trug ein Schleppkleid und einen Mantel von Moire antique, prachtvoll mit Gold und Silber gestickt und reich mit Myrthen verziert. Auf ihrem Haupte glänzte das nämliche Diadem, welches ihre durchlauchtigste Schwiegermutter, die Erzherzogin Sophie, an

Einlaß-Karte
auf die Tribune in der Augustiner Hofkirche
zur feierlichen Trauung
Seiner k. k. apostol. Majestät,
am 24. April 1854.

Nur gültig für

Der Einlaß beginnt um vier Uhr nachmittags und wird um sechs Uhr gänzlich geschlossen.

Die Herren erscheinen in Uniform; wer damit nicht versehen ist, im schwarzen Frack, mit weißer Cravate — die Frauen in gewählter Kleidung, ohne Hüte.

Der Eingang ist an der rückwärtigen Kirchenpforte in der Augustiner Gasse, wohin man nur nach der für diesen Tag bestimmten Fahrordnung gelangt.

Einlasskarte zur Trauung

ihrem Vermählungstage getragen hatte. Ueber die Schultern der kaiserlichen Braut wallte ein Spitzenschleier herab und die Brust schmückte ein frischer Rosenstrauß.

Die allerhöchsten Herrschaften wurden bei ihrem Eintritte in die Kirche unter Trompeten- und Paukenschall von dem hochwürdigsten Herrn Fürsterzbischofe Ritter Othmar von Rauscher, welcher sich mit der hohen Geistlichkeit am Eingange aufgestellt hatte, feierlich empfangen, und verfügten sich hierauf in die Nähe des Hochaltars, wo Se. Majestät und die durchlauchtigste Braut an den Betschemeln niederknieten und ein kurzes Gebet verrichteten, während die übrigen höchsten Personen sich auf ihren Plätzen unter dem Baldachin niederließen.

Nachdem die anwesenden Erzbischöfe, Bischöfe und infulirten Prälaten sich im vollen Ornate zu beiden Seiten des Hochaltares aufgestellt hatten, schritt der hochwürdigste Copulant zur ritualmäßigen Vornahme der Trauung [Abb. S. 55].[45] *In dem Momente der Auswechslung der Ringe gab das auf der Augustinerbastei aufgestellte Grenadierbataillon die erste Salve und der Donner der Kanonen verkündigte mit eherner Zunge der Hauptstadt, das Oesterreich nunmehr eine regierende Kaiserin besitze.*

Nach erfolgter Einsegnung verfügten sich die neuvermälten Majestäten zu dem auf der Evangelienseite befindlichen Throne und verharrten dort knieend längere Zeit im Gebete, während von der Hofcapelle der ambrosianische Lobgesang angestimmt wurde, wo die schweren Geschütze auf den Wällen zum zweitenmale erdröhnten. Nach dieser Andacht, gerade zum 7 1/4 Uhr, verließen Ihre Majestäten unter dem lebhaften Hochrufe der Anwesenden die kirchlichen Räume und der Rückzug des Cortege fand in derselben Ordnung wie früher, nur mit der einzigen Ausnahme statt, daß der Kaiser sich nun an der Seite seiner Gemalin befand.
Als der ganze Cortege bereits in die Gemächer der Burg zurückgekehrt war, wurden zuerst die fremden Botschafter und Gesandten Ihren Majestäten vorgestellt, und die Kaiserin empfing die Gesandtenfrauen, worauf die Generalität und die Officiere der Armee zur Aufwartung kamen. Der Schluß der erhabenen Feier fand in dem Ceremoniensaale statt, in dessen glänzend erleuchteten Räumen damals die hohen und höchsten Herrschaften versammelt waren.

Die Majestäten hatten unter dem Baldachin Platz genommen und während der Kaiser mit mehreren auswärtigen Diplomaten sprach, wurden die Damen zum Handkusse zugelassen, wobei die

allerhöchste Frau eine unbeschreibliche Anmuth und Liebwürdigkeit entwickelte.

Hierauf verließen die kaiserlichen Majestäten den Saal, um sich später in die Apartements der durchlauchtigsten Erzherzogin Sophie zu begeben. [46]

Trauungszeremonie

PASSAGEN AUS DER PREDIGT

In Begleitung von über siebzig Bischöfen und Prälaten leitete der Wiener Fürst-Erzbischof Othmar Kardinal Ritter von Rauscher die Hochzeitszeremonie (Abb. S. 35 u. 57).[47] Rauscher segnete den Bund des Paares und hielt anschließend die Predigt, in welcher er u. a. folgende Worte wählte:

Wie das Sonnenlicht sich in das Farbenspiel des Regenbogens auflöst, so scheidet die Menschheit, auf welcher der Abglanz des göttlichen Ebenbildes ruht, sich in zwei Geschlechter. In den großen Fragen des Staates und der Kirche und überall, wo es gilt, in den äußeren Kreis des Lebens mächtig einzugreifen, steht der Mann voran. Er trägt die Krone und das Schwert, er tritt an den Altar, er bricht die harte Scholle durch den Pflug, er führt das Schiff durch die Weiten des Weltmeeres; leitend und gestaltend waltet sein Gedanke in Gesetz und Wissenschaft und Kunst.
Ein stillerer Bereich ist dem Weibe zugefallen. Vielgeschäftig und unermüdlich soll sie im Kleinen Großes wirken. Sie empfängt das hilflose Kind in ihren Armen und hütet das schwache Flämmchen seines Lebens; sie sitzt am Lager des Kranken; sie schafft und ordnet mit klarem Überblicke im Kreise der Häuslichkeit; statt kühnem Aufschwunge ist ihr still ausharrende Kraft und reiche Tiefe des Gefühls gegeben.[48]

Seine Majestät der Kaiser hat vom Herrn eine große Sendung erhalten. Vom Bodensee bis zu Siebenbürgens Landesmarken, vom italienischen Po bis zu den Fluthen der Weichsel blicken achtunddreißig Millionen zu ihm empor und verlangen für alle Güter des Menschen und des Bürgers von

Kardinal Rauscher segnet das Brautpaar

seiner Kraft und Weisheit hilfreichen Schutz. Doch die Aufgabe, welche ihm ward, ist nicht nur eine erhabene, sie ist auch eine schwere und hat von ihm schon große Opfer gefordert. Wie am Morgen des Sommertages erfrischende Lüfte zu wehen pflegen, so zieht auch durch den Morgen des Le-

bens ein Hauch der Erquickung, welcher den Menschen stärken soll für die Mühen des Tages. Seine Majestät der Kaiser hat die sorglosen Freuden der Jugend seinen Völkern zum Opfer dargebracht. In der ersten Jugendblüthe warf er sich jenen dämonischen Gewalten entgegen, welche allen Heiligthümern der Menschheit Zerstörung drohten. Der Sieg blieb an seine Schritte geheftet, aber nun war das Zerstörte aufzubauen, das Zerrüttete zu ordnen, überall zu verjüngen, zu beleben, in die rechte Bahn zu bringen; es ist ein Riesenwerk und er widmet ihm den ganzen Reichthum seiner Begabung mit fast übermenschlicher Anstrengung.

Eurer Königliche Hoheit sind berufen, ihm für das Opfer des Jugendglückes Ersatz zu bringen. Der heilige und zart fühlende Augustinus spricht: „Wenn die Gattin den Gatten liebt, weil er reich ist, so ist sie nicht rein; denn sie liebt nicht den Gatten, sondern das Geld des Gatten. Wenn sie den Gatten liebt, so liebt sie ihn, und sey er auch arm und von Allem entblößt."

Eine solche Liebe werden Euere Königliche Hoheit Ihrem erhabenen Gemahle weihen, und sie wird ihm in Mitte der Herrschersorgen gleich einem Eilande seyn, welches in Mitte des Wogensturmes friedlich grünend daliegt und die lächelnde Rose und das anmuthige Veilchen keimen läßt.

Alles Reine, alles Schöne und Zarte finde an der Kaiserin Elisabeth ein Vorbild, eine Hüterin und Pflegerin. Neben Franz Josef, dem Retter und Helden Österreichs, dem Erneuerer durch gesetzgebende Weisheit, dem Vorkämpfer überall, wo es die Ehre Gottes und das Heil des Menschengeschlechtes gilt, glänze die kaiserliche Gemahlin als die erste der Frauen nicht nur durch die Krone, welche ihre Stirne bekränzt, sondern mehr noch durch Tugenden, welche von den Höhen des Thrones herab ihren milden Schein einladend über Völker verbreiten.[49]

Brautkleid und Brautschmuck

Die Toilette, welche die in Schönheit und Anmuth strahlende Braut trug, bestand in einem weißen, reich in Silber und Gold gestickten Kleide aus schwerem Seidenstoffe und einem gleichfalls goldgestickten Mantel mit langer Schleppe. Der weit herabwallende, kostbare Schleier aus Brüsseler Spitzen wurde von Brillant-Agraffen im Haare festgehalten, und der aus frischen Myrthen und Orangenblüten gewundene Brautkranz wurde von jenem prachtvollen Brillant-Diadem gekrönt, welches die Erzherzogin Sophie an ihrem Vermählungstage getragen und in sinniger Weise ihrer durchlauchtigsten Schwiegertochter zum Brautangebinde gewidmet hatte.

An der linken Seite trug Elisabeth die Abzeichen des bairischen Theresien-, des russischen und des österreichischen Sternkreuzordens. Ein herrliches Brillant-Collier umschlang den Hals der erhabenen Fürstin, und Bouquets und Schließen aus demselben Juwel hielten Mantel, Besatz und Schleifen fest. Als rührendes Zeichen tiefinnigen Gemüthes trug die gefeierte Fürstentochter neben all der blendenden Pracht der Sterne und Edelsteine auch einen Strauß lebender weißer Rosen an ihrer Brust.[50]

Ob Elisabeth wirklich die geschilderte Pracht an Juwelen zeigte, so wie es zeitgenössische Quellen berichten und spätere Chronisten ausführen, wird bezweifelt. Nach neueren Recherchen soll der originale Brautschmuck der Kaiserin über Jahre in der Familie als Hochzeitsschmuck weiterverwendet und letztlich dem Kloster Altötting in Bayern gestiftet worden sein. Dort, in der Schatzkammer der Wallfahrtskapelle, befinden sich diese Pretiosen noch heute. Als Haarschmuck gehörten dazu lediglich ein schlichter Blütenkranz aus Goldgespinst und zwei Kämme, die so gesteckt waren, dass sie zugleich als Ohrschmuck dienten, ferner eine ebenso gearbeitete Brustschließe.[51]

Elisabeths Brautkleid bleibt in der Gesamtgestalt noch ein Rätsel. Da die Zeremonie im engen Kreis der Familie und des Hofstaates gefeiert wurde, bekam eine größere Öffentlichkeit die Braut nie zu Gesicht.

Teile der Silberstickerei wurden nach der Hochzeit an die Wallfahrtsbasilika Maria Taferl in Niederösterreich geschenkt. Sie fanden an einem liturgischen Gewand wieder Verwendung. Weitere Teile des Brautgewandes gingen an die Matthias-Kirche in Budapest und wurden ebenfalls zu einem Messgewand umgearbeitet.

Erhalten blieb die Schleppe des Hochzeitskleides, sie ist 3,80 Meter lang, wurde als selbstständiges Element um die Taille befestigt und daher über dem Kleid getragen. Diese goldbestickte „Courschleppe" hatte Elisabeths Tochter Marie Valérie aufbewahrt. 1989 konnte sie aus dem Besitz der Nachfahren für das Kunsthistorische Museum Wien erworben werden.[52]

Wie auch in heutigen Illustrierten bei Adelshochzeiten üblich, wurde schon damals die Frage nach der Gestaltung des Brautkleides begierig aufgegriffen. Am Tag vor der Hochzeit erschien die Pariser Damenzeitung „Iris" mit einem kolorierten Modebild als Beilage. Es zeigt ein: „Porträt Ihrer Majestät der Kaiserin Elisabeth in Braut-Toilette." (Abb. S. 61), so die Erläuterung in der deutschsprachigen Ausgabe.[53]

Umgeben von drei Damen in eleganten Roben, wird sitzend Elisabeth gezeigt. Sie trägt ein weißes, durch Rosenbouquets an Schoß und Brust ausgezeichnetes Brautkleid. Der lange Spitzenschleier ist hinter dem aus Myrten und Blüten gewundenen Brautkranz zurückgelegt.

Farbe und Grundgestaltung stimmen auffällig mit später verfassten Beschreibungen des kaiserlichen Kleides überein. Die Herausgeber des Journals müssen vorab aus informierten Kreisen gut unterrichtet worden sein.

Elisabeth als Braut im Modejournal „L'Iris"

Gratulationscour im Ceremoniensaal

Nach Beendigung der Audienzen [...] begaben sich Ihre Majestäten mit der kaiserlichen Familie und dem zum Dienste gehörigen Hofstaate nach dem Ceremoniensaale, um die Gratulationscour zu empfangen [Abb. S. 63].[54]

Seine k. k. apostolische Majestät rechts neben Ihrer Majestät der Kaiserin unter dem Throne stehend, wie die Mitglieder der kaiserlichen Familie und des königlichen Hauses Baierns, geruhten nun sich mit den Anwesenden zu unterhalten, während Ihre Majestät der Kaiserin durch die Oberthofmeisterin die Palast- und die apartementfähigen Damen, ferner die k. k. ersten Oberthofmeister und die Kavaliere des Hofstaates vorgestellt wurden. Die Damen wurden hierauf zum Handkuß zugelassen.[55]

„Die große Cour im
Ceremoniensaale der Hofburg"

Tagebuchnotizen der Schwiegermutter

Das bislang noch unveröffentlichte Tagebuch der Erzherzogin Sophie befindet sich gegenwärtig als Depositum aus privatem Besitz im Österreichischen Staatsarchiv Wien.[56] Zehn Bände der Jahre 1853–1854 sind in einer kleinen, truhenartigen Schatulle enthalten. Die einzelnen Bücher, in hellbraunem Leder gebunden, beinhalten Einträge über jeweils drei Monate hinweg.[57] Sophie zeichnete das Tagesgeschehen filigran mit feinster Feder in blauer Tinte auf. Ausführlich wurde von der Erzherzogin die ereignisreiche Zeit zwischen Verlobung und Hochzeit in persönlichen Notizen festgehalten. Sie schreibt zumeist in französischer Sprache, doch ihr Text ist in zahlreichen Passagen kaum mehr leserlich, daher kann hier nur mit Auslassungen wiedergegeben werden, was Elisabeths Schwiegermutter zum Hochzeitstag ihres Sohnes vermerkt:

Montag 24. April [...] Gegen 7h ³/₄ suchte mich der Kaiser nach seiner Beichte auf und fand Louise [Ludovika, Sisis Mutter] in meinem Salon vor, die auf das Ende von Sisis Beichte bei Bischof Zenner[58] in meinem Oratorium wartete. Begleitet von ihrer Mutter nahm Sisi mit dem Kaiser an der Heiligen Messe [...] in der Josephskapelle teil.[59] – Franz, unsere 3 Jüngsten, ich und Carl in meinem Oratorium. Dort habe ich gebetet und aus ganzem Herzen geweint.

Das Frühstück im roten Kabinett mit meinen 4 Kindern, ihrem Vater; Louise, [und] ihren Töchtern; [Herzog] Max und Ludwig kamen dazu. Der Kaiser, so glücklich und verliebt. [...]

Etwas später mit Louise, ihren Töchtern und meinen Söhnen in Sisis Appartement, wo der Kaiser uns Gesellschaft leistete und wo Maxi und Carl ihr [Elisabeth] die von Jauner ziselierte schöne Schreibtischgarnitur aus Gold und Lapislazuli überreichten und sie sogleich auf dem Schreibtisch platzierten.[60] Ich blieb noch lange unten mit Maxi und Carl [...].

Nach 3h: das Diner bei mir mit meinen 4 Kindern und ihrem Vater. Gute und fröhliche Unterhaltung. Wir tranken auf das Wohl der jungen Brautleute, auf Marie und Fritz von Sachsen, die Hochzeitstag hatten.[61] [...]

Um 5 h: Toilette; Kleid aus weißem Stoff und Gold von Franz; Mantel aus amarantfarbenem Stoff, den ich mit Gold und Silber besticken ließ.[62]

Gegen 6h ¹/₂: mit meinem Sohn und seinem Vater zu Louise, wo wir 4 Väter und Mütter das junge schöne Paar segneten. Mein liebes Kind strahlte vor Glück, Sisi war so schön und elegant. Nachdem mich mein Sohn fest umarmt hatte, umarmte er seine Braut, während er sanft ihre Hand drückte, sagte er ihr liebevolle Dinge und wie er auf ihr Wohlergehen bedacht war. Ich war so glücklich.

Im Spiegelsalon fanden wir die gesamte kaiserliche Familie vor. Langes und immenses Gefolge (alle Palastdamen hatten Dienst) bis zur Augustinerkirche, der Gang übermäßig heiß, die jungen Leute der Neustädter Akademie standen zu ihrer großen Freude Spalier. [...] der Erzbischof, assistiert von den Bischöfen von Linz und St. Pölten, segnete die Vermählung nach einer langen

Predigt [...]. Nachdem die Ringe getauscht waren, läutete es 7h $^1/_2$. In diesem schönen Moment führte der Kaiser die Kaiserin zum Thron und ließ sie an seiner Seite Platz nehmen, ihre Mutter neben mir, die Augen geschlossen, die Hände gefaltet, mit einem Ausdruck von Bescheidenheit und christlicher Demut – sehr ergreifend.

Auf dem Rückweg von der Kirche Glückwünsche und Handküsse für die Kaiserin von der ganzen Familie, welche auch den Kaiser in die Arme schloss. Auch wir 4 Väter und Mütter gratulierten uns gegenseitig und wir umarmten unsere glücklichen Kinder. Danach Empfang des diplomatischen Corps durch die Majestäten im großen Appartement, während die Familie im Salon der Kaiserin wartete. Louise, Helene und ich gingen zu mir hinauf [...] wir nahmen in Ruhe den Tee ein (Louise ihren Kaffee) [...].

Zwischen 10 und 11h: Tee und Souper bei mir, wir 4 Väter und Mütter und unsere Kinder. Nachdem alle gegangen waren, führten wir, Louise und ich, die frisch Vermählte in ihre Gemächer. Ich ließ sie mit ihrer Mutter allein und richtete mich im Kabinett neben dem Schlafzimmer ein, bis sie zu Bett gegangen war; ich suchte meinen Sohn auf und begleitete ihn zu seiner jungen Frau, die, als ich ihr gute Nacht sagte, ihr hübsches, von reichem, schönen Haar umrahmtes Gesicht im Kopfpolster verbarg, wie ein erschrockener Vogel, der sich in seinem Nest versteckt. Ich ging mit Louise [...].[63]

Festliche Beleuchtung der Stadt Wien

Am Abend des 25. April 1854 glänzten große Teile der Vorstädte Wiens sowie der gesamte Kernstadtbereich im Lichtschein abertausender von Kerzen, Gasflammen und elektrischen Glühlampen. Der Gemeinderat unter der Führung von Bürgermeister Ritter von Seiller hatte dazu aufgerufen, Fassaden, Plätze und öffentliche Brunnen festlich beleuchten zu lassen. Von außergewöhnlichem Reiz waren wohl die Beleuchtungen der bedeutenden Adelspalais', denn deren Lichtgestaltung ging zumeist einher mit einer dem Hause vorgeblendeten Festarchitektur. Diese aufwändigen, ein Motto oder Thema präsentierenden Gestaltungen waren Anziehungspunkte für das Publikum. Wien war an diesem Abend ein Lichtermeer.

Wie das fürstlich Kinsky'sche Palais auf der Freiung in bildlicher Hinsicht als das Großartigste und schönste Tablaux sich auszeichnete, so war der in der unmittelbaren Nähe gelegene Graf Harrach'sche Palast, dessen 28 Klafter lange und 10 Klafter hohe Hauptfaçade die Umrisse des Dogenpalastes zu Venedig vorstellte, in seiner imposanten Beleuchtung der glänzendste Gegenstand der ganzen Residenz [Abb. S. 69].[64] Um sich einen Betriff von diesem grandiösen Beleuchtungsobjekte zu machen, möge die Bemerkung genügen, daß nur allein zum Anzünden der über 19.000 angebrachten weißen und rothen Lampen 140 Personen verwendet worden waren.
Im Mittelpunkte der ganzen Façade erhob sich über einen durch zierliche Arkaden gebildeten Unterbau das große Portal für das 4 1/2 Klafter hohe und 2 Klafter breite Transparent, welches auf die

Vermälung Sr. Majestät hindeutend, in symbolischer Weise einen Genius zeigte, der die linke [rechte] Hand gleich wie zum Segen erhoben, in der Rechten [Linken] den Reichsapfel haltend, über den Wappen Oesterreichs und Baierns schwebte. Das Transparent, welches äußerst zart behandelt und von dem Historienmaler Herrn Schilcher im venetianischen Style ausgeführt war, fand wie das ganze kolossale Arrangement den verdientesten Beifall. Die ganze Idee zu dieser prachtvollen Ausführung rührte von Seiner Erlaucht dem Herrn Grafen von Harrach selbst her.[65]

Der herrliche Brunnen auf der Freiung flimmerte von tausend Gasflämmchen, welche ringsumher dreimal den allerhöchsten Namenszug und das Wiener Stadtwappen formirten. Über und zwischen den Gasflammen sprudelte das Wasser in kleinen Kaskaden herab und bildete einen schönen Lichteffekt. Ein Stern aus Gasflammen krönte die Figur der „Austria".[66]

Festbeleuchtung
auf der Freyung

69

Truppen-Revue und Gala-Diner

Am 26. April fand zu Ehren der Allerhöchsten Gäste Sr. Majestät des Kaisers um 10 Uhr Vormittags am Jo[seph]städter-Glacis[67] eine Kavallerie-Produktion statt, bei welcher das Kürassier-Regiment Kaiser Nikolaus Nr. 5, dann das Uhlanen-Regiment Großfürst Alexander Nr. 11 in Parade mit Feldzeichen ausrückten und mit einer außerordentlichen Präzision manöverirten.
Nach dem Exerzitium wurde im Gallop vor Sr. Majestät defilirt. Alle hier anwesenden fremden Miliär-Autoritäten haben Se. Majestät in der Suite, welche dadurch außerordentlich glänzend und ungeheuer zahlreich wurde, begleitet.[68]

Das festliche Diner am Hochzeitstag begann nach der Trauungszeremonie und den darauffolgenden Begrüßungen erst um 22 Uhr. Es war wohl ein Menü im kleineren Familienkreis.[69] Eine große Tafel für rund 160 geladene Personen fand aber am Mittwoch Nachmittag nach der Truppen-Revue im Zeremoniensaal der Hofburg statt. Die Gästeliste dazu liegt im Österreichischen Staatsarchiv vor.[70] Zum Ablauf des Diners wurde im Zeremonialprotokoll vermerkt:
„Um 3 Uhr war großes Diner im Zeremoniensaale auf 160 Couverts […] Die Herren erschienen in großer Gala, die Ordensbänder über dem Rocke, jene vom Militär mit Feldbinde – die Damen in runden [d. h. dekolletierten] Kleidern.
Die Versammlung der höchsten Herrschaften war im Spiegelzimmer, daher Höchstdieselben auf der Bellaria zufuhren. Die Suiten Höchstderselben und die übrigen Gäste versammelten sich in der

geheimen Rathstube (wo nach der Audienz der Deputationen sogleich Alles wieder in Ordnung gebracht war) und in der zweiten Antekammer, daher für dieselben die Zufahrt im Schweizerhofe war. Während der Tafel war in der zweiten Antekammer eine Militär-Musikbanda welche verschiedene Piecen produzirte. Dieselbe mußte sich nach Aufhebung der Tafel sogleich aus der zweiten Antekammer entfernen, weil in derselben Cercle gehalten wurde.

Der Dienst war in Gala, jedoch ohne Einpuderung."[71]

Welche Köstlichkeiten an diesem Tage serviert wurden, konnte bislang noch nicht in Erfahrung gebracht werden. Die Menükarte fand sich nicht in den Beständen des Staatsarchivs, ist aber möglicherweise noch in einer Privatsammlung erhalten.

Eine Vorstellung dessen, was traditionell bei einem Gala-Diner des Kaisers aufgetragen wurde, vermittelt die Karte der Speisenabfolge eines Diners vom 18. August 1858:

„Suppe Purée von grünen Erbsen – Sardinen in Öhl – Hirnrisollen – Lachsforelle auf holländer Art – Kalbsleberpastete mit Aspik – Frische Pökelzunge – Beafsteaks – Farcirter Indian in Trüffelsauce – Salmi von Amseln – Jadinière von Gemüse – gebratene Hühner und Wildtauben – Endivien Salat – Soufflé von Himbeeren – gemischter Compot – Chocolade Créme – Backereien, frisches und getrocknetes Obst – schweizer Käse. [An Getränken wurde ausgeschenkt:] Marsala, Burgunder, Geisenheimer, Champagner, Maraschino di Zara"[72]

Auch für das Hochzeitsdiner vier Jahre zuvor darf man einen ebensolchen Menüaufbau sowie ähnlich geartete Gerichte annehmen. Bei Hofe änderten sich die Gewohnheiten nicht so rasch. Für gewöhnlich ließ der Gastgeber jedoch zum Abschluss des Mahles nach dem Käse noch Gefrorenes und Dessert reichen.[73]

Abendvorstellung im Hofoperntheater

Das Hofoperntheater bot am Abend des 26. April den prachtvollen Anblick eines glänzenden Festes. Die Crême alles dessen, was die höheren Kreise der Residenz an Auszeichnung besitzen, und an welche Eintrittskarten ausgegeben wurden, war an dem Abend versammelt und wetteiferte im Glanze von Diamanten und Perlen, Ordenssternen und Uniformen. Die Schönheit vieler Damentoiletten wurde in der That nur von der Schönheit ihrer Trägerinnen verdunkelt.

Als Festvorstellung war eine zweiaktige Gelegenheits-Oper gewählt, welche Rossini unter dem Titel: „Le voyage à Rheims" zur Krönung Karls X. komponiert hat. Buch und Musik sind auf österreichische Lokalverhältniss, namentlich auf das letzte beglückende Ereigniß sehr geschickt angepaßt und als Reise nach Wien („Un viaggio a Vienna") modifiziert. […]

Es braucht wohl kaum gesagt zu werden, daß Alles aufgeboten war, um die Vorstellung möglichst festlich zu machen. Obwohl keine einzige Rolle der Oper bedeutend genannt werden kann, hatten sich doch die besten Kräfte der italienischen Gesellschaft dabei betheiligt. […]

Ihre k. k. Majestäten der Kaiser und die Kaiserin erschienen mit der durchlauchtigsten kaiserlichen Familie um 8 Uhr in der großen Mittelloge […]. Se. Majestät trug die österreichische Feldmarschalls-Uniform und Ihre Majestät die Kaiserin ein lichtblaues Seidenkleid mit weißer Scharpe und einen rosafarbenen diamantbesetzten Kranz im Haar. Als am Schlusse der Vorstellung, welche bis dreiviertel auf 10 Uhr währte, auf der Bühne die Volkshymne angestimmt wurde, erhob sich das ganze Publikum von den Sitzen und brach nach jeder Strophe in lauten, begeisterten Jubelruf aus.[74]

Hofball im Redoutensaal

Am 27. April waren die höchsten und hohen Gäste Ihrer Majestäten, Abends zu einem glänzendem Hofballe geladen, welcher im k. k. Redoutensaale stattfand. […]

Die schlanken Marmorsäulen waren prachtvoll geschmückt, tausende von Kerzen erleuchteten die Kristalle, Blumen und Faltenwürfe, welche kunstvolle Hände sorgsam geordnet.

Am oberen Ende des Saales stand ein Baldachin von rothem Sammt mit Gold gestickt, und rechts und links von diesem hatten sich die hohen Herrschaften gruppirt, denen das seltene Glück zu Theil ward, in der unmittelbaren Nähe unseres Herrscherpaares einige Feststunden verleben zu dürfen. Links vom Baldachin weilte eine Frauenflur; der Frühling hatte sein Füllhorn aufgethan, um was er an Anmuth, Reiz und Schmelz besaß, hier erblühen zu lassen.

Vor dem Auge blitzte und flimmerte es auf, herrliche Toiletten entfalteten sich, die Seide rauschte, und das feine Brabanter-Spitzengewebe vermochte das Geräusch nicht zu dämpfen; in den Haaren strahlten die kostbarsten Edelsteine; Diademe, Ohrgehänge, Armbänder, Coliers, Spangen und Broschen funkelten und glitzerten und verkündeten durch ihre Strahlen das Feuer, das ihnen innewohnte und welches zugleich ihren Werthmesser abgab.

Wie zur Linken die Schönheit und Anmuth, so gruppirten sich zur Rechten die Würdenträger des Staates, die Rathgeber der Krone, die bewährten Arme des Reiches und jene im Dienste ergrauten Männer, deren Geist gewandt im Lenken des Staatsschiffes, schon manchen Riff umsegelt, schon manches Wetter überdauert. – Welch ein Gemisch von Uniformen, welch ein Himmel von Ordens-

Kaiser Franz Joseph I. von
Österreich (1830–1916)

Kaiserin Elisabeth von
Österreich (1837–1898)

sternen, erworben auf offenem Schlachtfelde oder im treuen Dienste des Monarchen, entfaltete sich hier!

Kurz vor neun Uhr verkündete ein Zeichen des Ceremonienmeisters den Anwesenden die Ankunft Ihrer Majestäten mit dem allerhöchsten Hofstaate.

Sr. Majestät trug die Feldmarschalls-Uniform. Lebhaft durchflog sein Auge den Saal, das hohe Glück thronte sichtbar auf dem edlen Antlitze; Ihm zur Seite schritt Ihre Majestät die Kaiserin in einem weißen Seidenkleide; die Taille war von einem kostbaren Brillantgürtel gehalten, der Schooß war mit Blumen, Guirlanden und Juwelen fast übersäet, und in Ihren lichtbraunen Haaren saß ein kostbares Diadem [Abb. S. 74 u. 75].[75]

Ihre Majestäten machten die Runde durch den Saal, ließen sich dann unter dem Throne nieder, und nun ließ Meister Strauß seine Weisen ertönen.

Der Ball wurde von Ihrer Majestät der Kaiserin, mit Sr. k. Hoheit des Herzogs von Cambridge, der die englische Generals-Uniform trug, eröffnet. Ferner geruhte Allerhöchstdieselbe noch mit mehreren Erzherzogen und dem Fürsten Auersberg zu tanzen. Auch Sr. Majestät der Kaiser nahm lebhaften Antheil an dem Tanze.

Während des Cotillons ertönten zum ersten Male die vom Kapellmeister Strauß [jr.] Ihrer Majestät der Kaiserin ehrfurchtsvoll gewidmeten: „Elisabethsklänge."[76]

Zünftiges Volksfest im Prater

Wien, das alte, fröhliche Wien entfaltete wiederum seine volksthümliche Gemüthlichkeit und Herzlichkeit, durch die es seit Jahren in Deutschland und Europa einen beneidenswerthen, angestammten Ruf errungen hat.

In der Stadt selbst waren schon in den ersten Nachmittagsstunden fast sämmtliche Handlungen geschlossen worden, ebenso hatten die meisten Fabriken der Vorstädte am Mittag Feierabend gemacht, damit auch die arbeitende Klasse an dem allgemeinen Feste Antheil nehmen könne.[77]

Der Prater selbst bot ein Leben voll des buntesten, bewegtesten Treibens; in den Alleen die wogenden Volksmassen, die der Ankunft des allerhöchsten Kaiserpaares harrten, es war ein Treiben, ein Gewoge, ein Tummelplatz voll heiterer Scherzspiel und echter Volksbelustigungen, wie sie wohl nur die berühmten Volksfeste am Rheine und Münchens zur Schau gestellt haben. [...]

Ein vollzähliges Orchester ließ einladende Weisen von Strauß und Lanner erklingen und die Einladung blieb nicht lange unerhört, bald ordneten sich die Massen in einen Kreis, der stämmige Bursche von Thury faßte die schmucke Dirne von Lichtenthal, und bald flog Paar an Paar in lustigen Reigen des heimischen Ländlers über den Tanzboden einher.[78]

Plötzlich kam eine elektrische Bewegung in die Masse; Alles lief und rannte im Fluge der großen Allee zu. „Der Kaiser und die Kaiserin kommen!" war der allgemeine Ruf und Niemand wollte zurückbleiben und Alles drängte vorwärts, um das geliebte Kaiserpaar zu sehen.

Gegen halb 4 Uhr nahte der ritterliche Monarch in einem zweispännigen offenen Hofwagen ohne alle Begleitung, Ihm zur Seite saß die jugendliche Kaiserin, strahlend von Anmuth und bezaubernder Schönheit und die Herablassung und der freundliche Dank des Kaiserpaares entzückte die Massen, welche die Majestäten mit jubelnden Zurufen begrüßten. Langsam fuhr der Wagen durch die dichten Reihen, die ehrfurchtsvoll Platz machten, und rasch an eine andere Stelle eilten, um den Kaiser und die Kaiserin noch einmal zu sehen.[79]

In allen drei Alleen waren zwischen den Bäumen in einer Entfernung von je 10 Schritten große Stangen aufgestellt, die durch Reihen von blauweißen, weißrothen und buntfarbigen Ballons verbunden, voll waren; an jeder Stange befand sich außerdem ein Kranz von rothen, gelben, braunen, weißen und blauen Ballons.
Zwischen je drei Reihen hingen Luster, die aus 5 Reihen von farbigen Ballons und gläsernen Kelchen zusammengesetzt waren. Bis in das Rondeau hinab waren die Alleen so voll mit Ballons behängt, daß deren Zahl auf mehr als 3000 angegeben wurde, während 73 große Luster aufgehängt waren.[80]

Um 4 Uhr hielt die Gesellschaft des Herrn Renz ihren festlichen Einzug.[81]
[Es handelt sich um den bekannten Zirkus Renz, der Kaiserin Elisabeth hier, wie auch in späteren Jahren, durch seine Darbietungen große Freude bereitete.]

Abends begann in den Straßen, die von der Stadt zum Prater führen, und im Prater selbst die glänzende Illumination. [...]

Große Praterfahrt des Kaiserpaares bei nächtlicher Festbeleuchtung

In ein Zaubermärchen aber glaubte man sich versetzt, wenn man den Blick in die große Prater-allee hinab richtete. Wie in ein Lichtmeer gebadet lag die große Allee da, und eine unbeschreib-lich schöne Wirkung brachte die glänzend beleuchtete Straße in der dunklen Umgebung des Wal-des und der Wiesen hervor. [...]

Seine Majestät der Kaiser und Ihre Majestät die Kaiserin trafen um halb 9 Uhr abermals im Pra-ter ein und wurden neuerdings von begeisterten Zurufen begrüßt [Abb. S. 79].[82]

Dem großartigen Feste mochten wohl an 200.000 Menschen beigewohnt haben, und es ereignete sich, Dank den lobenswerthen Anordnungen der Behörden und dem guten Geiste des Publikums, auch nicht der geringste Unfall. Leider war das frohe Fest durch die spät Nachmittags eingetrete-ne ungünstige und kalte Witterung etwas gestört.[83]

Ball der Stadt Wien

Der am 30. April abgehaltene Stadt-Ball, welcher zur Feier der Allerhöchsten Vermählung in den k. k. Redoutensälen und der Hof-Winterreitschule veranstaltet worden war, und dessen Großartigkeit alles überbot, was man hier seit einem Menschenalter in der Art zu sehen gewohnt war, – hat die Reihe der Feste beschlossen, die der Liebe und Verehrung für unseren theueren Landesfürsten gewidmet waren.

Nur in der österreichischen Hauptstadt, wo die genannten Lokalitäten eine so ungeheuere Räumlichkeit darbieten, daß 10.000 Menschen sich frei und ungehindert nebeneinander bewegen können, war es möglich, ein Ballfest von solcher Ausdehnung in Scene zu setzen.

Die Verzierung der Redoutensäle war neu und geschmackvoll; aber einen zauberischen Eindruck gewährte insbesondere das unermeßliche Parallelogramm der prachtvollen, von Fischer v. Erlach unter Karl VI. Regierung erbauten Reitschule, welche als die schönste Europas gilt, und die Westminsterhalle in London an Flächeninhalt weit übertrifft. [...]

In der Reitschule wurde bei diesem Feste das Gaslicht zum erstenmal angewendet, was in dem colossalen Raum Tageshelle verbreitete, während die beiden Redoutensäle in ihrer gewöhnlichen reichen Beleuchtung erschienen. Vorzüglich strahlten die für Ihre k. k. Majestäten vorbereiteten Plätze, umgeben von Blumengewinden, in einem Meere von Licht.

Die herrlichen Toiletten der Damen mit funkelndem Geschmeide und blitzendem Edelgestein, sowie die glänzenden Staatskleider und Uniformen der Herren, welche zu Tausenden durcheinan-

der wogten, brachten, besonders von den Gallerien der Redoutensäle und Reitschule herab betrach-
tet, einen feenhaften Eindruck hervor, welcher durch die unendliche Mannichfaltigkeit sämmt-
licher Kostüme des Kaiserstaates, wie man sie nur in Wien beisammensehen kann, noch einen
besonderen Reiz erhielt. [Abb. S. 83] [84]

Man sah hier den stämmigen Tiroler neben dem südslavischen Popen, den magyarischen Attila
neben dem gelenken Sarmaten friedlich einher wandeln, und rücksichtlich der militärischen Uni-
formen waren beinahe alle Armeen der größeren Staaten Europas vertreten. [85]

In dem Reitschulsaale spielte Meister Strauß mit seiner trefflichen verstärkten Kapelle, im großen
Redoutensaale Herr Lanner, im kleinen Redoutensaale Herr Morelly.

Gegen 10 Uhr erschienen Ihre Majestäten der Kaiser und die Kaiserin, begleitet von den Mitglie-
dern des a. h. Kaiserhauses und dem Hofstaate. Tausendstimmiger freudiger Jubel und die Klän-
ge der Volkshymne begrüßten die Majestäten. Der Bürgermeister Dr. Ritter v. Seiller empfing die
allerhöchsten Herrschaften, welche die Runde in den Sälen machten, sich kurze Zeit auf der Ga-
lerie des Redoutensaales und in der kaiserlichen Loge der Reitschule niederließen und um 11 Uhr
den Ballsaal verließen. Seine Majestät der Kaiser trug die weiße Feldmarschallsuniform, Ihre Ma-
jestät die Kaiserin ein weißes Seidenkleid mit weißen Rosen.

Die Besorgung der Kredenzen war vier Zuckerbäckern, nämlich den Herren Kriegler, Gerstner, Jed-
litska und Patzelt übertragen worden. Dieselben hatten außer den großen Quantitäten an Thee,
Zucker, Obers und Rhum für den Festabend vorbereitet: 500 Pfund Theebrod, 20.000 Stück Kre-
denz-Bäckerei, 240 Pfund Tafelgebäck, 400 Pfund gedünstetes Obst, 160 Pfund Mandelbäckerei,

800 Pfund feine Bonbons, 100 Pfund feine Devisen-Bonbons, 24 große Cabarets mit feinem Konfekt, 4000 Stück Orangen, 12.000 Stück Hohlhippen, 800 Maß Gefrornes zum Schneiden, 200 Maß in kleinen Formen, 200 Maß Crême und Granit, 120 Maß Punsch-Romain, 1040 Maß Limonade, 800 Maß Mandelmilch, 160 Maß Orangeade und 80 Eimer Trinkwasser. Von den Zuckerbäckern wurden aus Eigenem noch

Festball in der Winter-Reitschule

4 Eimer schwarzer Kaffee und 60 Maß Obers beigegeben. [1 Eimer entspricht 40 Maß, das sind umgerechnet 56,589 Liter.]

Nach Mitternacht, als sich die Räume etwas geleert hatten, wurde auch getanzt.[86]

83

Flitterwochen in Laxenburg

Erzherzogin Sophie äußert sich zu den Flitterwochen des Kaiserpaares bereits einige Monate vor der Hochzeit in einem Brief aus Schönbrunn vom 10. Oktober 1853 an ihren Sohn Ferdinand Maximilian:

„Franzi [Kaiser Franz Joseph I.] schien die Idee … die Flitterwochen in Laxenburg zuzubringen … und zwar allein mit Sisi, sehr anzulächeln. Ich muß wirklich mit Festigkeit und ganz allein den Grundsatz, dem jungen Paar, nicht auf dem Nacken zu sitzen, durchführen, denn Franzi meint immer, wir könnten noch überall, wie bisher, stets vereinigt bleiben, was mich tief rührt, aber nicht ausführbar ist …"[87]

Schon mit diesem Schreiben wird deutlich, wie sehr sich Elisabeths Schwiegermutter aus dem Leben des verheirateten Paares zurückzuziehen gedenkt. Das ihr später zugesprochene Klischee der *„bösen Schwiegermutter"* hält einer Überprüfung nicht stand. Ihre Einflussnahme auf die junge Kaiserin ist von freundschaftlich-hilfsbereiter Absicht getragen und durchaus verständnisvoll und herzlich.[88]

Wie geplant, verbringt das junge Kaiserpaar die ersten Wochen ihrer Ehe auf Schloss Laxenburg bei Wien – ein Schloss, baulich gestaltet wie aus den Fantasiewelten eines mittelalterlichen Märchens (Abb. S. 85).[89] Abseits vom großen höfischen Geschehen in Wien sollte für Elisabeth hier Ruhe und Erholung nach den anstrengenden Festtagen möglich sein.

Doch Franz Joseph muss täglich früh zu Regierungsgeschäften in die Hofburg oder nach Schönbrunn fahren und kommt erst zum Diner um sechs zurück. Elisabeth fühlt sich einsam, es überfällt sie Heimweh. Ihr ergeht es, wie wohl den meisten frischverheirateten Frauen, die sich allein in der Fremde, am ihnen noch unbekannten Wohnort ihres Mannes sehen, zumal, wenn dieser ganztags arbeitet.

Hinzu kommt die für Elisabeth ungewohnte öffentliche Lebensweise bei Hofe. Nur widerwillig beachtet sie die hier herrschenden Regeln. Auch in Laxenburg gab es Bedienstete, Gefolge, Reglement. Alle Tätigkeiten der Kaiserin, vom Ankleiden angefangen über die Mahlzeiten bis hin zur Fortbewegung in jegliche Richtung, hatten geregelte Umstände und vorgeschriebene Begleitpersonen.

Sisi sehnt sich in ihre vertraute, sorgenlos-idyllische Heimat Possenhofen zurück. Sie möchte ihre verlorene Freiheit zurück, beschreibt sich selbst als gefangen, wie ein Vogel im goldenen Käfig.

Das Lebensglück der jungen Liebe leidet unter den Konventionen und Pflichten ihres hohen Standes. Mit einem vollen Programm an Repräsentationsaufgaben unternimmt das Paar im Juni 1854 seine erste Reise durch Mähren und Böhmen nach Prag.

Staatsakt oder Traumhochzeit?

Die Anforderungen an Prinzessin Elisabeth mit Beginn ihrer Reise nach Wien waren hoch. Sie wusste das und war, soweit möglich, vorbereitet. Wer aber einmal lediglich das gesamte Procedere der Festwoche überflogen hat – und in diesem Büchlein konnten davon nur einige der größeren Ereignisse Erwähnung finden – wird erkennen, dass die Aufgaben für ein erst sechzehnjähriges Mädchen gänzlich unangemessen waren.

Missachtungen des Protokolls, Ausbrüche vor Erschöpfung sowie hier und da ein *„tränenüberströmtes"* Gesicht sind wohl nur allzu menschlich im Rahmen der schier endlosen Repräsentationspflichten bei zudem höchsten emotionalen Belastungen. Von früh bis spät ein gänzlich öffentliches Leben nach dem Reglement des Hofes zu führen, war eine Überforderung für die junge Kaiserin.

Bestes Beispiel dafür, dass es kaum eine Privatsphäre für das Paar gab, ist die Hochzeitsnacht. Zwar hatten die Mütter für die sogenannte *„Bettlegeszene"* alle aufwändigen und peinlichen Zeremonien, die unter Einbeziehung der Hofdamen und anderer Personen hätten stattfinden können, abgesagt und geleiteten ihre Kinder nach den Vorbereitungen selbst in ihr Schlafzimmer, doch nicht nur die kaiserliche Familie wartete interessiert darauf, wie die Berichte am nächsten Morgen ausfallen würden. Der ganze Hof wusste schließlich, dass die ehelichen Pflichten in der Hochzeitsnacht noch nicht vollends zur Erfüllung gelangten. Alle wussten auch, dass Elisabeth erst in der dritten Nacht zur Frau wurde.[90]

„Österreichs Stolz und Freude" – Allegorie auf das junge Kaiserpaar

Den widrigen Umständen und gegenteiligen Stimmen zum Trotz muss dennoch gesagt werden: Es war eine Traumhochzeit.

Es war schon allein deshalb eine Traumhochzeit, weil dieses Paar aus Liebe den Weg zum Traualtar finden konnte. Eine Liebesheirat war Mitte des 19. Jahrhunderts keine Selbstverständlichkeit, nicht im Bürgertum und erst recht nicht in Kreisen des Hochadels.

Es war auch eine Traumhochzeit, weil die Festlichkeiten in einem heute nur schwer vorstellbar umfangreichen Maße zelebriert wurden. Zum Vergleich wurde seinerzeit oftmals an die prächtigen Tage des Wiener Kongresses von 1815 erinnert. Der „Hochzeits-Kongress" lastete naturgemäß allerdings schwerer auf den Schultern der Braut als auf denen des Bräutigams, der sich ganz in seiner gewohnten Umgebung befand und den, im Gegensatz zur Kaiserin, viele vertraute Blicke bekannter Personen trafen.

Es war auch deshalb eine Traumhochzeit, weil sich im gesamten Habsburgerreich mannigfache Hoffnungen an die Hochzeit knüpften: Träume von einer sich bessernden Situation für unterdrückte Völker und für die vielen armen, teils hungernden Menschen im Lande; Hoffnungen, die man sich vornehmlich vom gütigen und milden Einfluss der Kaiserin auf die Regentschaft des Monarchen erwartete. Ein imposanter Anfang war durch eine Unzahl von Spenden und Stiftungen aus allen Bereichen der begüterten Bevölkerungsschichten gegeben: „Jedoch allen voran leuchtete das Beispiel Ihrer Majestät. Ungezählt sind die Summen, welche die Kaiserin in jenen Tagen edlen Zwecken gewidmet hat.“[91] Insgesamt waren es rund 200 000 Gulden, die vom Kaiserhaus zur Linderung der bestehenden Notstände ausgegeben wurden.[92] Das Engagement einzelner Bürger in dieser Sache wurde in der „Wiener Allgemeinen Theaterzeitung" an einem Beispiel geschildert: „Der bekannte Schneidermeister, Herr Gunkel, welcher *für die Vermiethung seiner Wohnung und seines Balkons am Graben 600fl. CM. erhielt, läßt diesen Betrag an diesem Tage an Arme verteilen.*"[93] Die Nachricht konnte lobend wie anregend zugleich aufgefasst werden, wenn, wie hier, exklusive Fensterplätze zum Festeinzug des Kaiserpaares nicht zum Eigennutz veräußert wurden.

Anlass zur Hoffnung im Land gaben auch zahlreiche Amnestien. Der Kaiser versuchte, den Revolutionären des Jahres 1848 versöhnlich entgegenzukommen. Viele Bürger, die noch auf Grund der Revolutionsereignisse aus politischen Gründen inhaftiert waren, erlangten ihre Freiheit zurück.

Auch in außenpolitischer Hinsicht hatte die Hochzeit Gewicht. Mit einer Prinzessin aus Bayern sollte Deutschland versöhnlich an die Habsburger-Monarchie rücken, so die Hoffnungen am Hofe. Fröhlich vereint in den Hochzeitsfeierlichkeiten begaben sich sogar die im Schlachtfeldgeschehen des Krimkrieges gegeneinander stehenden Mächte zum Tanz. Ein kurioses Kapitel der Geschichte, das auch ein Journalist der *„Leipziger Illustrirten Zeitung"* bemerkte: *„Der glänzende Hofball in Wien am 27. April führte unter anderen merkwürdigen Erscheinungen auch die herbei, daß sich auf dem neutralen Boden des kaiserlichen Ballsaales die Vertreter Rußlands, der Westmächte und der Türkei wieder einmal friedlich begegneten.*"[94] Die beschriebene Ballszene mag an einen Dialog aus dem Film *„Lord Nelsons letzte Liebe"* von 1941 erinnern. Alexander Korda führte die Regie in diesem Epos, das zu den Lieblingsfilmen Winston Churchills zählte. Lady Hamilton, dargestellt von Vivien Leigh, muss sich dort am Ende eines glanzvollen Festes mit Blick auf die Bucht von Neapel melancholisch von Lord Nelson (Laurence Olivier) sagen lassen: *„In der Musik und im Rausch des Ballsaals verschwinden die Dinge in einem unwirklichen Licht, aber im Morgengrauen stehen sie wieder klar und nüchtern.*"[95] Ein ähnlich veränderter Blick auf die Realitäten des Lebens mag damals, am Ende der Hochzeitsfestwoche, viele der Teilnehmenden aus Adel und Volk eingeholt haben.

Nichtsdestotrotz setzte das Hochzeitsfest der Habsburger-Dynastie in den Herzen der Menschen ein wirkungsvolles Zeichen für die Erneuerung des Landes. Es war Traumhochzeit und Staatsakt zugleich. Das junge Kaiserpaar war *„Österreichs Stolz und Freude"*, so auch der Titel einer allegorischen Herrscherdarstellung, die aus Anlass der Vermählung aufgelegt wurde (Abb. S. 87).[96]

Die *„gottgewollte"* Ordnung der Monarchie war durch die Verbindung der beiden Menschen wieder vollendet, ihr Fortbestand ein Stück weit gewisser: *„Eine Masse Privatfeste wurden veranstaltet, und überall sah man die Freude und das Glück, welches unser geliebtes Herrscherpaar genießt, in allen Gesichtern wiederstrahlen. Wien ist wieder Wien geworden und die historisch gewordene Liebe dieser Bevölkerung zu ihrer Dynastie hat wieder feste Wurzeln geschlagen und Alles ist beseeligt in der Anschauung unseres ritterlichen Kaisers und dem Engelswesen, unserer anbetungswürdigen Kaiserin."* [97]

Gleich während der Hochzeitsfeierlichkeiten war bewusst: *„Die Blumen, die wir streuen, werden verwelken, die Lampen werden erlöschen, und der Festjubel verklingen; aber im Herzen wird er nachhallen, und in der Erinnerung wird der Glanz dieser Tage noch lange leben."* [98]

Was noch blieb, außer den Erinnerungen, sind einige der kostbaren Hochzeitsgeschenke an das Kaiserpaar, darunter auch das Elisabeth-Fest-Album. Mit Hilfe ihres Verlegers als Geschenk gedruckt, überreichten es acht der damals berühmtesten Pianisten Europas. Das Album, seine Entstehungsgeschichte, die beteiligten Komponisten und ihre beigesteuerten Werke werden im zweiten Teil dieses Buches vorgestellt.

II. Teil

Elisabeth-Fest-Album

II. Teil | *Elisabeth-Fest-Album*

Musik war unverzichtbarer Bestandteil einer jeglichen Festaktivität zur Hochzeit des Kaiserpaares. Ob Tanz-, Kirchen-, oder Militärmusik, alles, was begeistert huldvolle Töne hervorbringen konnte, spielte auf oder begleitete das freudige Ereignis mit Gesang. Am häufigsten erklang in der Festwoche sicher die Volkshymne mit dem seit Amtsantritt Kaiser Franz Josephs erwarteten neuen Text. Nun konnte in einer Strophe auch gleich Kaiserin Elisabeth berücksichtigt werden.[99] Wie oft das junge Paar dieses Lob auf Kaiserhaus, Volk und Vaterland entgegennehmen durfte, ist nicht gezählt.

Für Komponisten lag die Idee nahe, zu einer Hochzeitsfestmusik Motive aus Joseph Haydns *„Kaiserhymne"* und dem *„Bayernlied"*, das nach der Melodie *„God save the King"* gesungen wurde, in einem Werk zu vereinen. Nicht zuletzt ließ sich auch Johann Strauß (1825–1899) davon begeistern und realisierte dies in seinem für den Hofball am 27. März 1854 arrangierten Walzer *„Elisabethen-Klänge"*. Seit seiner ersten öffentlichen Aufführung im Wiener Volksgarten am 5. September des gleichen Jahres firmiert der Walzer unter dem Titel *„Myrthenkränze"*, möglicherweise in Bezugnahme auf den Schmuck der Braut.[100] Beachtung fand in den Hochzeitstagen auch der *„Elisabeth-Vermählungsmarsch"*, komponiert von einem gewissen Fräulein Geiger, dargeboten durch die Kapelle des Regimentes der Hoch- und Deutschmeister.

Huldigungen musikalischer Art fanden in den Wochen vor der Hochzeit in jedem Theater der Monarchie statt. Ein gedichtetes und komponiertes patriotisches Huldigungslied stand zumeist als krönender Höhepunkt im Programm der Feierstunden zur kaiserlichen Vermählung, die in jeder Schule, den übrigen Lehranstalten und vielen anderen Institutionen abgehalten wurden.[101]

Zur musikalischen Gestaltung der Hochzeitszeremonie in der Augustinerkirche ist bekannt, dass Hofkapellmeister Ignaz Aßmayr eigens für diesen Anlass ein *„Te Deum"*, das große Gotteslob zum Abschluss der kirchlichen Feier, komponiert hat. Die Wiener Hofkapelle führte es gemeinsam mit anderen Musikern auf.[102] Während der Liturgie erklang in der Kirche außerdem der Lobpreis des *„Benedicamus Patrem"*. Pauken, Trompeten sowie Salven der Kanonen und das Glockengeläute gaben den weiteren Klangrahmen.[103]

Nicht nur für die Musik zu den konkreten Festereignissen war viel zu arrangieren, die Hochzeit gab auch den Auftakt zu einem regen Kompositionswettstreit innerhalb der Donaumonarchie.[104] Von der Gesellschaft der Musikfreunde initiiert, schlossen sich die Wiener Tonmeister zusammen und überreichten der Kaiserin eine *„Huldigungskassette"* mit rund 90 eigens zur Hochzeit komponierten Werken. Die prachtvolle Kassette konnte Elisabeth jedoch erst über einen Monat nach der Hochzeit empfangen, da ein *„Conflict"* unter den Ausführenden zu Verzögerungen führte.[105] Immerhin gelang das große Projekt in weniger als zwei Monaten. Beteiligt waren Komponisten von Rang, darunter: Carl Czerny, Anton Diabelli, Ferdinand Schubert, Eduard Hanslick, Joseph Hellmesberger und Franz von Suppé. Doch: *„All die eifrigen Bemühungen der österreichischen Dichter und Komponisten um die Huld der jungen Kaiserin freilich waren vergeblich. Elisabeths Musikalität war wenig aus-*

geprägt und ihr Interesse an Musik gering.", so das Fazit der Sisi-Biografin Elisabeth Hamann.[106] Eine kleine Auswahl dieser kaum aufgeführten Werke konnte unter der Herausgeberschaft von Rico Gulda erstmals im Jahre 2004 aus Anlass des bevorstehenden 150-jährigen Kaiserhochzeitsjubiläums aufgenommen werden.[107]

Im Gegensatz zur großen „*Huldigungskassette*" wurde für das Elisabeth-Fest-Album früh genug vorgearbeitet, damit es rechtzeitig vor der Hochzeit erscheinen und in den Handel gelangen konnte. Unter verkaufsstrategischen Gesichtspunkten beurteilt, war es ein ambitioniertes Projekt, denn bereits Wochen vor dem Festtermin wurde in Musikzeitschriften und Zeitungsannoncen auf das Album hingewiesen und die Herausgabe für den 15. April 1854 angekündigt (Abb. S. 99).[108] Auch in der renommierten Leipziger „*Neuen Zeitschrift für Musik*" ist am 17. März des Jahres zu lesen: „*Ein Elisabeth-Fest-Album für Pianoforte bereitet die Musikalienhandlung Haßlinger in Wien zu Ehren der Vermählung des Kaisers vor. Es wird Beiträge bringen von Dreyschock, Henselt, Kuhe, Kullack, Liszt, Schulhoff und Willmers und sein ganzer Reinertrag ist zum Besten nothleidender Krieger des Kaiserstaats bestimmt.*"[109]

Nach den Voranzeigen meldeten Wiener Zeitungen wie auch ausländische Blätter und Fachzeitschriften Mitte April: „*Das von Herrn Carl Haslinger mit Beiträgen von Dreyschock, Henselt, Kuhe, Kullak, Liszt, Schulhoff, Voß und Willmers herausgegebene »Elisabeth-Festalbum« ist soeben in äußerst eleganter und prachtvoller Ausstattung erschienen.*"[110]

Im Verlag der *k. k. Hof- und privat Kunst- und Musikalienhandlung Carl Haslinger* in Wien war das Werk in guten Händen (Abb. S. 95 u. 97).[111] Carl hatte den von seinem Vater Tobias Haslinger (1787–1842) äußerst erfolgreich geführten Verlag 1848 übernommen, nachdem er zwischenzeitig gemeinsam von Mutter Caroline und Sohn geführt wurde.[112] Zwar konn-

te Carl seinen Vater, der Größen wie Schubert, Chopin, Rossini und Weber betreute, in verlegerischer wie in produktionstechnischer Hinsicht nicht erreichen, doch blieben zunächst auch nach dem Tod ihres Vaters Johann, die populären und damit gewinnbringenden Strauß-Söhne dem Verlag treu.
Carl Haslinger war selbst Pianist und Schüler von Carl Czerny. Einen gewissen Ruhm erlangte er durch sogenannte Mittags- und Abendkonzerte, die er in seinem Hause und in den großen Wiener Sälen veranstalten ließ.[113] Ein solches Konzert wird mit einiger Wahrscheinlichkeit wohl auch dem Elisabeth-Fest-Album gewidmet worden sein. Carl setzte damit die Tradition der Soireen seines Vaters fort, an denen auch Franz Liszt des Öfteren teilgenommen hatte.[114] Liszts Beziehungen zum Hause Haslinger waren durchaus

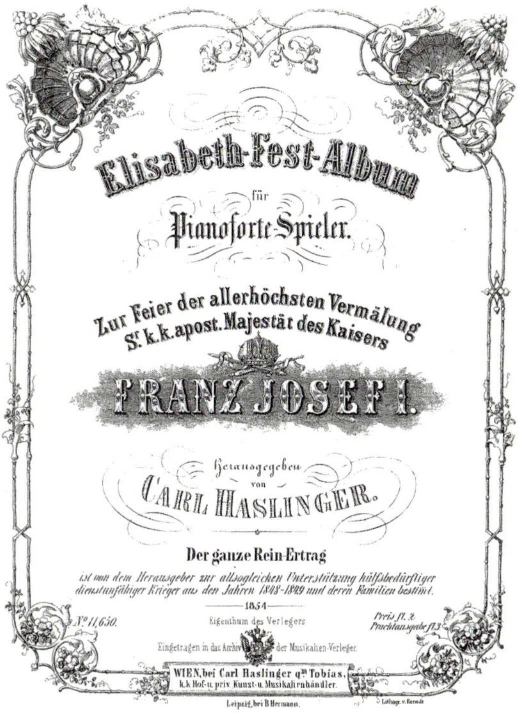
Elisabeth-Fest-Album
für
Pianoforte-Spieler.
Zur Feier der allerhöchsten Vermälung
Sr. k.k. apost. Majestät des Kaisers
FRANZ JOSEF I.
Herausgegeben von
CARL HASLINGER.
Der ganze Rein-Ertrag
ist von dem Herausgeber zur alsogleichen Unterstützung hülfsbedürftiger dienstunfähiger Krieger aus den Jahren 1848-1849 und deren Familien bestimt.
1854
No. 11,650. Eigenthum des Verlegers Preis fl. 2. Prachtausgabe fl. 3.
Eingetragen in das Archiv der Musikalien-Verleger.
WIEN, bei Carl Haslinger qm. Tobias, k.k. Hof-u. priv. Kunst-u. Musikalienhändler.
Leipzig, bei B. Hermann. Lithogr. v. Berndt

Elisabeth-Fest-Album, Titelblatt

freundschaftlicher Art. Mit seiner Teilnahme am Fest-Album war das *„Zugpferd"* gewonnen. Im Hinblick auf die Entstehung des Albums wird man Haslingers Geschäftstüchtigkeit einerseits und Liszts Popularität andererseits als jene Größen ansehen dürfen, die einen Erfolg der Publikation garantieren konnten. Carl Haslinger leistete mit seinem opus 91, der *„Österreichischen Jubel-Ouverture"* für Orchester, neben der Herausgabe des Albums noch einen weiteren, persönlichen Beitrag zur Vermählung des jungen Paares.

Im Dienste des Kaiserreiches allerdings hatte alles Geschäftliche wie Kulturelle zumeist eine politische Komponente, so auch das Elisabeth-Fest-Album. Wie Hunderte im Land sah sich selbstverständlich auch die k. k. Hof-Musikalienhandlung Haslinger verpflichtet, aus Anlass der Hochzeit den Armen und Bedürftigen zu helfen. Der Reinertrag des Albums war daher für die Unterstützung hilfsbedürftiger, dienstunfähiger Krieger aus den Jahren 1848–49 und deren Familien bestimmt. Dies wurde deutlich in Anzeigen herausgestellt.

Jedem Käufer des Albums war damit bewusst, dass mit dem Erwerb des Notendruckes nicht nur schlicht ein gutes Werk verbunden war, man durfte sich kaisertreu vereinnahmt sehen als Unterstützer des Systems der Monarchie, dessen Militärapparat eine wesentliche Funktion zur Verbindung der disparaten Elemente im Kaiserreich hatte.

Welche Kriege und Unruhen waren es, die noch Jahre später zur Hochzeit ihre Nachwirkungen zeigten? Krisenerscheinungen im ganzen Habsburgerreich hatten die Bevölkerung für revolutionäre Initiativen empfänglich gemacht. Nur gewaltsam ließ sich die Macht des Kaisers erhalten. Alfred Fürst Windischgrätz beispielsweise unterdrückte revolutionäre Aufstände in Böhmen durch die Erstürmung Prags am 15. Juni 1848.[115] Damalige Kriege gegen aufständische Provinzen in Italien wurden erfolgreich von Feldmarschall Joseph Wenzel Graf Radetzky von Radetz geführt, jenem Militärführer, dem Johann Strauß (Vater) 1848 den *„Radetzkymarsch"* op. 228 huldigend widmete. In langjähriger Tradition erklingt dieser Marsch seit 1941 bis heute nach dem Walzer *„An der schönen blauen Donau"* als letzte Zugabe im Neujahrskonzert der Wiener Philharmoniker.

Patriotische Stimmungen gewannen auf Grund der militärischen Erfolge 1848 schnell wieder die Oberhand gegenüber der Begeisterung für die Revolution.[116] Wichtig zu wissen ist außerdem, dass die durch den Reinerlös des Elisabeth-Fest-Albums bedachten *„hilfsbedürftigen dienstunfähigen Krieger der Jahre 1848–49"* nicht allein Versehrte aus den Schlachten gegen aufständische Provinzen des Habsburgerreiches gewesen sind, sondern dazu auch jene Soldaten zählten, die auf der Seite des Kaisers

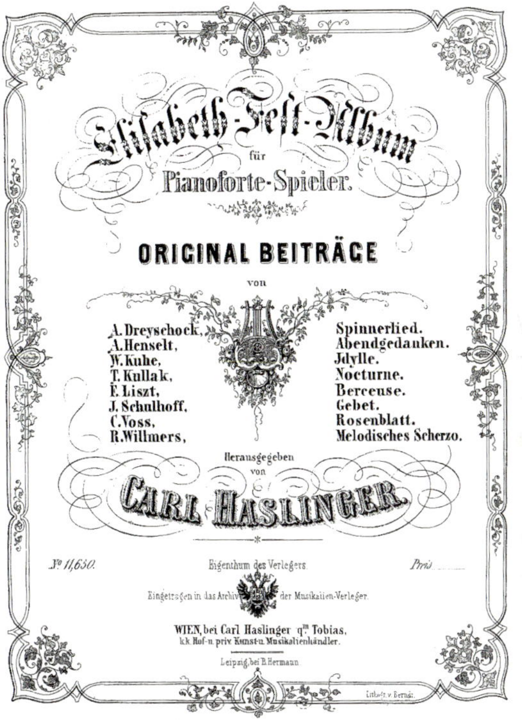

Elisabeth-Fest-Album für Pianoforte-Spieler.

ORIGINAL BEITRÄGE

von

A. Dreyschock,	Spinnerlied.
A. Henselt,	Abendgedanken.
W. Kuhe,	Jdylle.
T. Kullak,	Nocturne.
F. Liszt,	Berceuse.
J. Schulhoff,	Gebet.
C. Voss,	Rosenblatt.
R. Willmers,	Melodisches Scherzo.

Herausgegeben von

CARL HASLINGER.

No 11,650. Eigenthum des Verlegers. Preis

Eingetragen in das Archiv der Musikalien-Verleger.

WIEN, bei Carl Haslinger qm Tobias,
k.k. Hof-u. priv. Kunst-u. Musikalienhändler.

Leipzig, bei B. Hermann

Lith. v. Berndt.

Elisabeth-Fest-Album, Inhaltsverzeichnis

Opfer in den niedergeschlagenen bürgerlichen Revolutionen im österreichischen Kern-
lande wurden. Revolutionskämpfe gab es ebenfalls in der Hauptstadt Wien und dabei kam
es selbst im Stephansdom zu Blutvergießen. Kaiser und Hof hatten ihren angestammten
Residenzort längst verlassen müssen, als die Generäle Windischgrätz und Jellačić am 26. Oktober 1848 mit der Rückeroberung Wiens begannen. Am 31. Oktober erstürmte Windischgrätz auch die innere Stadt: *„Die eindringenden Truppen ließen sich schwere Ausschrei-
tungen zuschuldenkommen. Noch bedauerlicher war die rasch und rücksichtslos organisierte
Verfolgung der prominenten Anhänger der Revolution.“*[117] Führende Revolutionäre, sofern
nicht geflohen, sowie eine Anzahl von Journalisten wurden hingerichtet.[118]

Kaiser Ferdinand dankte ab und die Revolutionsunruhen waren noch nicht gänzlich erstickt,
als am 2. Dezember 1848, achtzehnjährig, Erzherzog Franz als Kaiser Franz Joseph I. den
Habsburgerthron bestieg. Sieben Jahre später wird er heiraten. Verständlich, dass es die sieg-
reichen Generäle des Jahres 1848 waren, die als Erste im Anschluss an die Liturgie in der
Augustinerkirche zur Audienz beim Kaiserpaar zugelassen waren: Radetzky, Windischgrätz,
Nugent, Jellačić.[119] Ihrem militärischen Einsatz verdankte das Kaiserhaus den Machterhalt.
In der Vermählungsfestwoche übergab der *Verein zur Unterstützung österreichisch-kaiser-
licher Invaliden* unter seinem *Comité-Vorstand* Franz Anton Danninger 2000 Gulden zur
Verteilung an Bedürftige.[120] In diesen Gesamtbetrag waren wohl auch jene Beträge einge-
flossen, die als Reinerlös aus dem Verkauf des Elisabeth-Fest-Albums vom Verleger Carl
Haslinger beigesteuert werden konnten. Den festlichen Akt der Übergabe am 28. April 1854
schildert der Chronist Adolph Carl Naske folgendermaßen:

„An diesem Tage, als an einem Freitage, fanden keine Festlichkeiten statt, und es wurde derselbe größtentheils durch Acte der Wohlthätigkeit ausgefüllt, von denen wir hier die bedeutendsten hervorheben.

Der vielverdiente Herr Danninger veranstaltete zur Feier der Allerhöchsten Vermählung eine großartige Betheilung an hilfsbedürftige, dienstunfähige Krieger, und deren Familien. Es wurden bei 300 Personen betheilt, darunter sehr viele Waisen, die zum Andenken an das hohe Fest ein Sparcassebuch mit einer kleinen Einlage erhielten. Das Fest selbst ward auf die herzlichste, rührendste Weise gefeiert; nur berührte es sämmtliche Anwesende sehr schmerzlich, daß Herr Danninger durch Krankheit verhindert war, selbst zugegen zu sein.

Elisabeth-Fest-Album, Voranzeige

Pater Severin von den Michaelern übernahm es auf Ansuchen der Comitémitglieder, die Ansprache, welche Herr Danninger dem Feste vorausschicken wollte, an die Versammlung zu richten, worauf von sämmtlichen Anwesenden die Volkshymne gesungen und donnernde Vivats dem Allerhöchsten Kaiserpaare, so wie dem gesammten Kaiserhause gebracht wurden.

Die Betheilung selbst war die glänzendste unter den bisher abgehaltenen. Die Krieger erhielten Kleidung, Wäsche und Geld; den Kindern wurden ferner noch Kuchen, Strickwolle etc. verabreicht. Der Betheilung ging um 4 Uhr bei den PP. Franciscanern ein feierlicher Segen voraus, dem sämmtliche Krieger und Kinder beiwohnten.

Der Saal im k. k. Bancogebäude, um dessen Ausschmückung sich der k. k. Hofhutmacher Herr
F. Joseph Werner verdient gemacht hatte, war von Sr. Excellenz dem Herrn Finanz- und Han-
delsminister Ritter von Baumgartner zum Zwecke des Festes überlassen worden. "⁹²¹

Bemerkenswert ist, dass im Bericht des Chronisten Naske die Wohltätigkeitsveranstaltung
für die notleidenden Krieger und deren Angehörige an erster Stelle steht.

Nach dieser Einordnung des Elisabeth-Fest-Albums in das politische Umfeld jener Zeit muss
nun kurz beleuchtet werden, welche kulturgeschichtlich bedeutsamen Aspekte die Entstehung des Albums tangieren.

Man stelle sich zunächst das Gedankenexperiment vor, anlässlich einer königlichen Hochzeit dieser Tage würden acht der hervorragendsten Klaviervirtuosen ein gemeinsames Album
herausgeben – undenkbar? Zur Hochzeit von Catherine Middelton und Prinz William
müssten sich mithin beispielsweise: Martha Argerich, Vladimir Ashkenazy, Alfred Brendel,
Cyprien Katsaris, Lang Lang, Elisabeth Leonskaja, Mitsuko Uchida und Arcadi Volodos
glückwünschend mit eigenen Werken beteiligen. In der Tat, ein unwahrscheinliches Unternehmen. Wer allein sollte ihr Verleger sein, ganz abgesehen davon, dass die gefeierten Kon-
zertsaalpianisten der Gegenwart nur in seltenen Fällen auch zugleich gefragte Komponisten sind. Dieses doppelte Künstlerbild verkörperte ausgeprägt nur der im Jahre 2000 verstorbene Friedrich Gulda.

Und doch: Die populäre Ballade *„Candle in the Wind"*, schon 1973 entstanden, wurde von
Elton John zum Huldigungslied für die 1997 verstorbene Lady Diana, Princess of Wales.
Mit verändertem Text versehen, brachte er den Song bei ihrer Trauerfeier in der Westmins-

ter Abbey zu Gehör. Die lange Tradition des Herrscherlobes in Musik und Wort lebt fort. In dieser Weise direkt personenbezogen agierten die Komponisten des Elisabeth-Fest-Albums über ihre Werke nicht. Ihre Beiträge beanspruchen künstlerische Unabhängigkeit. Sie deuten in ihren Titeln wie *„Idylle"* oder *„Wiegenlied"* höchstenfalls Denkrichtungen in Bezug auf das Herrscherpaar an. In den Charakterstücken sind jedoch durchaus die Anfänge der in späterer Zeit deutlicher voneinander geschiedenen ernsten und unterhaltenden Musik vorgeprägt.

Zur Mitte des 19. Jahrhunderts fanden das Klavier und die musikalische Szene um das Klavier besondere Beachtung in der Gesellschaft. Das Instrument, erst jüngst aufgewertet durch zahlreiche technische Innovationen, hatte einen gewaltigen Marsch durch die musikalische Welt angetreten. Der Siegeszug schien unaufhaltsam. Klavierproduktion wie der zugehörige Musikalienmarkt waren in Europa und später auch Amerika Wirtschaftssparten von beträchtlichem Ausmaß. Das Klavier war Bildungsinstrument der besseren Welt, jeder der etwas auf sich hielt, hatte eines und ließ zumindest seine Töchter das Spiel erlernen. Das biedermeierliche Ideal dessen gibt beispielhaft pointiert der österreichische Maler und Grafiker Josef Danhauser in seinem Gemälde *„Die Klavierspielerin"* wieder (Abb. S. 103).[122] Zugespitzt galt: Keine Kultur ohne Klavier!

Wird auch das *„Klavierfieber"* noch euphorisch bis in das 20. Jahrhundert hinein reichen, unter dem Titel *Clavierconcerte und kein Ende* mahnte diesbezüglich bereits 1859 Eduard Hanslick in Wien: *„Die Nachfrage nach Clavier-Virtuosen ist längst im Abnehmen, während das Angebot [...] im selben Maße zu wachsen scheint. [...] Hoffen sie wirklich, zahlende Sterbliche herbeizulocken, und mit Clavierspiel ein Publicum zu begeistern, das selbst fast*

aus lauter Clavierspielern besteht? Erblicken sie wahrhaftig noch in dem Virtuosenthum eine glänzende Ausnahmsstellung, heutzutage, wo ja die halbe Bevölkerung Europas die galoppirende Virtuosität hat? [...] Es stimmt traurig, daß noch immer so viel junge Leute ihre Zeit, ihre Kraft, ihr kleines Vermögen, ihre höhere Bildung aufopfern, um die Fertigkeit auf einem Saitenkasten sich zum Lebenszweck zu machen. [...] Spielt weniger Clavier, lernt etwas!"[123]

Nicht alle Menschen liebten das sich rigoros verbreitende Klavierspiel, teils muss es fürchterlich anzuhören gewesen sein, wenn dicht an dicht in Häusern und Wohnungen größerer Städte unterschiedlichste Talente ihre Übungen absolvierten. Für nicht mehr zu ertragende Situationen etablierte sich der Begriff *„Klavierpest"*. Eingedenk dieser Umstände bringt die *„Wiener allgemeine Tageszeitung"* am 12. April 1854 in ihrem Nachrichtenteil *„Aus der Musikwelt"* eine satirische Note: *„Für unermüdliche Clavierdiletranten[!], die von früh Morgens bis spät Abends ihre Nachbarschaft durch ihr langweiliges Trommeln maltraitiren, haben wir die Adresse von dem Verkäufer eines ganz neuen siebenoctavigen e i s e r - n e n C l a v i e r e s."*[124]

Inmitten dieser Epoche erscheint das kleine, gefällige Notenheft als Hochzeitsgeschenk für die Kaiserin. Auf welche Ohren traf das sorgfältig verlegte und mit ansprechenden Titeln versehene Album bei der Kaiserin? Wie war ihr Gemüt in diesen Dingen gestimmt?

Wie oben bereits bemerkt, war Elisabeth an den klassischen musikalischen Bereichen des Lebens wenig interessiert. Im Verlauf ihrer Regentschaft meidet sie Konzert- und Theaterbesuche bis auf wenige Ausnahmen. Nicht einmal die Eröffnung des neuen Wiener Opernhauses 1869 mit den eigens nach ihrem Geschmack eingerichteten Prunkräumen besuchte sie und selbst die Musikalität ihrer Familie ging der Kaiserin bei ihren Besuchen in

„Die Klavierspielerin",
Photogravure von
R. Paulussen, Wien, nach
einem Gemälde von Josef
Danhauser (1805–1845)

Bayern wohl gelegentlich an die Nerven, da sie Ruhe liebte.[125] Als wäre auch sie betroffen von der „*Klavierpest*", klagt Elisabeth im Sommer 1887 in einem ihrer Gedichte:

Familienglück! Wer kanns beschreiben?　　*Die Kinder schrei'n, die Spitze bellen,*
Wer kanns besingen so wie ich?　　*Aus jedem Fenster tönt Clavier;*
Sein armes Opfer, muss ich treiben　　*Und extra noch mein Ohr zu quälen,*
Herum im Staub der Landstrass' mich.　　*Singt ein Dame Skalen hier.*[126]

All dies konnten die Komponisten nicht wissen. Wie viele Musiker hofften vermutlich auch sie, durch einen Beitrag in den Gunsterweisungen des Kaiserhauses nicht übersehen zu werden. Der Kaiserin, soviel war klar, konnte man nur höchste Qualität offerieren. An die allgemeine Klavier spielende Welt durfte es jedoch nicht zu hohe Ansprüche stellen. Beiden Adressaten sollte es mehr als nur gefallen, nach Möglichkeit wohl Aufsehen und Erstaunen erregen, die Meisterklasse ihres Könnens in einer subtilen Kleinform übermitteln und über den Titel der Stücke hinaus in Tönen inspirierend wirken.

So entstand der Reigen von acht „*Piecen*", beginnend mit dem symbolisch von Liebesfreud' und Liebesleid erfüllten Spinnradthema in Form eines „*Spinnerliedes*" von Alexander Dreyschock. Es folgen die Titel: „*Abendgedanken*" (Adolph von Henselt), „*Idylle*" (Wilhelm Kuhe), „*Nocturne*" (Theodor Kullak), „*Berceuse*" (Franz Liszt), „*Gebet*" (Julius Schulhoff), „*Rosenblatt*" (Charles Voss) und „*Melodisches Scherzo*" (Rudolf Willmers). Mag man auch die Werke als gefällige Gelegenheitsarbeiten bewerten, sie lassen den jeweiligen Anspruch des einzelnen Komponisten an sein eigenes Schaffen gerade auf Grund des bedeutsamen

Anlasses doch merkbar spüren. Ein unbekannter Rezensent charakterisiert die Kompositionen kurz nach der Herausgabe 1854 folgendermaßen: *„Mit diesem Album, welches 8 Originalbeiträge der beliebtesten Pianofortecomponisten enthält, wird das Repertoire des Musikliebhabers aufs Entsprechendste bereichert. Als die vorzüglichsten Nummern möchten wir zuvörderst das »Nocturn« (in Es-dur, Allegretto, 3/4 Tact) von Th. Kullak seines ausdrucksvollen Themas und der durchgängig eleganten und ansprechenden Bearbeitung wegen, sodann das »Scherzo« von Willmers in H-dur, 6/8 Tact, das von Anfang bis zu Ende frisch und feurig sich fortbewegt, hervorheben.*

An sie zunächst reiht sich die »Idylle« von W. Kuhe, Allegretto in 6/8 Tact, in F-dur mit dem Mittelsatz in B-dur, und das »Spinnerlied« in As-dur, 6/8 Tact, von Dreyschock. Aus jener spricht unschuldige Heiterkeit und Munterkeit; – in diesem charakterisirt eine einfache Melodie mit der stereotypen Begleitungsfigur in Sechszehnteln den Vorwurf auf sehr bezeichnende Weise.

Nicht den gleichen Schwung, nicht gleich reiche Empfindung können wir dem »Gebet« von Schulhof in A-moll, noch weniger aber dem »Wiegenlied« überschriebenen Lento in Des-dur von Fr. Liszt nachrühmen.

Der Beitrag von C. Voss: »Ein Rosenblatt«, Andantino in As-dur, 9/8 Tact, zählt zwar nur 43, und der von A. Henselt: »Abendgedanken« gar nur 37 Tacte; trotz dieses geringen Umfanges sind doch beide Piecen recht schätzenswerth. Wir bedauern nur, daß die innige, freundliche Idee der erstern, so wie die feierlich ernste, interessant harmonisirte der zweiten Piece in H-moll, nicht weiter ausgesponnen wurde. Betreffend die Auflage dieses Albums, so ist dieselbe ganz so elegant, ganz so correct, wie wir sie bei Haslinger immer gewohnt sind." [127]

Es versteht sich selbstredend, dass den Beiträgen *„Gebet"* und *„Wiegenlied"* nicht der lebhafte Schwung eines Scherzos zu eigen ist, wie der Rezensent dies zu wünschen scheint. Auf ihre Weise bereichern gerade diese Werke durch ein intensiv-ruhiges, teils feierliches Klangbild das Album. Mit der *„Berceuse"* von Liszt liegt in der Sammlung ein geradezu avantgardistisches Werk vor, das weit über Hör- und Spielgewohntes im Bereich der damaligen Salonmusik-Kompositionen hinausführte.

Damit ist ausgesprochen, in welchen musikgeschichtlichen Rahmenbereich die acht Werke einzuordnen sind. Es handelt sich um Klavierliteratur der sogenannten *„Salon- und Gesellschaftsmusik"*, deren hauptsächlicher Zweck in einer unterhaltenden Funktion bestand. Salonmusik als musikalischer Gattungsbegriff kommt in den dreißiger Jahren des 19. Jahrhunderts auf.[128] Künstlerische und nicht künstlerische Bereiche liegen hier eng beieinander. Der Musikwissenschaftler Carl Dahlhaus gruppiert die Werke der Salonmusik als untergeordnete Gattung zwischen der Tanzmusik auf der einen und dem Charakterstück auf der anderen Seite ein.[129]

Wie kein anderer jener Zeit hat sich Robert Schumann mit den Erscheinungsformen des Salons und der Salonmusik bewusst auseinandergesetzt. Er benennt zwei Typen des Salons, zum einen die biederen *„Teekränzchen"*, bei denen lediglich zur Konversation aufgespielt wird, zum anderen den zumeist *„aristokratischen Salon"*, in dem gebildete Zirkel dem Musiker als Künstler Achtung für seine Darbietung erweisen.

Musikwerke für den Salon umfassen eine weite Bandbreite künstlerischer Ausdrucksformen. Schumann unterscheidet drei Arten. Möglich sind erstens Formen hoher Kunst als *„gehobene Salonmusik"*, wie sie beispielsweise die Werke Chopins zeigen, zweitens *„virtuose Salonkompositionen"*, deren Schwerpunkt zuvorderst in der Beherrschung der spieltechnischen Herausforderung liegen mag und drittens *„romantisierende Salonmusikwerke"*, welche sich einer die Romantik nachahmenden Richtung verschrieben haben.[130]

Eine Zuordnung der im Elisabeth-Fest-Album vorliegenden Werke wird von Fall zu Fall, je nach Betrachtungskriterien, unterschiedlich ausfallen. Die Qualität der Kompositionen nähert sich zum überwiegenden Teil der Ausdrucksstärke eines Charakterstückes. Trotz der gewählten alphabetischen Abfolge der Werke entsprechend den Nachnamen der Komponisten, fällt auf, dass in der Reihung vom *„Spinnerlied"* bis zum *„Melodischen Scherzo"* eine abgerundete, ansprechende Dramatik in der Gesamtdarbietung entstand. Vielleicht liegt der scheinbar losen Beitragsfolge doch ein System zugrunde, das möglicherweise ausgehend vom Verleger an die Komponisten herangetragen wurde.

Allein dem Umstand der Hochzeit ist es zu verdanken, dass sich diese Pianisten von höchstem Rang zur Herausgabe eines Albums zusammengefunden haben und somit ein einzigartiges Dokument eines Geflechts internationaler Künstlerbeziehungen überliefert werden konnte. Zugpferd der *„Clavier-Heroen"*, wie die Komponisten in der Voranzeige genannt werden (Abb. S. 99), war sicher Franz Liszt, dessen weitreichender Virtuosenruhm auf alle anderen Beteiligten abstrahlte.

Ein Blick auf die Aufenthaltsorte der Komponisten zur Zeit der Hochzeitsvorbereitungen zeigt, dass sich die Dimensionen des kleinen Fest-Albums auf wahrhaft europäisches Ausmaß erstrecken: Charles Voss wirkte als gefeierter *„Salon-Löwe"* in Paris. Auch der in Prag beheimatete Julius Schulhoff gab zwischen Ende April und Anfang Juni 1854 mehrere umjubelte Konzerte in Paris. Wilhelm Kuhe hatte sich in London niedergelassen und Theodor Kullak wohnte als königlicher Hofpianist in Berlin, die Eröffnung seiner *„Neuen Akademie der Tonkunst"* stand kurz bevor. Adolph Henselt war an den Hof nach St. Petersburg ausgewandert, dort bedeutendster Pianist und Lehrer. Alexander Dreyschock reiste noch unstet auf Konzerttourneen durch Europa, während sich Franz Liszt in Weimar bereits im Dienst des Großherzogs etabliert hatte. Einzig Rudolf Willmers, gebürtig aus Berlin, befand sich seinerzeit in Wien.

Die *„Clavier-Heroen"* kannten sich und waren einander verbunden, teils schon durch ihr Studium bei gleichen Lehrern, teils durch Kompositionen, die sie sich gegenseitig widmeten. Es gab untereinander jedoch auch missbilligende Töne, wie ein Brief von Adolph Henselt an den Musikkritiker Carl Banck schonungslos offenlegt. Henselt schrieb wohl zu Anfang des Jahres 1840 wahrscheinlich aus St. Petersburg folgende Zeilen an Banck: *„Kennst Du was von Dreyschock? Ist die Physiognomie seiner Musik nicht als ob Thalberg sich den Arsch aufs Papier abdrückt? […] Ich kann wohl sagen, daß ich nicht leicht gegen eine musikalische Erscheinung so eingenommen [bin] als gegen diese Dreyschocks-Arbeit; es kocht gleich immer in mir, wenn ich nur daran denke, und ich hab doch sonst eine ziemliche Portion Nachsicht gegen meine Collegen; aber diese Noten haben ein so verflucht prätentiöses Gesicht, daß ich sie nur mit Ärger erblicken kann […]"*[131]

Der im Brief genannte Sigismund Thalberg war neben Franz Liszt *der* Star unter den Klaviervirtuosen jener Zeit. In Paris fand 1837 ein regelrechtes *„Wettspiel"* um den höheren

Rang statt, den Thalberg in der Gunst des Publikums zweifelsfrei gewann.[132] Liszt solle sich ein Beispiel an ihm und seinem Kompositionsstil nehmen, hieß es damals. Thalbergs Ruhm ging dahin, überdauern konnte letztlich Liszt in seinen Werken. Henselt favorisierte die neueren Tendenzen der Klaviermusik, die zu einer poetisch inspirierten tonmalerischen Ausdruckskraft strebten. Dreyschocks Werke waren ihm offensichtlich ein Dorn im Auge.

Für das Elisabeth-Fest-Album liefen alle Fäden bei dem Wiener Verleger Carl Haslinger zusammen, der mit vielen der einen Beitrag liefernden Komponisten befreundet war und oft seit längerer Zeit ihre Werke veröffentlichte.

Die von den Komponisten eingereichten Charakterstücke lassen einen tiefen Einblick in den gehobenen Bereich der Salonmusik zur damaligen Zeit zu. Es war durchaus ein Anliegen eines großen Teils der Künstler, gerade in diesem Sektor der Klaviermusik Maßstäbe zu setzen gegenüber der oft flachen, wenig differenzierten Massenware im Angebot des Musikalienhandels. Entstanden ist ein außergewöhnliches Album der *„beliebtesten Pianofortecomponisten"* und Klaviervirtuosen der Zeit um 1854, das geadelt wurde durch die Geschenkadresse an die junge Kaiserin Elisabeth in Wien.

Die nachfolgenden Kapitel geben Einblick in Leben und Werk der beteiligten Tonkünstler. Außerdem werden die Werke der Komponisten, ausgehend von ihrem Titel, separat vorgestellt, nicht in Form einer musikwissenschaftlichen Analyse, sondern entsprechend ihrer musikalischen Intention als Skizze eines historisch-volkskundlichen Charakterbildes, ergänzend versehen mit Hinweisen auf mögliche Bezüge zu Umfeld und Person der durch das Album geehrten Kaiserin Elisabeth.

Meister der linken Hand – Alexander Dreyschock (1818–1869)

Es war der mit spitzer Feder schreibende deutsche Dichter Heinrich Heine (1797–1856), der wohl sehr treffend den gegenwärtig beinahe vergessenen, doch seinerzeit hochbedeutenden Klaviervirtuosen und Komponisten Alexander Dreyschock[133] charakterisierte. In einem Bericht für die Augsburger „*Allgemeine Zeitung*", verfasst in Paris am 26. März 1843, bemerkt Heine: *„Als die merkwürdigsten Erscheinungen der heurigen Saison habe ich die Herren Sivori und Drey-schock genannt. Letzterer hat den größten Beifall geerntet, und ich referiere getreulich, daß ihn die öffentliche Meinung für einen der größten Klaviervirtuosen proklamiert und den gefeiertsten der-selben gleichgestellt hat. Er macht einen höllischen Spektakel. Man glaubt nicht einen Pianisten Dreyschock, sondern drei Schock Pianisten zu hören. Da an dem Abend seines Konzertes der Wind südwestlich war, so konnten Sie vielleicht in Augsburg die gewaltigen Klänge vernehmen; in sol-cher Entfernung ist ihre Wirkung gewiß eine angenehme. Hier jedoch, im Departement de la Sei-ne, berstet uns leicht das Trommelfell, wenn dieser Klavierschläger loswettert. Häng dich, Franz Liszt, du bist ein gewöhnlicher Windgötze in Vergleichung mit diesem Donnergott, der wie Bir-kenreiser die Stürme zusammenbindet und damit das Meer stäupt."*[134] Dieses niederschmetternd überzeichnende Zeugnis basiert glaubhaft auf der eindrucksvollen Klangentfaltung, die typisch für das Auftreten Alexander Dreyschocks gewesen sein muss.[135] Da seine enorme Dynamik im Vortrag und die ausgesuchten technischen Herausforderungen seines Spiels insbesondere der linken Hand seine Hörer beeindruckten, genoss Dreyschock einen ausgezeichneten Ruf in den Salons und Konzertsälen Europas. Der in London als Pianist und Musikverleger prominent gewordene Johann Baptist Cramer (1771–1858) soll nach einem Konzert Dreyschocks in Paris geäußert haben, Dreyschock hätte keine linke Hand, sondern zwei rechte gehabt.[136] In Verbindung mit diesem bezeichnenden Ausspruch Cramers steht ein Sinngedicht, das unter eine Porträtlithografie Dreyschocks gesetzt wurde:

Welchen Titel, der nicht hinke,
Man dem Meister geben möchte,
Der zur Rechten macht die Linke? –
Nennt ihn Doctor beider Rechte.[137]

Dreyschock verfasste eigens Werke nur für die linke Hand, wie beispielsweise die seinerzeit bekannt gewordenen Variationen zur britischen Königshymne: *„Grand Variation sur l'air: »God save the Queen«, pour la main gauche seule"*, op. 129.

Wie die übrigen Virtuosen seiner Zeit bevorzugte Dreyschock in seinen Konzerten eigene Kompositionen. Er trat aber auch mit Werken Ludwig van Beethovens (1770–1827) und vor allem Frédéric Chopins (1810–1849) auf, dessen f-Moll Klavierkonzert er 1836 zur Prager Erstaufführung brachte.[138]

Bereits im Alter von acht Jahren soll Alexander in seiner ostböhmischen Heimat aufgetreten sein. Gefördert wurde die erkennbare Begabung zuerst durch seinen Vater, einen Gutsverwalter in Žak, der für ihn in den Jahren 1833 bis 1837 den Klavier- und Kompositionsunterricht beim damaligen *„Musikpapst"* Václav Jan Tomášek (1774–1850) in Prag ermöglichte. Dreyschock zählte bei ihm zu den Lieblingsschülern der jüngeren Ausbildungsgeneration, unter denen auch Siegmund Goldschmidt (1815–1877), Eduard Hanslick (1825–1904), Julius Schulhoff (1825–1898), und der *„Oktaven-Hannibal"* genannte Ignaz Amadeus Tedesco (1817–1882) zu finden sind.[139]

Den künstlerischen Durchbruch in die Spitzengruppe der Klaviervirtuosen erreichte Alexander Dreyschock 1838 in Leipzig mit Hilfe von Felix Mendelssohn-Bartholdy (1809–1847): *„Von besonderem Interesse war um die Weihnachtszeit das Zusammentreffen von Alexander Dreyschock und Sigismund Thalberg. Letzterer, welcher in bezug auf Eleganz und abgeglättete Technik des Spieles wie auf Ausbeutung des Instruments zu ganz neuen Effecten überall, wo er aufgetreten war, als der vollendetste Clavierspieler angesehen wurde, den es geben könne, war bereits erwartet, sein Concert auf einen Tag gleich nach dem Weihnachtsfest bereits festgesetzt worden, als der zwanzigjährige, damals gänzlich unbekannte Dreyschock bei Mendelssohn erschien und ihn um Vermittlung eines Auftretens ersuchte, durch das er sich mit Erfolg in die Öffentlichkeit einführen könne. Da habe Mendelssohn – so wurde erzählt – den jungen Künstler auf die bevorstehende Ankunft Thalberg's, die alles Andere in den Hintergrund drängte, aufmerksam gemacht und ihm alle Aussicht auf ein erfolgreiches Auftreten in diesen Tagen genommen. Darauf habe Dreyschock gebeten,* *wenigstens ihm, dem Meister, etwas vorspielen zu dürfen, um dessen Urtheil über seine Leistungen zu vernehmen. Hierbei habe nun der junge Mann eine so staunenswerthe Virtuosität an den Tag gelegt, daß Mendelssohn auf's Höchste überrascht worden sei und anfangs nicht anders geglaubt habe, als daß Thalberg selbst es sei, der unter einem andern Namen ihm eine so unvermuthete Freude durch sein Spiel habe machen wollen.*"[140] Mendelssohn sorgte dafür, dass Dreyschock Gelegenheiten zu Auftritten in Leipzig erhielt. Seinem Konzert in der Buchhändlerbörse am 27. Dezember 1838 wohnte auch Thalberg (1812–1871) bei. Mit Unterstützung Mendelssohns trat Dreyschock anschließend seine erste große Konzertreise als Pianist an, die ihn durch Ost- und Norddeutschland führte.[141] Ausgehend von Prag, wo Dreyschock seinen Wohnsitz genommen hatte und nun auch selbst lehrte, folgten über 20 Jahre lang Konzertreisen durch Europa. Er besuchte Russland 1840–1842, Paris im Frühling 1843, London, die Niederlande, Österreich und Ungarn 1846, Dänemark und Schweden 1849.[142]

Mehrfach bot Dreyschock Konzertzyklen auch in Wien an. Launisch wird zu seiner Aufführungspraxis in einer Besprechung aus dem Jahre 1846 angemerkt: *„Nicht unerwähnt kann man lassen, daß sich Dreyschock zweier Streicher'schen Flügel und eines Klaviervirtuosen zum Umwenden der Noten bediente. Die Klavierspieler von heute wissen überhaupt nicht, auf welche Art sie sich in den Vordergrund drängen sollen; können sie nicht selbst spielen, so drehen sie wenigstens Noten um, alles nur um gesehen zu werden. Bei einem künftigen wieder vorkommenden Falle wollen wir diesen Herren den Gefallen thun, ihre Namen zu nennen, damit die Welt erfahre, wer dieses hochwichtige musikalische Geschäft verrichtete.*"[143]

Eduard Hanslick gibt 1849 in seinen *„Kritiken aus dem Concert-Saal"* wohl die deutlichste Beschreibung der künstlerischen Fähigkeiten Dreyschocks: *„Die zuversichtliche Freude an dem*

Kampf mit Schwierigkeiten, ein wesentliches Element im Virtuosen, ist in Dreyschock recht eigentlich verkörpert. Sein hervorstechender Charakterzug ist strotzend gesunde Kraft. Das Kräftige, Stürmische, Glänzende beherrscht er unumschränkt; das Weiche, Zarte erreicht er. […] Man würde sehr unrecht thun, wollte man Dreyschock als bloßen Bravourspieler schätzen; er ist ein gründlich durchgebildeter Künstler, und so Bach- oder Beethovenfest wie Einer. Die Verbindung der Virtuosen mit dem guten Musiker hat er längst vollzogen, der weitere Schritt von diesem zum Poeten blieb ihm versagt. […] Dreyschock ist in seinem künstlerischen Wesen so rund abgeschlossen, daß der Besucher seiner Concertzyklen keine neuen Phasen, aber gewiß auch nicht die kleinste Enttäuschung zu gewärtigen hat."[144]

Den lobenden Worten Hanslicks entgegen steht ein Vermerk in den Tagebuchaufzeichnungen von Clara Schumann aus dem Jahre 1844 über das von ihr als wenig kunstsinnig empfundene Konzertpublikum in Riga: *„Henselt sagte immer, für die Rigaer passe nur Dreischock.*"[145]

Genannter Adolph von Henselt (1814–1889) war seit 1839 in St. Petersburg tätig, unter anderem auch als Hofpianist der Zarin Alexandra Fjodorowna (1798–1860). Alexander Dreyschock folgte ihm 1862 nach Russland, als er an dem neugegründeten Konservatorium in St. Petersburg eine Professur für Klavierspiel annahm und dort zum Direktor der Theatermusikschule ernannt wurde. Nachdem er bereits zuvor die Ernennungen zum großherzoglich-mecklenburgischen Hofpianisten (1839) und zum großherzoglich-hessischen Hofkapellmeister (1844) erhalten hatte, avancierte er – wie Henselt – zum russischen Hofpianisten (1865).

Die Zeit in Russland war für Dreyschock von Krankheiten begleitet. Mehrere Male musste er Genesungsurlaub im Süden nehmen. Während einer auf ärztliches Anraten unternommenen Reise starb er 1869 in Venedig an Tuberkulose. Seine Beisetzung erfolgte auf Wunsch der Familie in Prag.

Annähernd 200 Kompositionen umfassen die gedruckten Werke Dreyschocks. Er schrieb überwiegend Klaviermusik, darunter eine Schule der Tonleitern, insbesondere aber Fantasien, Nocturnes, Rhapsodien, Rondos, Impromptus, Tänze, Variationen und programmatische Stücke wie das hier vorgestellte Spinnerlied.[146] Hervorzuheben sind angesichts seines besonderen Talentes in diesem Bereich zwei Kompositionen für die linke Hand (op. 22 und 129). Eine nicht aufgeführte Oper, ein Streichquartett in A-Dur, op. 105, komponiert im Jahre 1855 und das Klavierkonzert in d-Moll, op. 137, aus der Zeit um 1860, sind Ausnahmen in seinem Schaffen. Erfreulich, dass zumindest letzteres Konzert als eines der ganz wenigen aufgenommenen Werke Dreyschocks vom BBC Scottish Symphony Orchestra unter Niklas Willén zusammen mit dem Pianisten Piers Lane 1999 auf Compact Disc eingespielt wurde.[147] Es bleibt zu wünschen, dass das kompositorische Schaffen Dreyschocks eingehend untersucht und weitere seiner Werke für die Nachwelt wiederentdeckt werden können.

Alexander Dreyschock gab des Öfteren Konzerte am Hof des Kaisers in Wien. Folgende Anekdote ist dazu überliefert: *„Als Dreyschock zum ersten Mal bei Hofe erschien spielte er vor dem Kaiser in einem sehr heißen Raum bei geschlossenen Fenstern. Dreyschock begann zu schwitzen. Der Kaiser hörte aufmerksam zu und kam näher. Als der Pianist sich erhob und dem Kaiser gegenüber stand, scheute er sich, den Schweiß vom Gesicht zu wischen. Der Kaiser neigte sich ihm zu: »Mein lieber Dreyschock, ich hörte Moscheles spielen.« Dreyschock verbeugte sich. »Ich hörte Thalberg.« Dreyschock verneigte sich tiefer. »Ich hörte Liszt.« Dreyschock dienerte ganz tief. »Ich hörte alle großen Pianisten. Aber niemals habe ich jemanden so transpirieren sehen wie Sie.«*[148]

Spinnerlied

Kennt man nicht den Namen des kleinen Männchens, das der schönen, doch armen Müllerstochter dazu verhalf, Stroh zu Gold zu spinnen und dafür letztlich *„etwas Lebendiges"*, ihr erstes Kind, als Lohn einforderte? – Rumpelstilzchen! Zu denken ist auch an die ungleichen Töchter der Frau Holle, deren schöne und fleißige Tochter so viel spinnen musste, dass ihr das Blut aus den Fingern rann. Ihr fiel die Spule in den Brunnen hinab, bevor sich ihr Lebensschicksal zum Guten wandte. – An ihrem fünfzehnten Geburtstag, so der Fluch der bösen Fee, sollte sich Dornröschen an einer Spindel stechen und erst nach hundertjährigem Schlaf wird sie ihr Prinz wachküssen. – In einem Märchen der Gebrüder Grimm gelingt es sogar einem faulen Mädchen, das nicht spinnen kann, einen Prinzen zu heiraten. Drei alte Spinnerinnen nehmen ihr die Arbeit ab. Als dem Gemahl die drei Alten auf der Hochzeit als Basen seiner Frau vorgestellt werden, ist er entsetzt und verbietet sogleich seiner Frau die Ausübung dieses Handwerks, denn durch das lebenslange Arbeiten am Tretspinnrad gezeichnet, ist die Eine verunstaltet durch einen Plattfuß, die Zweite hat eine hängende Unterlippe vom Fadenlecken, die Dritte einen dicken Daumen vom Fadenziehen.[149]

Auch in etlichen weiteren Märchen ist das Spinnen sinnbildlich verbunden mit dem Lebensschicksal und Hochzeitsglück der Protagonisten.[150] Als die Sammlung der Kinder- und Hausmärchen der Gebrüder Grimm im Jahre 1812 erstmals erschien, gehörten Vorstellungen dieserart noch zum allgemeinen Volksgut. Dahinter stand nicht nur die Weisheit: dem Fleißigen gehört die Welt. Das Spinnen wird vielfach symbolisch gedeutet als menschlicher Reifungsvorgang, der sich letztlich in Treue, Durchhaltevermögen und Beständigkeit erweisen kann. Deshalb fungiert der Vorgang des Spinnens in Märchen oft als Heiratsprobe für die Frau. Die Spindel selbst gilt als Sinnbild des häuslichen, stetigen Lebens.

Ein Blick in die griechische Mythologie zeigt auf, dass Spinnen und Weben als Erfindungen der Göttin Athene zugeschrieben wurden. Entsprechend steht in

„Lady Hamilton am Spinnrad", Xylografie nach einem Gemälde von George Romney (1734–1802)

der germanischen Mythologie der Himmelskönigin Freya größte Kunstfertigkeit am Spinnrad zu. In ihrem Prunksaal sitzt sie an einem goldenen Spinnrocken und spinnt endloses, seidenweiches Garn, das sie an fleißige Frauen verschenkt. Nornen an ihrer Seite spinnen die Schicksalsfäden.[151] Die biblische Grundlage des Motivs ist im Alten Testament bei der fleißigen Hannah zu finden, die für ihren blinden Mann Tobit Webarbeiten zum Lebensunterhalt anfertigt.[152]

Vor diesem kulturgeschichtlichen Hintergrund betrachtet, wird bereits deutlicher, warum sich Alexander Dreyschock dazu entschloss, dem Hochzeitsalbum ein „*Spinnerlied*" beizugeben. Auch die junge – erst sechzehnjährige – unerfahrene Elisabeth tritt in ein neues Leben als Kaiserin ein und die an sie gerichteten Hoffnungen und Wünsche als „*Mutter*" des Habsburgerreiches gleichen der unerfüllbaren Aufgabe der Müllerstochter, Stroh zu Gold zu spinnen.[153]

Bevor nun das eigene Kapitel der Spinnstubenlieder in Dichtung und Musik aufgeschlagen werden soll, lohnt ein Blick in die Sozialgeschichte des Textilgewerbes, um unter Berücksichtigung der wirtschaftshistorischen Realitäten den Beitrag der Schönen Künste zum Thema Spinnen und Weben ein wenig auszuloten.

Bis zum Ende des 18. Jahrhunderts war im Rahmen der sogenannten ländlichen Hausindustrie das jeweils weit im Land verstreute Textilgewerbe in den meisten Regionen Europas das wichtigste Gewerbe.[154] Es war vom ausgehenden Mittelalter an eine verheißungsvolle Lebensperspektive für die ärmere Bevölkerung, sich durch gewerbliche Arbeit eine neue Existenzmöglichkeit zu schaffen. Sobald sich in einem ländlichen Gebiet die Möglichkeit bot, den Lebensunterhalt zum Beispiel durch Textilarbeit zu verdienen, konnten viel mehr junge Leute heiraten, und sie heirateten meistens sehr viel früher als sonst, weil sie jetzt die Möglichkeit hatten, einen eigenen Hausstand zu gründen.[155] Einen solchen Weg aus der Armut heraus gelang im 18. Jahrhundert beispielhaft und legendär Emma Lyon, der späteren Lady Hamilton (1765–1815). Berühmt durch ihre reizende Gestalt und bewundert auf Grund ihrer diplomatischen und künstlerischen Begabungen, fand sie Aufnahme in die Kreise des Adels, wurde zur Vertrauten Maria Carolinas von Österreich, Königin von Neapel-Sizilien (1752–1814) und war Geliebte des britischen Nationalhelden der Schlacht von Trafalgar, Admiral Lord Horatio Nelson (1758–1805). Fasziniert von ihrer Schönheit porträtierte sie mehrfach einer der bedeutendsten englischen Maler seiner Zeit, George Romney (1734–1802). Im Aufschwung ihres sozialen Aufstiegs um 1782/85 zeigt er sie bezeichnenderweise als behände Dame am rotierenden Spinnrad (Abb. S. 117).[156]

Als Dreyschocks Spinnerlied entstand, war aus der Perspektive der Kunstschaffenden längst ein romantisch verklärter, retrospektiver Blick auf die Situation des Handwerks vorherrschend, denn die Hausindustrie war im Textilgewerbe spätestens von der Mitte des 19. Jahrhunderts an nicht mehr konkurrenzfähig. Das Spinnrad, mehr und mehr Relikt einer *„guten alten Zeit"*, wurde durch Räder dampfbetriebener Maschinen ersetzt. Sämtliche auf hausindustrielle Tätigkeit im Textilgewerbe angewiesene Gebiete auf dem Kontinent gerieten vom Ende des 18. Jahrhunderts an in ärgste Bedrängnis, als sich in England die Maschinenproduktion und damit die Industrialisierung entwickelte. Gelang der Anschluss an die englische maschinelle Produktion doch, dann konzentrierte sich diese nunmehr in den Städten.[157] In einer Berliner Arbeiterfamilie dieser Zeit oblag der Frau, wie allgemein üblich, Versorgung und Verpflegung aller Familienmitglieder. Sie hatte darüber hinaus auch zum Erwerb beizutragen, das bedeutete, sie musste zum Teil über zehn Stunden täglich am Webstuhl oder Spinnrad zubringen.[158]

„*Eine solche Frau war das gedrückteste und gequälteste Geschöpf auf der Erde, die weiße Sklavin der modernen Zeit.*", so der Soziologe Wilfried Gottschalch.[159]

Wie klingen dazu die Spinnstubenlieder der Dichter des späten 18. und frühen 19. Jahrhunderts? Bei dem „*Münchhausen-Nacherzähler*" Gottfried August Bürger (1747–1794) ist in der letzten Strophe eines noch im 19. Jahrhundert weit verbreiteten Spinnerliedes zu lesen:

> *Hurre, hurre, hurre!*
> *Schnurre, Rädchen, schnurre!*
> *In und außen blank und rein,*
> *Fleißig, fromm und sittsam sein,*
> *Locket wackre Freier.*[160]

Auch nach den Versen Johann Georg Jacobis (1740–1814) erbringt der Arbeitsfleiß des Mädchens Sorgenfreiheit und gute Aussichten auf einen Bräutigam:

> *Gern sein liebes Rädchen hören:*
> *O das sichert vor Gefahr!*
> *Und so tragt ihr einst mit Ehren*
> *Euren Hochzeitskranz im Haar.*[161]

Glaube, Hoffnung, Tugendliebe, Frömmigkeit, Wachstum im Glauben, Gottesfurcht und Gotteslob stehen bei Achim von Arnim (1781–1831) in einem Spinnerlied der Gedichtsammlung „*Des Knaben Wunderhorn*" im Vordergrund. Hier begegnet auch die Todessymbolik im Zeichen des gebrochenen Fadens:

> *Glaub, Mägdlein, glaub,*
> *Dein Leben sey nur Staub;*
> *Dass du kömmst so schnell ins Grab,*
> *Als dir bricht der Faden ab.*[162]

In Bezug auf die Vertonung gesehen, steht allen Gedichten „*Gretchens Lied am Spinnrad*" aus Johann Wolfgang von Goethes (1749–1832) Tragödie „*Faust*" voran:

> *Meine Ruh' ist hin,*
> *Mein Herz ist schwer;*
> *Ich finde sie nimmer*
> *und nimmermehr.*[163]

Der ersehnte Geliebte Gretchens lässt ihre Gefühle pulsieren, aussichtslos im Kreis rasen, wie ein angetriebenes Spinnrad. Mit diesem Gedicht begann Franz Schubert (1797–1828) im Jahre 1814 die Vertonung einiger goethescher Texte.[164] Franz Liszt (1811–1886) übertrug dann 1837/38 Schuberts Liedwerk in ein Stück für das Pianoforte.[165]

Als „*Spinnerlied*" im Zusatztitel deklariert, setzt in den 1845 erschienenen „*Liedern ohne Worte*" Felix Mendelssohn-Bartholdy (1809–1847) unter der Tempobezeichnung „*Presto*" im

Opus 67/4 ein Spinnrad in Bewegung. Damit schließt sich gewissermaßen der Kreis zu Alexander Dreyschock, wenn man sich daran erinnert, dass es Mendelssohn-Bartholdy war, der ihm 1838 in Leipzig zum künstlerischen Durchbruch verhalf.

Sicher waren Dreyschock die vorgenannten Werke wie auch ähnliche nicht unbekannt, denn Salonmusiktitel, die sich des Spinnradthemas angenommen haben, sind überaus zahlreich. Er selbst brachte diesbezüglich zwei weitere Kompositionen heraus: *„Le Rêve, Spinnerlied"* op. 111 und das *„Spinnerlied"* op. 128.[166] Im 19. Jahrhundert besonders populär wurde das *„Spinnlied"* op. 81 des Klaviervirtuosen, Komponisten und Musikverlegers Henry Charles Litolff (1818–1891), der 1847–1860 in Braunschweig lebte und dort 1856 einen Musikverlag gründete.[167]

Bezeichnend für viele musikalische Gestaltungen des Spinnerliedes ist die tonale Umsetzung des sich drehenden Rades als immerwährend fortlaufendes Motiv, das seinen Antrieb in einem schwunggebenden Pedaltreten findet. Oft wird eine Melodie gleichsam als Lebenslinie aufgelegt beziehungsweise eingewoben, die einen Faden von Anfang bis zum Ende des Stückes führt.

Im weiteren Verlauf der Geschichte treten auffälligerweise zwei Beiträge aus der osteuropäischen Region hervor, die das Spinnen als Hauptthema bereits im Titel führen. Zuerst zu nennen ist die symphonische Dichtung *„Das goldene Spinnrad"* (Zlatý kolovrat, op. 109) von Antonín Dvořák (1841–1904), komponiert 1896 nach einer Ballade des tschechischen Dichters Karel Jaromír Erben (1811–1870). Die Handlung eines ganzen Märchens ist hier zur akustischen Wirklichkeit geformt worden. Das Ergebnis wird hinsichtlich der Formgestaltung als eine der radikalsten symphonischen Dichtungen angesehen, die je geschrieben wurde. Das zweite Werk: *„Spinnstube. Ein ungarisches Lebensbild aus Siebenbürgen"* (Székely fonó), ein *„Lyrisches Spiel"* in einem Akt von Zoltán Kodály (1882–1967) entstand 1932. Kodály nutzte Volksmelodien und -texte aus Siebenbürgen, um die Gebietsabtrennung von Ungarn nach dem verlorenen Krieg bewusst zu halten.

In der Bühnenmusik bilden die Spinnstubenlieder eine eigene kleine Welt innerhalb der Musikgeschichte.[168] Nicht unerwähnt darf an dieser Stelle Richard Wagners Spinnerinnenlied aus der romantischen Oper *„Der Fliegende Holländer"* bleiben, erregte doch Kaiserin Elisabeth großes Aufsehen, als sie am 26. Dezember 1862 in Wien ein Konzert des als *„Zukunftsmusiker"* verhöhnten Richard Wagner (1813–1883) besuchte und ihm demonstrativ applaudierte. Wagner hoffte damals auf eine Förderung von Seiten des Kaiserhauses und bemühte sich um eine Audienz bei der Kaiserin, jedoch vergeblich. Die publikumsscheue Elisabeth aber zeichnete Wagner immerhin damit aus, dass sie nochmals bei dem letzten der drei Wagner-Konzerte am 11. Januar 1863 erschien.[169] Die Kaiserin war zunächst weder an der Person Wagners noch an seiner Musik interessiert, erst nach dem Tod ihres Cousins zweiten Grades, König Ludwig II. von Bayern (1845–1886), wandte sie sich, wohl auch in Gedenken an Ludwig, interessierter Wagners Musik zu.[170]

Doch zurück zum *„Fliegenden Holländer"*: die Uraufführung der Oper fand im Königlich Sächsischen Hoftheater Dresden am 2. Januar 1843 statt. Zu Beginn des zweiten Aufzuges singen die Mädchen in der Spinnstube das Lied *„Summ und brumm, du gutes Rädchen ..."*, eine Ballade im Typus des Strophenliedes. Das Spinnstubenlied gerät hier zum Traumbild der Erinnerung an eine vergangene, nicht mehr existierende Wirklichkeit. Das Menschenbild einer treuen, vollkommen ergebenen Frau, das der Holländer in sich trägt und immer wieder vergeblich sucht, gehört der Vergangenheit an. Die Vorstellungswelt der Holländer-Gestalt ist gleichsam Utopie einer Vorzeit. In der Oper mischen sich dementsprechend zeitgenössische Vorstellungen von „*antiker*" Zeit mit romantischen Illusionen in einem bilderbuchartig ausstaffierten Mittelalter.[171] Ein Symbol im Ganzen des Werkes ist das Spinnrad.

Nicht von ungefähr erinnern die Hoffnungen, die Gruppierungen vieler Interessensvertreter im Lande an die neue Kaiserin hefteten, an Wagners „*Fliegenden Holländer*", in dem Senta die Rolle der Erlöserin des Holländers übernehmen will. Unbeteiligt am Gesumme und Geplappere der Mädchen sitzt Senta in der Spinnstube und wird ärgerlich:

> *O, macht dem dummen Lied ein Ende,*
> *es summt und brummt nur vor dem Ohr!*
> *Wollt ihr, daß ich mich zu euch wende,*
> *so sucht was Besseres hervor!*

> *Ich sei's, die dich durch ihre Treu' erlöse!*
> *Mög' Gottes Engel mich dir zeigen!*
> *Durch mich sollst du das Heil erreichen!*[172]

Heilsbringerin sollte auch die neue Kaiserin sein. Darin sahen viele Elisabeths Lebensaufgabe als letztlich von Gott eingesetzte Monarchin. Doch zu hoch waren die Erwartungen an die Kaiserin. Erstaunlich, dass im Verlauf der Geschichte mit Elisabeth und Franz Joseph die Habsburger-Monarchie ihr Ende findet, gleich wie sich im „*Fliegenden Holländer*" die Erlösung als ein „*Sterben können*" vollzieht. Eine Ausgabe des Spinnerliedes aus Richard Wagners Oper für Klavier fertigte Franz Liszt 1860 in Weimar an.[173]

Betrachtet man das kleine Salonstück Dreyschocks vor dem aufgezeigten Hintergrund seiner Zeit, so wird deutlich, warum das Werk nicht nur eine naiv-lustig, froh-fleißige Spinnradbewegtheit eines dreiteiligen Liedes charakterisiert. Zwar dominieren Hoffnung ausstrahlende klare Klänge in der aufgesetzten Melodie, diese übertönt aber den Eindruck von der harten und mühsamen Arbeit des Spinnens, die in der Mittelstimme zum Ausdruck kommt. Im zweiten Teil des Werkes werden dazu noch bedrohliche, beinahe angsteinflößende Sequenzen in rasch aufsteigenden oder abfallenden Halbtonschrittfolgen eingesetzt. Damit hat Alexander Dreyschock gewissermaßen die Zeichen einer von Umbrüchen geprägten Zeit eingefangen und in einem Symbolstück zum Hören erlebbar werden lassen – für das Kaiserpaar, deren Zeitgenossen und zukünftige Generationen.

Poetische Klaviermusik aus St. Petersburg – Adolph von Henselt (1814–1889)

Neben Franz Liszt (1811–1886) ist Adolph von Henselt noch heute einer der bekanntesten Komponisten, die an dem Elisabeth-Fest-Album mitgewirkt haben. Zu seiner Zeit gehörte er zur Gruppe der ausgezeichnetsten Pianisten und war zugleich hervorragender Klavierpädagoge. Henselt wurde als *„Poet am Piano"* oder auch als *„deutscher Chopin"* bezeichnet. Seine Klavierkompositionen waren hoch geschätzt, namentlich von Robert Schumann (1810–1856), dessen Frau Clara Wieck (1819–1896) und Franz Liszt, die sich von seinen Werken begeistert zeigten.[174]

Nur die ersten drei Lebensjahre verbrachte Henselt in seinem Geburtsort, dem bayerischen Schwabach, dann zog seine Familie nach München. Dort erhielt er etwa ab seinem sechsten Lebensjahr erste musikalische Ausbildungen. Die Violine lag ihm weniger, das Klavierspiel umso mehr. Frau Geheimrätin Josepha von Flad (1780–1843), selbst eine Pianistin von Rang, bildete ihn zum Virtuosen aus und nutzte ihre Verbindung bei Hofe erfolgreich, um von König Ludwig I. von Bayern (1786–1868) ein Stipendium für ihren Zögling zu erhalten, damit er sich unter anderem bei Johann Nepomuk Hummel (1778–1837) in Weimar vervollkommnen konnte.

Ausgestattet mit dem königlichen Stipendium reist der Siebzehn-jährige 1831 nach Weimar: *„Henselt hatte zwar Lektionen bei Hummel, kann aber kaum dessen Schüler genannt werden, denn seine Methode zu spielen, war vollständig abweichend, sie steht vielmehr zwischen Hummel und Liszt. Er erzielte mit ruhiger Handlage und kräftiger Fingerbewegung Effekte, die Liszt mehr mit den Handgelenken und Benutzung des Pedals hervorbrachte. Seine Force bestand, wie auch Mendelssohn mittheilt, in weit gegrif-fenen Akkorden, wobei er sich immerfort in der Streckung der Finger über Arpeggien übte, die er prestissimo spielte. Jeden Tag machte er eine Stun-de lang Dehnungsstudien eigener Erfindung, die nicht nachahmungswerth sind, weil sie auf ab-normer Bildung der Hände beruhen. Nichtsdestoweniger gestalteten sich Effekte à la Chopin und Liszt unter seinen Händen grossartig.*"[175]

Zum Ende seiner Ausbildungszeit in Weimar gab Henselt im Sommer 1832 ein Konzert, in dem er auch Johann Nepomuk Hummels As-Dur-Klavierkonzert op. 113 zu Gehör brachte. Zurück in München trat er im Odeon auf, erstmals mit eigenen Werken. Diese Spielstätte kannte Henselt, da er hier bereits mit fünfzehn Jahren, am 12. März 1829, erstmals in grö-ßerem Rahmen konzertierte, mit Werken von Wolfgang Amadeus Mozart (1756–1791) und Friedrich Wilhelm Kalkbrenner (1785–1849) sowie einer Fantasie mit Variationen über ein Thema aus Webers Freischütz im Programm.[176]

Es schlossen sich weitere Studienjahre in Wien an, die er bei Simon Sechter (1788–1867) für Kompositionstheorie sowie dem Klavierpädagogen und Komponisten Anton Halm (1789–1872) absolvierte. In Wien erlebte Henselt seine erste große Schaffensperiode. Es entstanden bedeutende Kompositionen, wie beispielsweise das Duo für Horn und Klavier op. 14 (1842) und das Frühlingslied op. 15 (1844) für Piano-Solo, die neben anderen Werken Henselts von Clara Wieck in ihre Konzertprogramme aufgenommen wurden. Aus gesundheitlichen Gründen musste Henselt im Sommer 1836 Wien verlassen und eine Kur in Karlsbad antreten. Hier traf er wahrscheinlich auf Frédéric Chopin (1810–1849), doch ist nicht gewiss, ob er ihn dort auch hat spielen hören.

Konzertreisen führten ihn nach seinem Badeaufenthalt weiter in den Norden, durch Sachsen nach Berlin, wo er öfter in Privatkreisen konzertierte und in dem Musikschriftsteller Ludwig Rellstab (1799–1860) einen *„begeisterten Lobredner"* fand.[177]

Zu Besuch bei Hummel gegen Ende des Jahres 1836 lernte Henselt in Weimar Rosalie Vogel (1804–1893) kennen. Sie war damals mit dem Geheimrat Dr. Carl Vogel (1798–1864) verheiratet, dem *Hofmedicus* in Weimar, der bekannt war als vormaliger Leibarzt des Großherzogs Karl August von Sachsen-Weimar (1757–1828) und Hausarzt von Johann Wolfgang von Goethe (1749–1832). Henselt heiratete Rosalie Vogel am 24. Oktober 1837 im Kurbad Salzbrunn in Schlesien (heute: Szczawno-Zdrój, Polen). Diese Hochzeit rief in der Gesellschaft Weimars einen nicht unbeträchtlichen Skandal hervor, zumal die um einiges ältere Frau vier Kinder bei ihrem Mann zurückließ. – Die berühmt gewordene, effektvolle *„Vöglein-Etüde"* (Wenn ich ein Vöglein wär') op. 2, Nr. 6, in Fis-Dur entstand zu dieser Zeit, ist aber Clara Wieck zugeeignet, nicht seiner Frau Rosalie. Für sie komponierte er 1838 das *„Poème* *d'amour"* op. 3. – Aus der Ehe ging ein Sohn, Alexander (1839–1878), hervor: *„Doch das Verhältnis mit dieser zehn Jahre älteren Frau war auf die Dauer kein glückliches. Schon nach wenigen Jahren schieden sich ihre Wege wieder, und sie leben nahezu zwanzig Jahre getrennt, er in Petersburg, sie in Warmbrunn in Schlesien, wo Henselt eine Villa besaß und regelmäßig im Sommer einige Zeit bei ihr verbrachte. Erst anfangs der achtziger Jahre versöhnten sie sich wieder dauernd."* [178]

Weitere Konzertreisen unternahm Henselt nach Dresden, Warschau und letztlich nach Russland: *„Sein Auftreten in St. Petersburg wurde zum Gipfelpunkt seines Ruhms; der Erfolg seiner Konzerte insbesondere im Bol'šoj Theater war außerordentlich."* [179] In Darstellungen des 19. Jahrhunderts lesen sich die daraus für Henselt resultierenden Ereignisse wie folgt: *„Hohe Empfehlungen führten ihn 1838 nach St. Petersburg und in die vornehmsten dortigen Kreise, welche ihn durch Aemter und Ehrenstellen dauernd an die russische Hauptstadt zu fesseln wussten. Zum Kammervirtuosen der Kaiserin ernannt, spielte er fast nur in den intimen Kreisen des Hofes und unterrichtete die kaiserlichen Kinder; eine gleiche Stellung nahm er beim Prinzen von Oldenburg ein. Später wurde er zum Inspektor des Musikunterrichts der sämmtlichen weiblichen Staats-Erziehungsanstalten ernannt und erhielt [1876] von seinem Schüler, dem Kaiser Alexander [1818–1881], den Wladimirorden, mit welchem der Adelstitel verbunden ist."* [180]

Die Brillanz und artifizielle Technik der Vortragsweise Henselts waren neu in Russland, obwohl er in den Dreißigerjahren nicht der erste große Pianist war, der in St. Petersburg auftrat. Ein Jahr vor seiner Ankunft spielte hier der berühmte Virtuose Leopold von Meyer (1816–1883), ein Schüler von Carl Czerny (1791–1857), und nach Henselts Ankunft in der russischen Hauptstadt konzertierte dort sein aus Wiener Studienzeiten bekanntes Vorbild Sigismund

Thalberg (1812–1871) mit großem Erfolg. Außerdem gastierte in den Jahren 1840 und 1841 mit Alexander Dreyschock (1818–1869) ein weiterer erstklassiger westeuropäischer Virtuose in St. Petersburg.[181]

Franz Liszt hatte bis dahin St. Petersburg noch nicht bereist, er kam in den Jahren 1842 und 1843 zu Auftritten in die Stadt. Erst damit gelangte ein Henselt ebenbürtiger Pianist nach St. Petersburg. Beide lernten sich kennen und schätzen. Es entstand eine innige und dauerhafte Freundschaft, die ihren Niederschlag fand in gemeinsamen Treffen, der stetig geführten Korrespondenz untereinander und nicht zuletzt in den sich gegenseitig zugeeigneten Werken: *„Ein intimer Freund Henselts, der Beethoven-Biograph W. von Lenz, hatte die beiden Künstler einander zugeführt, und ihre gemeinsame Vorliebe für Weber hatte sie bald einander nahegebracht. Liszt schätzte auch Henselt als Komponisten hoch und gab seiner Sympathie für diesen Künstler durch sein »Konzertsolo« (1850) öffentlich Ausdruck. So war Liszt u. a. auch die Veranlassung, daß Henselt seinen beiden großen Etüden: »Danklied nach dem Sturm« und »Eroica« ein Vorspiel vorangesetzt hat. Liszt fand nämlich das Thema »so schön, daß man es zweimal hören müsse«. Andererseits wiederum dankt die Liszt'sche Bearbeitung der Polonaisen Webers Henselt ihre Entstehung. Robert Schumann dagegen, der für Henselts Kompositionen lebhaft eingetreten war, liebte dieser nicht. Die reizenden »Novelletten«, die ihm gewidmet sind, hat er nie gespielt. Nur das »Warum« und »Des Abends« mochte er leiden.*"[182] Henselts Freundschaft zu Robert Schumann und Clara Wieck hatte sich schon Jahre vor deren Heirat 1840 entwickelt.

Über ein halbes Jahrhundert, 51 Jahre seines Lebens, von 1838 bis 1889, wirkte der Klaviervirtuose, Pädagoge, Komponist und Musikorganisator Adolph von Henselt in St. Petersburg und prägte in entscheidender Position das Musikleben der nördlichen Hauptstadt wie ganz

Russlands. Generationen haben bei ihm gelernt. Unterricht bei Henselt zu nehmen, wurde für eine unerlässliche Notwendigkeit der weltmännischen Bildung gehalten.

Ab 1857 übernahm Henselt die Leitung der Musikausbildung in den Fraueninstituten als Inspektor. Während einer 25-jährigen Periode bemühte er sich, die Musikklassen in Ordnung zu bringen, das Personal der Musikdamen in den Musikinstituten zusammenzustellen und ihrer Musikausbildung eine bessere Richtung zu geben.[183] Henselts System der Klavierpädagogik prägte die russische Pianistenausbildung.[184] Über seine *„Enkelschüler"* wie beispielsweise Sergej Wassiljewitsch Rachmaninov (1873–1943) oder Aleksandr Nikolajewitsch Skrjabin (1872–1915) ist er bis heute präsent. Doch Henselt war nicht allein in St. Petersburg. Eine große Zahl deutscher Musiker war zur gleichen Zeit wie er in der Stadt tätig. Auch sie gaben ihre Kenntnisse als Pädagogen weiter und legten die Basis für einen Hochstand der russischen Musikkultur in der 2. Hälfte des 19. Jahrhunderts.[185]

Henselts 50-jährige Tätigkeit in Russland wurde am 21. März 1888 mit einem großen Festakt am St. Petersburger Konservatorium begangen. Selbst Milij Alexejewitsch Balakierev (1837–1910), ein Vertreter der nationalrussisch orientierten Richtung, der 1862 die *„Musikalische Freischule"* als konkurrierende Institution zum St. Petersburger Konservatorium gründete, widmete ihm ein Werk, die Idyllen-Etüde *„Au jardin"*, zum Jubiläum.[186]

Zur außergewöhnlichen Spielweise Henselts am Klavier sind einige Höreindrücke und Nachrichten schriftlich überliefert: *„Sein Spiel ist im höchsten Grade fesselnd, voller Poesie, charakteristischen Lebens, Intelligenz und umfasst die Totalität der modernen Technik in den verschiedenartigen Schattirungen: er singt am Clavier wie Thalberg, dichtet und träumt wie Chopin, schreitet als ein Hercules einher wie Liszt, stets liebevoll dem Genius hingegeben, den er gerade darstellen* *will.* "[187] Bei langen Reisen führte Henselt für gewöhnlich eine stumme Klaviatur mit sich, auf der er auch in der Personenpostkutsche ohne Rücksicht auf Mitreisende seine *„Finger-exercitien"* zur Erhaltung und Vervollkommnung seiner Technik ausführte.[188] Eine seiner Schülerinnen, Laura Rappoldi-Kahrer (1853–1925), erinnerte sich beeindruckt: *„Henselts Spiel hatte etwas von dem aller heutigen Pianisten Grundverschiedenes: das absolute Legato. Er hielt ungeheuer viel vom Legatospiel, und man mußte jeden Ton durch überhalten binden, so daß jeder Finger eine und eine halbe Note zu halten hatte, ehe er die Taste verlassen durfte. Dadurch hatte man gewissermaßen in jedem Finger ein Pedal. Henselt saß während des Unterrichts meist weiter vom Klavier entfernt oder lag, da er sehr gichtleidend war, auf einem Sopha und bediente sich längerer oder kürzerer Stäbchen aus Fischbein, um an den Fingern des Spielers korrigieren zu können. Er berührte damit sofort den Finger, der ihm nicht genügend den Ton gebunden hatte. Sein eigener samtartiger, wohllautdurchtränkter Anschlag ist kaum mit Worten zu beschreiben.* "[189] Michail Glinka (1804–1857) soll Folgendes über das Spiel der drei großen Pianisten, die in St. Petersburg aufgetreten waren, geäußert haben: *„Thalberg ist ganz Grazie, Dreyschock ganz Kraft, Henselt ganz Gefühl".*[190]

Kraft und Inspiration schöpfte Henselt aus der Bibel, den Werken von Johann Sebastian Bach (1685–1750), ausgedehnten Spaziergängen und heilgymnastischen Übungen.[191] Letztere dürfen durchaus an die exzessiven Turnübungen der Kaiserin Elisabeth erinnern und als Zeitzeichen des seit der Goethezeit aufkommenden neuen Gesundheitsbewusstseins verstanden werden, das sich als eine Facette auch in der Popularisierung des Turnens durch Friedrich Ludwig Jahn (1778–1852) im 19. Jahrhundert zeigte.

Aller Vorsorge zum Trotz hatte Henselt zeitlebens große gesundheitliche Probleme und vor öffentlichen Auftritten eine unbezwingbare Abneigung, verbunden mit einer angstartigen Beklemmung: „Lampenfieber". Henselt bevorzugte daher Auftritte in Privatkreisen. Große öffentliche Konzerte spielte er nur ungerne, da sich bei ihm bereits Tage vorher Angstzustände einstellten.[192]

Franz Liszt schreibt am 30. Juli1879 über Henselt an die Fürstin Carolyne zu Sayn-Wittgenstein (1819–1887): „Sie wünschen, ich solle Ihnen von Henselt erzählen. Die Petersburger Atmosphäre ist bis jetzt den Musikkünstlern nur in finanzieller Hinsicht günstig, va bene! Nachdem Henselt die russischen Großfürstinnen im Klavierspiel unterrichtet hat, ist er Musikinspektor des Kaiserlichen Töchterinstituts geworden. Als solcher ist er Kommandeur des Wladimir-Ordens mit dem entsprechenden Titel Exzellenz. – Die kleine Exzellenz, wie die Russen sagen, die mit der großen bekleidet sind! Überdies ist er Eigentümer eines hübschen Hauses in Schlesien, in Warmbrunn, das seine Frau das Jahr über bewohnt und wo er selbst jährlich drei oder vier Monate jeden Sommer sich von den Anstrengungen des Petersburger Herbstes und Winters ausruht. Diesen Aufenthalt benützt er auch zur Kur für seine rheumatischen Leiden. Sein Künstlertalent ist gewissermaßen eingehüllt in die Subtilitäten und Kleinigkeiten der Pädagogik. Er mag wohl gerne fragen: »Wieviel Salzkörner muss man in ein Ei tun?« Die sehr geschätzten Ausgaben, die er von den Klavierkompositionen Webers publiziert hat, sind meiner Ansicht nach ein wenig überladen. Außerdem fügt er eine Begleitung für ein zweites Pianoforte den alten Cramerschen Etüden zu – wahrscheinlich zum Gebrauch einiger tausend adeliger Fräuleins, die in den kaiserlichen Instituten von Petersburg, Moskau, Odessa, Kiew untergebracht sind. Er verbessert auch sorgfältig die musikalischen Werke des Prinzen Peter von Oldenburg [Onkel des Zaren Alexander II.], der seit einer Reihe von

Jahren ihn mit seinem Wohlwollen beehrt und keine Gelegenheit vorübergehen lässt, es ihm zu be-
zeugen! Persönlich bewahre ich Henselt echte Hochachtung und Freundschaft; er hat sein schönes
Concerto komponiert, seine 24 bemerkenswerten Etüden, von denen ich mehr als ein halbes Dut-
zend unter die distinguiertesten und glücklichsten Erzeugnisse der neuen Klavierperiode zähle, seit
Chopin, von 1833 bis 1848. In Weimar haben wir mit Henselt kaum über Musik geplaudert –
wir haben uns damit zufrieden gegeben, im Park spazieren zu gehen und einige Rubbers Whist
[Karten] zu spielen.“[193]

Einige von Henselts bemerkenswertesten Kompositionen sind bereits in diesen brieflichen Aus-
führungen von Liszt aufgezeigt. Allen Titeln voran steht wohl das Klavierkonzert op. 16 in
f-Moll. Henselt arbeitete in den Jahren 1839 bis 1844 daran. Die Erstaufführung fand 1845
durch Clara Schumann im Gewandhaus zu Leipzig statt. Obwohl von Musikkritikern noch
heute als eines der bedeutendsten Klavierkonzerte des 19. Jahrhunderts bezeichnet,[194] ist derzeit nur eine einzige Aufnahme erhältlich. Begleitend zu dieser Einspielung aus dem Jahre 1994
bemerkt Jeremy Nicholas: „*Von den unzähligen Klavierkonzerten, die in der ersten Hälfte des*
neunzehnten Jahrhunderts geschrieben wurden, ist die Vernachlässigung des Klavierkonzerts […]
von Henselt am unbegreiflichsten. Es besitzt den eigenen Charakter des Komponisten in jedem Takt,
seine Komposition ist originell, seine Orchestrierung ist mehr als tadellos und teilweise sogar meis-
terhaft, seine Themen sind vielfältig und ausdrucksvoll, die musikalischen und technischen Anfor-
derungen an den Solisten sind genauso groß wie ihre Wirkung auf den Hörer, und das ganze Werk
übermittelt das Gefühl brandneuer Inspiration.“[195]

Henselts Œuvre besteht überwiegend aus Bearbeitungen, Editionen und Transkriptionen für
Klavier. Aufgegriffen wurden von ihm unterschiedlichste Werke bedeutender Komponisten,

darunter Beethoven, Clementi, Hummel, Chopin, Schumann, Rossini, Glinka, Tschaikowsky, auch Alexander Dreyschock und Wilhelm Kuhe. Vertreten sind vornehmlich aber Carl Maria von Weber und Franz Liszt sowie nicht zuletzt Felix Mendelssohn-Bartholdy.[196] Von Mendelssohn bearbeite er unter anderem das erste Klavierkonzert, den „Hochzeitsmarsch" und – entscheidend – die „Lieder ohne Worte", denn Henselts eigenständige Klavierkompositionen gehören zumeist speziell dieser Sparte des poetischen Klavierstücks an.[197] Die großen Etüden op. 2 (1837/38) und op. 5 (1838): „[…] sind als Gedichte, als Lieder ohne Worte zu verstehen, und gewiss hätte der Künstler sie so genannt, wenn nicht der durch Mendelssohn in Aufnahme gekommene Name bereits dagewesen wäre."[198] Mendelssohn komponierte seine „Lieder ohne Worte" etwa 1829–1845. Als Robert Schumann 1838 Henselts erste Etüdengruppe rezensiert, nennt er sie: „zwölf Liebesgesänge".[199] Überlegungen Henselts gingen dahin, die Etüden als „Melodien für Piano" zu bezeichnen.

Von Beginn seines Klavierstudiums an war Henselt fasziniert von der Musik des Komponisten Carl Maria von Weber (1786–1826). Dort schon liegen die Grundsteine für sein späteres editorisches Schaffen. Als Herausgeber der Weber'schen Klavierwerke trat Henselt ebenso hervor wie durch die Bearbeitung einiger Etüden von Johann Baptist Cramer (1771–1858) für vierhändiges Spiel. Den von Henselt hochgeschätzten Cramer besuchte er bei einer seiner Konzertreisen in England. Im Sommer 1852, nach einem Wohltätigkeitskonzert in Torquay, trifft er den 81-jährigen in London.

Henselts Paraphrasen diverser Opernwerke und zahlreiche seiner Salonstücke sind – wie auch die „Abendgedanken" für das Elisabeth-Fest-Album – von gediegener Qualität. Das kurze, nur über zwei Seiten reichende Stück zur Hochzeit des Kaiserpaares entstand, als Henselt bereits seit vielen Jahren in Russland tätig war. Kontakte zum Wiener Verlag Haslinger bestanden wohl noch aus Henselts Zeit in der Donaumetropole 1833–1836. Haslinger hatte damals bereits den talentierten Pianisten zur Anstellung bei einem russischen Fürsten empfohlen.[200] Interessant unter den Vokalmusikwerken Henselts ist ein Chorsatz, der bereits durch seinen Titel auffällig erscheint: *„Der Dombau"*. Das Stück für vierstimmigen Chor a cappella in g-Moll wurde 1840 in Leipzig herausgegeben. Es handelt sich um eine Gedichtvertonung des auch unter dem Pseudonym *„Wilhelm von Waldbrühl"* schreibenden Anton Wilhelm von Zuccalmaglio (1803–1869), der bis heute durch das Volkslied *„Kein schöner Land"* bekannt blieb.[201] Der Inhalt des Gedichtes greift ein für die damalige Zeit brisantes kulturpolitisches Thema auf: die Fertigstellung des unvollendeten Kölner Domes. Robert Schumann veröffentlichte Henselts Werk 1840 im elften Heft seiner *„Sammlung von Musik-Stücken alter und neuer Zeit"*. Sicher ist das Chorstück lediglich als kleine Stimme in der seinerzeit kontrovers geführten Diskussion zu werten, doch wird es hier und da Wirkung erzielt haben. Letztlich stimmt 1842 Kaiser Friedrich Wilhelm IV. (1795–1861) dem Weiterbau des Domes zu.

Adolph von Henselt, so lässt sich heute sagen, ist inzwischen der Bekannteste unter den unbekannten oder in Vergessenheit geratenen großen Pianisten des 19. Jahrhunderts geworden. Musikwissenschaftliche Forschungen, vornehmlich der zurückliegenden zwanzig Jahre, erbrachten umfangreiche Erkenntnisse zu Henselts Leben und Werk. Institutionen seiner Heimatstadt Schwabach, insbesondere die 2002 gegründete *„Internationale Adolph-Henselt-Gesellschaft"*, hielten die Erinnerung an ihn wach, initiierten Forschungsprojekte zu seiner Person und förderten Aufführungen seiner Musik gleichermaßen. Im Stadtmuseum Schwabach hat man ein Henselt-Archiv eingerichtet. Ausgewählt wurde sein Name für eine Online-Bibliothek innerhalb der *European-American University: The Henselt Library of Ninteenth-Century Piano Music*. Sukzessive werden hier Werke der Musikliteratur des 19. Jahrhunderts bereitgestellt. Dort blieb allerdings das Salonstück „*Abendgedanken*" des Fest-Albums – ebenso wie in anderen bislang erschienenen Verzeichnissen der Werke Henselts – unberücksichtigt.[202] Erst Gebhard Kindl konnte es 2010 in einem Werkverzeichnis, das auf der Grundlage von Briefquellen erstellt wurde, wieder aufnehmen.[203]

Selbst Adolph Henselt hatte die eigene kleine Komposition vergessen. In Erinnerung brachte sie ihm seine erste Biografin Marie Lipsius (1837–1927), als sie Henselt brieflich um die Bestätigung eines von ihr zusammengestellten Œuvrekataloges bat. Das Stück: „*[…] ist mir ganz unbekannt.*", schrieb er ihr im April 1875 zurück und obwohl Henselt die Komposition in der Liste seiner Werke ohne Opuszahl belässt, nimmt Lipsius sie letztlich nicht in den gedruckten Œuvrekatalog auf.[204] Daher fehlen die „*Abendgedanken*" wohl auch in den nachfolgend erstellten Verzeichnissen. Möglicherweise hielt Henselt seine Arbeit für eine der „*ganz werthlosen Kleinigkeiten*", die ihm im Rückblick auf sein Schaffen nicht mehr nennenswert erschienen. Mit vorliegender Publikation erreicht das Werk erstmals nach der Kaiserhochzeit 1854 wieder eine breite Öffentlichkeit.

Zu wünschen wäre, dass es in Zukunft viele Hörer der poetischen Musik Henselts gibt, die mit Robert Schumann urteilen: „*Was ich aber Wohllaut, Klangzauber nenne, ist mir noch nie in einem höheren Grade vorgekommen, als in Henselt's Compositionen.*"[205]

Abendgedanken

Wer hat nicht beim Klang der „*Mondschein-Sonate*" von Ludwig van Beethoven (1770–1827) schon einmal in Gedanken die Vorstellung einer romantischen, monderhellten Nacht in freier Natur erwogen? Doch gab Beethoven bekanntlich der im Jahre 1801 komponierten Sonate Nr. 14, op. 27,2 lediglich den klassifizierenden Beinamen „*Sonata quasi una Fantasia*". Erst einige Jahre nach Beethovens Tod fand möglicherweise der Musikkritiker Ludwig Rellstab (1799–1860) diesen sprechenden Titel für das Werk in cis-Moll, weil er sich beim Hören des ersten Satzes an eine nächtliche Bootsfahrt auf dem Vierwaldstättersee erinnerte.[206] Richtiger ist wohl eher die Einschätzung des Musikschriftstellers und Beethovenbiografen Wilhelm von Lenz (1808–1883), der überliefert, dass Beethoven den ersten Teil der Sonate an der Totenbahre eines Freundes improvisiert habe und der Beginn von daher als Ausdruck eines Trauermarsches zu verstehen sei.[207]

Was zutreffend ist, mag offen bleiben. Entscheidend in Bezug auf die hier von Adolph Henselt vorzustellenden *Abendgedanken* bleibt, dass die bereits zu Lebzeiten Beethovens überaus populäre Sonate eine jener großen Vorläufer der musikalischen Romantik gewesen ist, die in ihrem emotionsbestimmten Stil richtungsweisend war, und einen Meilenstein innerhalb der überaus zahlreichen Abend- und Nachtstücke des 19. Jahrhunderts darstellt, ohne dass ihr Komponist mit an Sicherheit grenzender Wahrscheinlichkeit auch nur im Geringsten eine Interpretationsintention dahingehend vorgesehen hat.

Es ist die Ideenwelt der literarischen Romantik, die in der sich eigenständig behauptenden Instrumentalmusik und dort insbesondere auch in der Salonmusik für das Pianoforte eine Spiegelung erlebte. Einige jener Kompositionen könnten Verwandte haben in den Gedichten von Clemens Brentano (1778–1842), Achim von Arnim (1781–1831), Ludwig Uhland (1787–1862) oder den Werken der vielen anderen Dichter dieser Zeit, denn die Verse wurden nicht allein als direkte Textvorlagen für das komponierte Kunstlied herangezogen, auch ihre allgemeine poetische Ausdrucksweise, die durch sie vermittelte Stimmungslage, fand eine Umsetzung in die Klaviermusik.

Eine ganze Palette von Abendstimmungen breitet Joseph Freiherr von Eichendorff (1788–1857) in seinem Œuvre aus. Seine Gedichte, wie beispielsweise: *„Im Abendrot"*, *„Zwielicht, Nachtlied"* oder *„Mondnacht"*, finden sich entsprechend als Titel in der Musikliteratur noch Jahrzehnte später wieder. Eichendorffs *„Der Abend"* ist geradezu ein Paradebeispiel für die *„Textversion"* eines Nocturnes. Die Zeilen treffen auch die düster-melancholische, mit einigen Lichtspuren versehene Stimmung der *„Abendgedanken"* von Henselt.

> *Schweigt der Menschen laute Lust:*
> *Rauscht die Erde wie in Träumen*
> *Wunderbar mit allen Bäumen,*
> *Was dem Herzen kaum bewußt,*
> *Alte Zeiten linde Trauer,*
> *Und es schweifen leise Schauer*
> *Wetterleuchtend durch die Brust.*[208]

Im Verlauf des 19. Jahrhunderts entwickelte sich in der Klaviermusik eine eigene poetische Sprache. Früh, bereits kurz vor der Wende vom 18. zum 19. Jahrhundert, hatte Wilhelm Heinrich Wackenroder (1773–1798) die Möglichkeiten dazu bemerkt. Die Instrumentalmusik, so Wackenroder, ist die höchste musikalische Sprache, da sie: *„[…] ihren eigenen Weg geht, und sich um keinen Text, um keine untergelegte Poesie kümmert, für sich selbst dichtet und sich selber poetisch kommentiert.“* [209] Schon in den 1790er Jahren erscheint die Musik als die ausdrucksvollere und feinere Sprache gegenüber der *„gewöhnlichen“* der Worte. Die Idee des Poetischen in der Musik zu verwirklichen, sollte allen Klangschaffenden ein zentrales Anliegen sein, so Robert Schumann (1810–1856). Er formulierte dieses Ziel gleich zu Beginn seiner Zeit als Chefredakteur der von ihm mitbegründeten *„Neuen Zeitschrift für Musik“* in einem programmatischen Beitrag zur Eröffnung des Jahrganges 1835. Das gerade in der Klaviermusik aufgetretene *„Hochgesteigerte des Mechanischen“* erkennt Schumann als einen Ersatz für eigentliche Kunst. Er wünscht, auch mit Beiträgen der neuen Zeitschrift: *„[…] endlich eine junge, dichterische Zukunft vorzubereiten, beschleunigen zu helfen“*. [210]

Nicht mehr nur Dichter und Romanciers, fortan auch Komponisten mussten ihre Aufgabe in der Entdeckung und Formulierung der Tiefenschichten des Seelenlebens sehen. In der Musik sollten Momente des Erzählenden, des Witzigen, des formal nicht Festgelegten in den Vordergrund treten: *„Eine in diesem Sinne poetische Musik wächst aus einer konkreten Lebenssitua-*

Allegorie auf Vergänglichkeit und Auferstehung,
Xylografie nach einem Gemälde von Jacob van Ruisdael (1628/29–1682)

tion hervor; sie entzündet sich an Bildern, Geschichten, Erinnerungen, Begegnungen, aber auch an Ängsten, Problemen und Obsessionen, die sich aus der Auseinandersetzung des modernen Menschen mit der Außenwelt ergeben. In dieser Musik spiegeln sich daher auch die Komplexität, die Zerrissenheit und Widersprüchlichkeit, welche die geschichtliche Situation des Menschen im 19. Jahrhundert prägen. "[211] Vorausprägungen dieser Musikrichtung sah man in den Werken von Franz Schubert (1797–1828) und in jenen des späten Beethoven, aber auch bei Johann Sebastian Bach (1685–1750) als einzigem Vertreter einer geschichtlich schon fernen Epoche.

Den *„Abend"*, wenn die Dämmerung die Konturen der realen Welt verwischt, greift sich Henselt als Tageszeit zur musikalischen Erfassung heraus und dazu die *„Gedanken"* als psychisches Moment des Menschen, in einer von Reflexionen geprägten Übergangszeit innerer Bewegtheit zwischen Hell und Dunkel. Er bringt diese Konstellation in h-Moll zum Ausdruck, jener Tonart, die auf Grund ihrer Klangfärbung traditionell Schmerz, Tragik und tiefste Düsternis vermittelt. Die markantesten Beispiele ihrer Verwendung reichen von Johann Sebastian Bachs zwischen 1724 und 1748 in Abschnitten entstandener h-Moll-Messe bis hin zu Franz Liszts (1811–1886) h-Moll-Sonate. Letztgenanntes Werk war aus der Perspektive Henselts gerade erst entstanden. Die Kompositionszeit fällt in die Jahre 1852/53, veröffentlicht wurde es 1854 im Hochzeitsjahr des Wiener Kaiserpaares. Was heute bisweilen als größte nachbeethovensche Sonatenschöpfung beurteilt wird, war zu Liszts Lebzeiten weitgehend unverstanden und wurde in Konzerten kaum aufgenommen.[212] Sicher war Henselt rasch vom Entstehen des bedeutenden Werkes informiert worden, hatte er doch engen Kontakt zu seinem Freund Liszt, der ihm bereits die 1842–1851 entstandene, für Klavier und Orchester instrumentierte *„Polonaise* *brillante"* von Carl Maria von Weber (1786–1826) widmete, ebenso das 1851 im Erstdruck bei Breitkopf und Härtel in Leipzig erschienene *„Große Konzertsolo für Pianoforte".*[213]

Henselts *„Abendgedanken"* sind nicht bekannt geworden. Deutlich zogen dagegen die *„Nacht-gedanken"* von Heinrich Heine (1797–1856) aus dem Jahre 1843 ihre Spuren in folgende Jahr-hunderte. Sie beginnen mit den vielbedachten Versen: *„Denk ich an Deutschland in der Nacht, dann bin ich um den Schlaf gebracht, [...]"*[214]

Die oft düstere und melancholische Stimmung reflektierender Abend- oder Nachtgedanken hat eine lange Tradition. In bildender Kunst, Dichtung und Literatur sind solchen Themen durchweg symbolische Aussagen zu eigen. Allegorisch mahnend wird auf die Vergänglichkeit alles Irdischen verwiesen. Eine ebensolche Stimmung, die zwischen unvermeidbarem Unter-gang und jenseitsorientierter Hoffnung oszilliert, vermittelt beispielhaft das Gemälde *„Der Judenfriedhof"* des holländischen Malers Jacob van Ruisdael (1628/29–1682) aus der Zeit um 1650; hier in der Wiedergabe eines Holzstiches aus dem 19. Jahrhundert (Abb. S. 141).[215] Ein Kunstwerk, das bereits Johann Wolfgang von Goethe (1749–1832) in seiner Schrift unter dem bezeichnenden Titel *„Ruysdael als Dichter"* zu Interpretationen Anreiz gab.[216]

Das Nachtstück Henselts gewinnt durch seinen Beziehungsreichtum Tiefe und den Charak-ter des Geheimnisvollen. Es spürt den *„Seelenzuständen"* realer Abendgedanken bis in feine Verästelungen und unterschwellige Verbindungen nach, so wie es Schumann von poetischer Musik verlangt hat.

London High Society – Wilhelm Kuhe (1823–1912)

Eine Anekdote zu Wilhelm Kuhes schon in Kindertagen aufkeimendem Talent besagt, dass bereits der Vierjährige mehrere Melodien auf dem Klavier wiedergeben konnte, die er zuvor bei einem Konzertauftritt von Niccolò Paganini (1782–1840) gehört hatte.[217] Intensives Drängen seinerseits soll aber notwendig gewesen sein, bis ihm seine Eltern ein Musikstudium gewährten, das für ihn im Alter von zehn Jahren in seiner Heimatstadt Prag begann. Dort standen ihm ausgezeichnete Lehrer zur Verfügung. Zunächst fand er 1833–1836 Aufnahme bei Joseph Prokš (1794–1864), später auch bei Sigismund Thalberg (1812–1871). In den Jahren 1840–1843 unterrichtete ihn der berühmteste Lehrer seiner Zeit, Václav Jan Tomášek (1774–1850). Bei Letzterem studierte Kuhe Klavier und Kompositionslehre gemeinsam mit Alexander Dreyschock (1818–1869) und Julius Schulhoff (1825–1898) – eine Verbindung, die durch die Kompositionsbeiträge im Elisabeth-Fest-Album wieder aufscheint.

Nach einiger Zeit des Selbststudiums auf dem Lande in Oberösterreich begann Kuhe seine Laufbahn als Pianist 1844 in Linz a. d. Donau: *„unter großem Beifall"*.[218] Gleiche Erfolge hatte er in Salzburg und Innsbruck, deren Musikvereine ihn zum Ehrenmitglied ernannten. Auftritte in Augsburg, München und Stuttgart schlossen sich an, bevor er 1845 erstmals in London gastierte und dort zusammen mit dem böhmischen Bariton Jan Křtitel Pišek (1814–1873) gastierte. Ab 1847 wurde London zur Wahlheimat Kuhes. Neben Konzert- und Lehrtätigkeiten trat er 1871–1882 als Begründer und Leiter des jährlich stattfindenden Musikfestivals in Brighton hervor. Seine Programme wurden einerseits berühmt durch die hohe künstlerische Qualität der Darbietungen, andererseits aber auch durch ihre außerordentliche Länge. Von 1886 bis 1904 war er Professor an der Royal Academy of Music.

Kuhes Kompositionen, hauptsächlich Werke für Klavier, umfassen zahlreiche Fantasien zu britischen und österreich-ungarischen Nationalthemen. Neben den über 350 Bearbeitungen zeitgenössischer klassischer Werke steht immerhin ein Œuvre von 217 weiteren Titeln eigener Invention.[219]

Zeitgenössische Beurteilungen seiner Kompositionen, die freilich schon unter Berücksichtigung eines sich überbordenden Salonbetriebes zu verstehen sind, sparen mit Kritik nicht: *„Kuhe versteht es in einer brillanten modernen Satzweise zu schreiben, womit man Uneingeweihten zu imponiren leicht im Stande ist, ohne dabei dem Fassungsvermögen des Zuhörers besondere Zumuthungen zu machen."*[220], heißt es 1864 in einer Rezension zu seinem Werk *„Près de toi! Nocturne pour Piano"*, op. 79. In gleicher Tendenz gehalten erscheint 1876 Kuhes lexikalische Würdigung: *„[…] seine zahlreichen Claviersachen, die mit allen blendenden Aeusserlichkeiten ausgestattet sind, aber freilich als Kinder der Salonliteratur jeder Tiefe entbehren, sind Lieblingsstücke der pianistischen Dilettantenwelt geworden."*[221]

Zwar hat Wilhelm Kuhe bis heute keinen Eintrag im deutschen Großlexikon „*Musik in Geschichte und Gegenwart*" erhalten, doch zeichnet sich seit einigen Jahren eine Neubewertung seiner Leistungen auf musikwissenschaftlicher Grundlage ab, wenn festgestellt wird: „*Sein Oeuvre hebt sich durch melodische Originalität – gepaart mit satztechnischer und kontrapunktischer Sorgfalt – deutlich von der oft nur von virtuosen Effekten determinierten Unterhaltungsliteratur vieler Pianisten dieses Zeitraums ab.*"[222]

Kuhes aktive Zeit reicht beinahe von den Anfängen des 19. bis ins 20. Jahrhundert hinein. Noch als Jugendlicher hörte er Berichte über Wolfgang Amadeus Mozart (1756–1791) und die Premiere des „*Don Giovanni*" aus erster Hand von Wenzel Swoboda, einem Kontrabassisten der Uraufführung vom 29. Oktober 1787 am Gräflich Nostitzschen Nationaltheater in Prag. Kuhe selbst hat noch bei Fürst von Metternich (1773–1859) vorgespielt, er kannte letztlich aber auch jene Musiker, deren Karriere erst um 1950 endete. Sein Buch „*My Musical Recollections*", 1896/97 in London erschienen, zeichnet ein lebendiges Bild des Musiklebens seiner Zeit und der vielen Künstler, mit denen er beruflich und persönlich in seiner langen Schaffenszeit zusammentraf, darunter: Jenny Lind, Franz Liszt, Gioacchino Rossini, Hans von Bülow, Frédéric Chopin, Hector Berlioz und Anton Rubinstein.[223]

Idylle

Was eine Idylle ist, wusste Kaiserin Elisabeth nur zu genau. Für sie war das Sommerschlösschen Possenhofen in den bayerischen Bergen am Starnberger See, ihre Heimat, Ort der glücklichen Kindheit (Abb. S. 17). Elisabeths Hofdame Gräfin Marie Festetics (1839–1923) schwärmte von der Lage am See und dem gut geführten Haus, das Kolleginnen in Wien verächtlich als „*Bettelwirtschaft*" ins Gerede gebracht hatten. Die Gräfin pries in ihren Tagebuchaufzeichnungen vom September des Jahres 1872 das Mondlicht im ruhigen Wasser und das Vogelgezwitscher, das sie morgens aus dem Schlaf weckte: „*[…] sie jubelten, als ob es Frühjahr wäre – ich stürzte ans Fenster – der Anblick ist köstlich, tief – tiefblau die Fluth – ein Paradies von Bäumen u. grün all over u. über dem See drüben schöne Berge alles Lieblichkeit und Sonne – der Garten voll Blumen – das alte Haus umrankt von wilder Rebe u. Epheu – so poetisch – so schön – ja so musste ihre Heimat sein, damit der träumerische Sinn, die Liebe zur Natur – sich so entwickeln konnte!*"[224] Es war nicht zuletzt die gemeinsame Liebe zur Natur, die Franz Joseph und Elisabeth verband. Zwar wird noch die Verlobung der beiden am 18. August 1853 in Bad Ischl wohl von allen Beteiligten als: „*einfache, liebliche und edle Idylle*" empfunden, wie der Augenzeuge Graf Alexander von Hübner (1811–1892) resümierend beschreibt,[225] doch im Rückblick auf die Situation äußerte sich die Kaiserin oft voll Bitterkeit: „*Die Ehe ist eine widersinnige Einrichtung. Als fünfzehnjähriges Kind wird man verkauft und tut einen Schwur, den man nicht versteht und dann 30 Jahre oder länger bereut und nicht mehr lösen kann.*"[226]

Sowohl die Possenhofener Heimatidylle als auch die romantische Situation im Umfeld der Verlobung sind als Fantasiebilder von Kahnfahrten der Monarchen in Aquarelle oder Gemälde gefasst worden und fanden im Volk in Form von druckgrafischen Wiedergaben weite Verbreitung.[227] *„Es ist so schön, ein so junges Glück in einer so wunderbaren Landschaft.“*, bemerkt Königin Elise von Preußen zum Verlobungsausflug an den Hallstätter See.[228] Über diesen flüchtigen Eindruck hinaus hatten die Grafiken propagandaartig ein sich volksnah gebendes, naturverbundenes Herrscherpaar zu vermitteln. In der Kunst allgemein ist die *„Idylle“* definiert als eine idealisierte Darstellung harmonischer menschlicher Existenz in der Natur, bevorzugt als Schäfer- und Hirtenszene. Im übertragenen Sinn obliegen hier Kaiserin und Kaiser in der Fürsorge für Land und Volk Schäfer- und Hirtenaufgaben. Die Kahnfahrt erinnert zudem an die staatslenkenden Aufgaben der Monarchen.[229] Dementsprechend heißt es in einem Gedicht zum Bild des Kaiserpaares auf dem Starnberger See (Abb. S. 149),[230] das auch Schloss Possenhofen im Hintergrund erkennen lässt:

Theil', o Kahn, mit Stolz die Fluten,
Theure Last ward dir geschenkt:
Trägst du DEN doch, kleines Schiffchen,
Der das Prachtschiff „Östreich“ lenkt!

„Die Fahrt auf dem See", Farblithografie von August Gerasch, um 1854

Idylle, aus dem griechischen *„eidýllion"* abgeleitet, bezeichnet per se ein *„kleines Bildchen"*, spezieller ein *„Hirtengedicht"* und in weiterer Interpretation eine bildhaft ansprechende Darstellung von Szenen aus dem ländlichen Leben, besonders in der Hirtendichtung. So ist die Idylle das Bild oder der Zustand eines einfachen, friedlichen, beschaulichen Lebens, zumeist in ländlicher Abgeschiedenheit. Letztlich ist eine Idylle mehr die Ansicht des Erlebenden in seiner gedanklichen Beurteilung. Wahrgenommene Situation und Vorstellungen idealer Zustände werden dabei im Betrachtenden zusammengesehen. Soll eine Idylle akustisch erzeugt werden, dann müssten die Hörempfindungen im Einklang zu einem durch die Musik ausgelösten Idealbild des Hörers stehen.

Zum Gattungsbegriff *„Idylle"* in der Musikgeschichte des 19. Jahrhunderts vermerkt anschaulich und wertend der Eintrag in Riemanns Musiklexikon aus dem Jahre 1875: Idylle *„[…] nennt man eine dem einfachen, unverdorbenen Landleben entnommene poetische Schilderung, deren Schauplatz die Natur ist. Ein Tonstück, das solche Schilderungen musikalisch darzustellen sucht, wird daher gleichfalls Idylle genannt. Vogelsang, Wellengeplätscher, Echoruf, Schalmeien- und Hörnerklang, Naturlaute aller Art sind als Darstellungsmittel für diese Art von Schilderung niemals verschmäht worden und dürften auch kaum zu umgehen sein, wiewohl deren Anwendung meist zu einem Realismus verführt, der in der reinen Kunst nicht statthaft ist."*[231]

Auch die *„Idylle"* aus dem Elisabeth-Fest-Album regt Zuhörende an, sich angenehme Bilder zu schaffen. Sanftes Blattrauschen oder Lichtreflexionen in wellig bewegtem Wasser eines Sees lassen sich den reizvollen Klangfiguren durchaus entnehmen. Das Ohr hört, die Fantasie malt. Kompositionen mit dem Titel *„Idylle"* sind im Œuvre Wilhelm Kuhes keine Seltenheit. Ein wesentlicher Grund dafür ist sicher in der allgemeinen Beliebtheit dieserart Werke um die Mitte des 19. Jahrhunderts zu sehen, ließ es sich doch bereits durch die Titelvorgabe hinwegträumen aus den hektischer werdenden Realitäten des Alltags einer sich zunehmend industrialisierenden Gesellschaft in eine beschauliche Welt idealer Naturzustände. Die ersehnte „*Heile Welt*" im privaten Leben spiegeln deutlich die Titel der Salonkompositionen. Andreas Ballstaedt und Tobias Widmaier veranschaulichten das Phänomen unter Zuhilfenahme des antiken Weltmodells einer Scheibe: „*In deren Mitte befindet sich das »harmonische« bürgerliche Heim, das die glückliche und zufriedene Familie beherbergt. Um diesen Mittelpunkt ziehen sich, um im Bilde zu bleiben, mehrere konzentrische Kreise. Zunächst die unberührte Natur in der Vielfalt ihrer Erscheinungen – deren Kristallisationspunkt ist die dörfliche Idylle – , dann, quasi als Steigerung, eine Hochgebirgskette (genauer: die Alpen), welche die Grenze des möglichen Erfahrungshorizontes bildet. Was vom Mittelpunkt aus gesehen, dahinter liegt, ist nur holzschnittartig und wenig detailkräftig ausgestaltet: das Meer, die Ferne, Exotisches. Die Personen, welche diese Salontitel-Welt bevölkern, kennen hauptsächlich zwei Gemütslagen, die die Scheibe, die Welt, wie eine Art Kitt zusammenhalten: sie sind verliebt und/oder befinden sich im Zustand des Träumens, Sehnens, Hoffens, Erinnerns.*"[232]

Ein weiterer wesentlicher Grund, der Kompositionen für Klavier dieser Gattung erst entstehen lassen konnte, ist in der Lehrzeit Kuhes zu finden. Studierte er doch bei Václav Jan Tomášek (1774–1850) in Prag, der gewissermaßen die Grundlagen auch für solcherart Idyllen des leichteren Genres der Klaviermusik in seinen 1807 entstandenen „*Eklogen*" legte. Hierbei handelt es sich allerdings um ausgefeilte Tondichtungen in der Art von Pastoralen, die im Kontext mit der Suche um Nachfolgeformen für die aus der Mode gekommene Sonate zu sehen sind. Tomášek verkörperte in ihnen den von ihm verfolgten Anspruch einer Poetisierung der Klaviermusik, ein Ansatz, den später insbesondere Robert Schumann (1810–1856) fortgeführt hat.[233] Wilhelm Kuhe wird die *„Eklogen"* Tomášeks in seiner Prager Lehrzeit kennen gelernt haben und von daher auch mit den Kompositionsprinzipien der Werke vertraut gewesen sein.

Von den ungezählten Kompositionen, die den Titel *„Idylle"* tragen, seien im Folgenden nur einige zur Erinnerung aufgeführt. Josef Strauß (1827–1870), der Bruder des Walzerkönigs Johann (1825–1899), verfasste *„Die Idylle"* (op. 163) in Form einer Polka-Mazurka. Bedřich Smetana (1824–1884) widmete seine *„Skizzen für das Pianoforte"* (op. 4), darunter eine Idylle (Nr. 2), Clara Schumann (1819–1896) *„in inniger Verehrung"*. Anton G. Rubinstein (1829–1894) titelt seine Idylle für Piano und Violoncello (op. 11, Nr. 5): *„Durch Wald und Flur"*. Und so könnte der Idyllen-Reigen bedeutender Komponisten fortgesetzt werden, ergänzbar noch um hunderte von Kleinkompositionen der Salonmusik. Richard Wagner (1813–1883) jedenfalls scheint im Siegfried-Idyll schon die im 20. Jahrhundert gepflegte ironische Auffassung der Idylle als lebensfremde Scheinwelt anklingen zu lassen, wenn er in der Widmung schreibt: *„Tribschener Idyle[!] mit Fidi-Vogelgesang und Orange-Sonnenaufgang, als Symphonischer Geburtstagsgruss Seiner Cosima dargebracht von Ihrem Richard, 1870."*[234] Tatsächlich spiegelt das Orchesterwerk Wagners wiedergewonnene Ruhe nach Auflösung der Verwicklungen seiner persönlichen Verhältnisse wider. Die Uraufführung fand am Morgen des Weihnachtstages 1870 im Treppenhaus der Landvilla in Tribschen am Luzerner See statt, als Weihnachts- und zugleich Geburtstagsgeschenk für seine zweite Frau Cosima (1837–1930). Fidi ist der Name des Vogels seiner Tochter Eva (1867–1942), der am Ende des Mittelteiles in den Trompeten erklingt. Das ganze Werk soll, so bestätigte Wagner, durch ein intimes Programm geprägt sein, das er aber dezenterweise in Details nicht der Öffentlichkeit preisgegeben hat. Idylle als Flucht aus der Wirklichkeit, aus den Zwängen des Alltags und den Konventionen – wie sehr dies auch das Leben der Kaiserin prägte, wird im Rückblick offenbar. Ihre Reisen, vornehmlich gegen Ende ihres Lebens Irrfahrten gleich, trieben sie durch ganz Europa, teils im eigenen Salonwagen der Eisenbahn, teils mit den kaiserlichen Yachten, dem *„Greif"* oder der *„Miramar"*. Es kam vor, dass sie sich bei stürmischer See auf das Schiffsdeck an einen Stuhl anbinden ließ, um nicht fortgespült zu werden: *„Ich thue dies wie Odysseus, weil mich die Wellen locken"*, erklärte sie ihr Verhalten.[235] Die Kaiserin bewunderte die Naturgewalten wie ein Schauspiel. Stundenlange Wanderungen, möglichst täglich und bei jedwedem Wetter, gehörten zu ihren Vorlieben. Ihr Leben: *„[…] wurde zu einer Flucht, einer Flucht nicht mehr vor einer wirklich oder vermeintlich feindlichen Umwelt, sondern vor allem vor dem eigenen Ich, vor der ständigen Unruhe ihrer Seele."*[236] Sie selbst soll gesagt haben: *„Wenn ich irgendwo angekommen wäre und wüsste, dass ich nie mehr mich davon entfernen würde, würde mir der Aufenthalt in einem Paradiese zur Hölle."*[237]

Ein kleines Paradies auf Zeit kann die Idylle von Wilhelm Kuhe im Genuss des Spielens oder Hörens schaffen. Die Sehnsucht nach einem Ideal, das sich darin verbergen mag, war und ist nicht nur ein Relikt der Romantik oder die Flucht in eine vergangene *„Heile Welt"*. In die komponierten Idyllen des 19. Jahrhunderts hinein haben sich letzte Hoffnungsschimmer einer punktuell paradiesischen Wirklichkeit auf Erden gerettet.[238]

Königlich-Preußische-Klavierpädagogik – Theodor Kullak (1818–1882)

Im Rückblick auf sein Schaffen wird man Theodor Kullaks herausragende Fähigkeiten und seinen außergewöhnlichen Einsatz als Musikpädagoge an erster Stelle sehen müssen, wenngleich er auch gefeierter Pianist und nicht zuletzt erfolgreicher Komponist im Metier des *edleren Salonstyls* gewesen ist.[239]

Der 1846 zum Königlich-preußischen Hofpianisten ernannte Kullak war: *„Lehrer des Clavierspiels von so eminenter Bedeutung, daß ihm kaum ein zweiter vergleichbar ist. Es gab eine Zeit, in der er in einem Grade Alleinherrscher war, daß seine Schüler unbedingten Vorzug erhielten und sich jeder drängte, diese Vergünstigung wenigstens eine zeitlang zu genießen, um sich nur einen Kullack'schen Schüler nennen zu dürfen.*"[240] Eine Schülerin Kullaks, die Amerikanerin Amy Fay (1844–1928), führte über ihre Erlebnisse des Musikstudiums in Deutschland ein Brieftagebuch. Sie notierte zum 29. September 1870 in Berlin, dass sie zu Kullak gegangen war: *„[…] der nun, da alle großen Virtuosen das Lehren aufgegeben haben, der größte Lehrer in Deutschland ist. Kullak selbst ist ein wahrhaft glänzender Künstler; was ich nicht vermuthete. Er hatte einst einen großen Ruf als Pianist, und ich glaubte, daß er denselben nicht aufrechthalte, weil er das Concertspielen aufgegeben. Nun fand ich aber, daß ich mich sehr geirrt hatte. Sein Spiel leidet selbst im Vergleich zu dem Tausigs nicht. – Warum er aufgehört hat, öffentlich zu spielen, ist mir unbegreif-*

lich. Man sagt, er sei zu nervös. Wie alle Künstler ist er fesselnd, vol-
ler Laune und Capricen. Er weiß all und jedes, was sich auf
Musik bezieht. In den Stunden stehen zwei große Flügel ne-
beneinander, an dem einen sitzt er, ich an dem anderen. Je-
des Stück, was er lehrt, kennt er auswendig, manchmal
spielt er mit, manchmal spielt er mir vor, und zeigt mir
alle Arten des Passagenspiels. Ich bekomme immer mehr
Respect vor ihm. Das Einüben des Beethoven'schen Con-
certes hat mir so viel Vergnügen gemacht; denn er übernahm
die Orchesterparthie. Denkt Euch nur, welche Aufregung!
Einen so großen Künstler wie diesen am zweiten Clavier!
Nächstens werde ich ein Chopinsches Concert studieren. Kullak
ist als Lehrer nicht halb so schrecklich wie Tausig. Er hat die größte
Geduld und Sanftmuth und hilft einem vorwärts.[241]

Vor seiner Tätigkeit als Lehrer beeindruckte der Konzertpianist Kullak durch präzise Technik und musterhafte Handhaltung. Besonders auffallend waren auch die rhythmische Kraft seines Spiels sowie seine außergewöhnliche Phrasierungskunst. Kritiker lobten den *„perlenden Klang der Tonleitern"* und die ungewöhnliche *„Schönheit seines Trillers"*.[242]

Der Weg an die Weltspitze der Klaviervirtuosen und -pädagogen im 19. Jahrhundert verlief für Kullak wie folgt: Geboren 1818 in Krotoschin (Provinz Posen, heute: Krotoszyn, Polen), begann er seine Ausbildung als Schüler von Albrecht Agthe (1790–1873) in Posen. Seine Begabung wurde im Elternhause früh erkannt und gefördert vom Statthalter von Posen, dem kunstsinnigen Fürsten Anton Heinrich von Radziwill (1775–1833), der selbst komponierte und ein ausgezeichneter Cellovirtuose war. Er vermittelte unter anderem, dass Kullak bereits im Alter von elf Jahren in einem Hofkonzert vor dem preußischen König auftreten konnte. Ein kurzzeitiger Unterricht am Hof und ein Konzert in Breslau schlossen sich an. Seinen Schulbesuch am Gymnasium in Züllichau konnte Kullak fortsetzen, doch mit dem Tod des Fürsten setzte dessen Unterstützung aus und von seinem 13. bis 18. Lebensjahr hatte er nur gelegentlich ein Klavier zur Verfügung.

Ab 1837 studierte Kullak an der Universität Berlin Medizin, Philosophie und Philologie bis zur Promotion im Fachbereich Philosophie, da er auf Wunsch des Vaters einen ordentlichen Beruf ergreifen sollte. Parallel konnte Kullak aber auf Grund eigener Einkünfte durch Klavierschüler und kleiner Stipendien seine Musikstudien bei W. Taubert (Klavier) und S. Dehn (Theorie) zeitweise fortsetzten. Der Betrag von 400 Thalern, ausgestellt von Kaiser Friedrich Wilhelm IV. für den ausdrücklichen Zweck, Klavierunterricht zu nehmen, ermöglichte Kullak 1842 einen Studienaufenthalt in Wien. Hier nahm er Klavierunterricht bei Carl Czerny (1791–1857), Theorielektionen bei Simon Sechter (1788–1867) und absolvierte Kompositionslehre bei Otto Nicolai (1810–1849). Konzerte führten ihn durch Österreich, nach Brünn und Olmütz.

Einem Ruf zurück nach Berlin folgte er 1843, um Prinzessin Anna von Preußen, Tochter des Prinzen Karl, Unterricht zu erteilen. Ausgehend von dieser Position, wurde er bald *„einer der beliebtesten Clavierlehrer in den höheren Kreisen"* und unterrichtete fast alle Prinzen und Prinzessinnen des königlichen Hauses, so dass der Aufstieg zum königlichen Hofpianisten mit dem damit verbundenen Gehalt 1846 eine Selbstverständlichkeit war.[243] Konzertauftritte unterblieben fortan zugunsten des Unterrichts. Der Titel „*Königlicher-Professor für Musik*" wurde ihm 1860 verliehen.

Theodor Kullak war eine der maßgeblichen Kräfte, die Berlin gegen Mitte des 19. Jahrhunderts zur internationalen Musikmetropole aufsteigen ließen. 1844 brachte er sich als Mitbegründer des „*Berliner Tonkünstler-Vereins*" ein, dessen Vorsitz er im ersten Jahr innehatte. Weitaus größer war das gelungene Projekt der Gründung einer Schule vom Range des Leipziger Konservatoriums. Zusammen mit Julius Stern (1820–1883) und Adolf Bernhard Marx (1795–1866) etablierte er das „*Conservatorium für Musik*" in Berlin. Das später auch als „*Sternsches Konservatorium für Musik*" bekannte Institut war eine der Stammzellen der heutigen Hochschule für Musik. Bereits fünf Jahre nach der Gründung kehrte Kullak jedoch dem Konservatorium nach Unstimmigkeiten zwischen den drei Vorständen den Rücken, um am 1. April 1855 seine „*Neue Akademie der Tonkunst*" zu eröffnen. Über diese geradezu monumentale Klavierschule schrieb 1883 Robert Eitner: „*Wer je das Haus Kullack's betreten hat, wird staunend im Hausflur verweilt haben, um zu ergründen, welches eigenthümliche Klingen scheinbar von den Wänden ausgehe. Gelangte er dann in die Nähe der ersten Etage, so drangen einzelne Töne einer Menschenstimme, eines Blas- oder Streichinstrumentes an sein Ohr, doch das Dröhnen und Summen ging ohne Unterbrechung fort und dies rührte von den unzähligen Clavierinstrumenten her, die fortwährend in Bewegung waren und das ganze Haus in Vibration setzten. In solcher nervenerschütternden Umgebung hat nun Kullack gut 25 Jahre von früh bis zum späten Abend gelebt, geschafft und jeden Besucher in der liebenswürdigsten Weise empfangen, jeder neuen Erscheinung in seiner Kunst das lebendigste Interesse entgegengebracht und nie Erschlaffung und Erlahmung gezeigt.*"[244]

Mit rund 100 Lehrern und Lehrerinnen und 1040 Schülern war Kullaks „*Neue Akademie*" 1882 die größte musikalische Ausbildungsstätte in Deutschland.[245] Bedauerlicherweise bestand das Institut nur bis zum Jahre 1890, da sich seine beiden Söhne nicht in der Lage sahen, das Unternehmen weiterhin fortzusetzen. Als Musikpädagoge konnte der universal gebildete Kullak durch seine pädagogischen Programme und namhaften Schüler über seine Zeit hinaus wirken. Mit Hans von Bülow (1830–1894), der Kullaks freigewordenen Platz am Konservatorium übernahm, und Franz Liszt (1811–1886) gehörte er zu den bedeutendsten Klavierlehrern des 19. Jahrhunderts.[246]

Unter seinen etwa 130 Kompositionen gelten als besonders gelungen: die „*Grande Sonate*" in fis-Moll für Klavier (op. 7), das heitere Klaviertrio in e-Moll (op. 77) und das ausdrucksstarke Klavierkonzert in c-Moll (op. 55). Letzteres ist eines der wenigen auf Tonträger erhältlichen Werke von Theodor Kullak.[247]

Zu den brillanten Klavierkompositionen, von denen es noch fünfzehn Jahre nach Kullaks Tod heißt, dass sie „*überall gern gespielt werden*" und „*belebt sind von einer dankbaren und reizvollen jugendlichen Frische*", zählen beispielsweise: „*La Danse des Sylphides*" (op. 5), „*La Gazelle*" (op. 22), „*Perles d'Ecume, Fantasie-Etude*" (op. 37) oder das „*Scherzo*" (op. 96).[248] Zahlreiche Salonstücke, Paraphrasen und Opernfantasien für Klavier reihen sich ein, darunter Transkriptionen und Neubearbeitungen von Werken Mendelssohns, Schuberts und Chopins. Einige seiner frühen Werke aus den Vierzigerjahren erschienen, wie später der Beitrag zum Fest-Album, im Verlagshaus Haslinger in Wien.[249]

Die „*Schule des Oktavenspiels*" (op. 48) aus dem Jahre 1848 und die „*Schule der Fingerübungen*" (op. 61) von ca. 1850 sind Beispiele seiner Lehrwerke. Kleine Kompositionen für Kinder mit pädagogischem Charakter sind zwei unter der Bezeichnung „*Kinderleben*" herausgegebene Hefte (op. 62 und 81) sowie sechs Stücke mit dem Titel „*Scheherazade*" (op. 78).

Die Bekanntschaft mit vielen Berlin besuchenden Klaviervirtuosen übte großen Einfluss auf den Werdegang Kullaks aus. Engere Freundschaft verband ihn mit Alexander Dreyschock, Adolph von Henselt und besonders Franz Liszt – eine Konstellation großer Pianisten, die durch ihre Beiträge im Elisabeth-Fest-Album musikalisch zusammentreffen.

Nocturne

Wie ist die Nacht? – *„Die Nacht ist erhaben, der Tag ist schön. Gemütsarten, die ein Gefühl für das Erhabene besitzen, werden durch die ruhige Stille eines Sommerabendes, wenn das zitternde Licht der Sterne durch die braunen Schatten der Nacht hindurchbricht und der einsame Mond im Gesichtskreise steht, allmählich in hohe Empfindungen gezogen, von Freundschaft, von Verachtung der Welt, von Ewigkeit.“*, so der Philosoph Immanuel Kant (1724–1804).[250] Die Nacht eröffnet weite Perspektiven jenseits dessen, was mit dem Auge geschaut werden kann. Nacht gilt als Symbol der Unendlichkeit und des Todes, sie ist Traumwelt und Ort des Gespenstischen, aber auch Sehnsucht nach Ewigkeit und Gott.

Das Nachtstück (*Nocturne*) ist der Versuch, nachtbezogene Gefühle und Empfindungen unterschiedlicher Art musikalisch auszudrücken: *„Dem Komponisten eröffnet es eine Vielzahl von Möglichkeiten der Gestaltung, dem Hörer wird die Gelegenheit geboten, es eigenen Empfindungen gemäß zu deuten […]“*, stellt Wolfgang Krueger in seiner Untersuchung zum Nachtstück des 19. Jahrhunderts fest.[251]

Felix Mendelssohn-Bartholdy (1809–1847) bedarf in seinen 1828 herausgegebenen *„Liedern ohne Worte“* nicht mehr der Texte, um zur inhaltlichen Aussage zu kommen, vielmehr genügt nach Meinung des Komponisten die Überschrift und das Phänomen der Sangbarkeit, um das auszudrücken, was inhaltlich gemeint ist.[252] Entsprechend ist das Nocturne ein *„Instrumental-Gesang“* als Ausdruck jener Empfindungen, die charakteristisch sind für die Nacht – im

Ganzen also Klangempfindung eines vielschichtigen Phänomens, das in der Klaviermusik des 19. Jahrhunderts mit der Prägung eines eigenen Klangtyps einhergeht.

Gegenwärtig ergibt die Kombination von Klavier und Nocturne in den Ohren der meisten Klassikhörer spontan das Ergebnis: Frédéric Chopin (1810–1849), denn zweifelsohne sind seine 21 Nocturnes die bekanntesten der gegenwärtig gespielten Klavierliteratur dieser Gattung; entsprechend lang ist die Liste der erhältlichen Tonaufnahmen bedeutender Pianisten. In den Salondarbietungen des 19. Jahrhunderts existierte jedoch ein ganzer Kosmos an Nachtstücken, die zum Teil glänzende Sterne, zumeist aber nur schwache Sternchen in der Musikliteratur waren. Hunderte sind in den Musikarchiven und Bibliotheken aufzufinden. Es ist daher nicht verwunderlich, dass unter den gerade einmal acht Werken des Elisabeth-Fest-Albums gleich zwei die Zeit des Abends und der Nacht im Titel führen.

Im 19. Jahrhundert wurden die Nacht und mit ihr die Träume neu entdeckt, zunächst als romantische Verklärung der geheimnisvollen Stimmung des Übergangs zwischen Tag und Nacht, später dann wissenschaftlich, in den psychoanalytischen Traumbilddeutungen Sigmund Freuds (1856–1939)[253] und nicht zuletzt auch in Versuchen mystischer Erkenntnisgewinnung. Jenseitserfahrung an der Schwelle des Entschwebens aus dem Diesseits offenbarte die einbrechende Nacht als Zeit der Transzendenz: *„Die Nacht weckt eigenthümliche Gefühle und gibt Allem einen sentimentalen Ton, indem die Außenwelt, im Dunkel geborgen oder vom Dämmerlicht erhellt, die Phantasie nicht unmittelbar in Anspruch nimmt, sondern das Gemüth vorwalten läßt, und so sich alle Bethätigung der Seele nach Innen wendet. Die Stürme des Lebens schweigen und Liebe, zarte Innigkeit erfüllen die Brust.“*, hält Ferdinand Hand 1841 in seiner *„Aesthetik der Tonkunst“* fest.[254]

Die Ursprünge des Nocturnes gründen in der Tradition des nächtlichen Musizierens unter freiem Himmel. Verbreitet in bürgerlichen und adeligen Kreisen wurde es als Unterhaltung sowie zur Huldigung ausgewählten Personen vornehmlich in südosteuropäischen Regionen zwischen Deutschland, Italien und Böhmen vorgetragen. Bestellte Serenaden, unter dem Fenster der Geliebten gespielt und gesungen, gehörten ebenso dazu wie kleine, meist mehrsätzige Ständchen in Innenhöfen und Schlossgärten. Als Unterhaltungsmusik gehobenen Stands etablierten sich Serenaden bzw. Nocturnes in der Zeit des Barock an den Fürstenhäusern. *„Eine kleine Nachtmusik"* (KV 525) von Wolfgang Amadeus Mozart (1756–1791), komponiert im Jahre 1787, ist wohl der Inbegriff jener unbeschwert heiteren Serenadenmusik. Noch im 18. Jahrhundert wurden die Bezeichnungen Divertimento, Serenade und Nocturne dazu unterschiedslos verwendet.

Zu Beginn des 19. Jahrhunderts vollzog sich jedoch ein Wandel im Verständnis des Begriffs Nocturne. Das Musizieren verlagerte sich zunehmend in den privaten Hausbereich und das Klavier konnte nicht zuletzt auf Grund der neuen technischen Möglichkeiten eine Vorrangstellung einnehmen. Einhergehend mit der Vorliebe für die Nachtzeit in der Epoche der Romantik entstand das einsätzige Charakterstück für Klavier mit dem Titel Nocturne.

Der irische Komponist John Field (1782–1837) gilt als Erfinder dieser Art Nocturnes, denn er war der erste Komponist, der den Ausdruck für eine Serie eigener Klavierstücke verwandte. Seine Nocturnes, die zwischen 1814 und 1836 entstanden, vermitteln eine ruhige, träumerische Stimmung.[255] Wahrscheinlich ließ sich Chopin von den Stücken Fields zu seinen Kompositionen anregen.[256] Chopins Werke erreichen den Zenit der Kompositionskunst im Bereich des klavieristischen Nocturnes. Ihre Ausdruckskraft wurde bestimmt als: *„[...] die ele-*

gische Stimme seines lyrischen Ichs, die Stimme des inneren Schmerzes und der verhaltenen Wehmut, der Trauer und der Versöhnung, die Stimme der Nacht [...]"[257]

Noch bis nach 1850 wird das Nocturne vielfach auch als Romanze bezeichnet. Für die Darbietung soll daher ein nuancenreiches Cantabilespiel erklingen und ein weicher homogener Klang in den Begleitharmonien zum Ausdruck gebracht werden. Um solches leichter leisten zu können, wurde die Mechanik der Klaviere stetig verfeinert, letztlich ist jedoch eine hohe Anschlagskultur für die

Abendstimmung an der Römischen Ruine im Park von Schloss Schönbrunn, Radierung eines unbekannten Künstlers

Interpretation ausschlaggebend. Man benötige zum Vortrag: *„eine Seele in den Fingerspitzen"*, heißt es zu Chopins zwei späten Nocturnes (op. 62) in einer Rezension aus dem Jahre 1847.[258] Nahezu alle Nocturnes des 19. Jahrhunderts stehen im Schatten der innovativen Werke von Field und Chopin. Neben herausragenden Kompositionen von Mendelssohn, Liszt und Schumann, die sich alle auch durch die poetische Literatur der Romantik zu ihren Nachtstücken anregen ließen,[259] finden sich bisweilen auch ausgezeichnete Werke im Œuvre heute weniger bekannter Komponisten, wie etwa die beiden *„Notturnos"* op. 6 (1839) von Adolph Henselt[260], oder die *„Drei Nocturnen"* op. 2 von Julius Schulhoff. Zu letzteren bemerkt ein Rezensent 1845: *„Die Nocturnen sind Lieder ohne Worte, modern, und obwohl nicht sehr schwer, doch mit virtuosenhaftem Anstrich, durch weich sinnlichen Wohlklang zumeist Henselt verwandt."*[261]
Die Nocturnes von Chopin sind zum größten Teil in einer dreiteiligen Liedform komponiert. Dabei steht der zumeist durch ein bewegteres Tempo herausgehobene Mittelteil im Kontrast zu den beiden äußeren, in langsamerem Tempo gehaltenen Teilen.[262] Diesem Schema folgt im Wesentlichen auch Theodor Kullak in seinem Es-Dur-Nocturne. Zahlreich eingefügte Hinweise wie: *„dolce"*, *„con grazia"*, *„con passione"*, *„marcato"*, *„appassionato"*, *„marcatissimo"*, *„tranquillo"* und *„espressivo"* geben Hilfen zur Ausführung der von Leidenschaft und Dramatik geprägten Atmosphäre.
Kullaks im Dreivierteltakt gesetztes *„Allegretto grazioso"* für das Elisabeth-Fest-Album wurde schon im Entstehungsjahr auf Grund: *„seines ausdrucksvollen Themas und der durchgängig eleganten und ansprechenden Bearbeitung"* lobend hervorgehoben.[263] Es darf zu den leuchtenderen Sternen im Kosmos der Nocturne-Kompositionen gezählt werden und kann durchaus neben den Werken Chopins bestehen.

König der Klaviervirtuosen –
Franz Liszt (1811–1886)

„*Wunderkind, Klaviervirtuose, Frauenschwarm und Hexenmeister der Konzertsäle: Franz Liszt ist eine der schillerndsten Musiker-Persönlichkeiten der Romantik mit gigantischem Komponisten-Oeuvre.*"[264] So wird – wohl berechtigt – der in vieler Hinsicht außergewöhnliche Pianist, Komponist, Dirigent und Musikschriftsteller in einem Werbetext zur Feier seines 200. Geburtstages 2011 angepriesen, um Besucher in seinen Geburtsort Raiding im österreichischen Burgenland zu locken. Als Liszt am 22. Oktober 1811 geboren wurde, gehörte der Ort Raiding (Doborján) noch zu Ungarn. Doch so sehr sich Liszt auch mit dem ungarischen Volk verbunden fühlte und dies in seinen Kompositionen, wie beispielsweise den Rhapsodien, Nationalmelodien und Romanzen, zum Ausdruck brachte, Ungarisch hat er im Gegensatz zur Kaiserin Elisabeth nicht sprechen gelernt.[265]

Erste öffentliche Konzerte gab Liszt schon im Alter von acht Jahren. Ein erstes Ausbildungsstipendium verdankte er dem Musikmäzen Graf Mihály Esterházy de Galántha (1783–1874). Klavier- und Kompositionsunterricht erhielt Liszt ab 1822 in Wien bei Carl Czerny (1791–1857) und Antonio Salieri (1750–1825). Die nach einer erfolgreichen Konzertreise angestrebte Aufnahme am Pariser *Conservatoire* wird ihm am 12. Dezember 1823 vom damaligen Institutsdirektor Luigi Cherubini (1760–1842) verweigert, angeblich, weil er kein Franzose sei.

Doch dank Empfehlungen des Fürsten Klemens von Metternich (1773–1859) öffnen sich für Liszt die Türen der aristokratischen Pariser Salons. Hier vermochte der junge Musiker äußerste Virtuosität mit höchster Ausdrucksqualität in seiner Vortragskunst zu verbinden. Er galt bald als der größte Pianist seiner Zeit und feierte auf Konzertreisen Triumphe, wie sie heute denen von Rock- oder Popstars ähnlich sind. Entsprechend bemerkt Heinrich Heine (1797–1856) zu Liszts Konzert vom 25. April 1844 im *„Théâtre Italien"* in Paris: *„Die elektrische Wirkung einer dämonischen Natur auf eine zusammengepreßte Menge, die ansteckende Gewalt der Ekstase, und vielleicht der Magnetismus der Musik selbst, dieser spiritualistischen Zeitkrankheit, welche fast in uns allen vibriert – diese Phänomene sind mir noch nie so deutlich und beängstigend entgegengetreten wie in dem Concert von Liszt."* [266]

Während seiner Zeit der großen Konzertreisen zwischen 1837 und 1848 füllte er in ganz Europa Säle mit zum Teil 3 000 und mehr Besuchern. Die überwältigenden Erfolge seiner Auftritte lösten eine Welle der Begeisterung und Schwärmerei aus: *„Lisztomanie"* war der dafür aufgekommene Begriff, den Heinrich Heine in einem Essay manifestierte. [267]

Viermal innerhalb der Tourneejahre 1838, 1839, 1840 und 1846 führte Liszt der Weg zu großen Konzertserien nach Wien. Das erste bedeutende öffentliche Konzert gab er am 18. April 1838 zugunsten der ungarischen Opfer, die auf Grund verheerender Donau-Überschwemmungen zu beklagen waren. Einige Tage vor diesem Termin ist ein Besuch bei seinem Verleger Tobias Haslinger (1787–1842) belegt, zu dem Liszt geschäftliche wie freundschaftliche Beziehungen pflegte. [268]

An den eindrucksvollen Auftritten in Wien, insbesondere den Benefizkonzerten, nahm das Kaiserhaus regen Anteil. Nicht selten waren die Kaiserin Maria Anna (1803–1884) sowie Erzherzog Franz Karl (1802–1878) und seine Gemahlin Sophie (1805–1872), die späteren Schwiegereltern Kaiserin Elisabeths, anwesend. Liszt beteiligte sich auch an Konzerten eigens für den kaiserlichen Hof.[269]

Seine Tätigkeit als Konzertpianist allein schaffte ihm jedoch keine ausreichende Erfüllung. Bereits 1837 klagte er in einem Brief: *„Bin ich erbarmungslos zu diesem Beruf des Possenreißers und Salonamuseurs verdammt?"*[270] Technisch, wie auch vom Ausdruck her, blieb Liszt in seiner Zeit als Pianist unerreicht. Als Komponist war er *„kühner Avantgardist"*, der, nach eigenem Bekunden, seine Lanze weit in die Zukunft schleudern wollte. Neben Richard Wagner wurde er von Zeitgenossen zum Haupt der *„Neudeutschen Schule"* gezählt. Eine menschennahe und zugleich transzendentale Kunst zu schaffen, gehörte zu Liszts Utopien.[271]

Mit dem Jahr 1848, als sich Liszt in Weimar als Kapellmeister am Hof des Großherzogs Karl Friedrich von Sachsen-Weimar-Eisenach (1783–1853) niederließ, begann eine Periode gesteigerter künstlerischer Produktion. In dieser Zeit schuf er, ausgehend von den Kompositionen Hector Berlioz' (1803–1869), den neuen Typus der Sinfonischen Dichtung, die abgewandt vom klassischen Kanon der Sinfonie den bereits von Robert Schumann (1810–1856) eingeforderten poetischen Gehalt der Musik in einer neuartigen Sinfonik vollends zum Ausdruck bringen sollte.

Im Vorfeld der Hochzeit des Kaiserpaares hält sich Liszt fernab von Wien in Weimar und Gotha auf. Er ist mit diversen Opernaufführungen beschäftigt. Als Gast des Herzogs Ernst II. von Sachsen-Coburg-Gotha dirigiert er am 2. April 1854 in Gotha dessen Oper *„Santa Chiara"*. Zurück in Weimar steht am 8. April zum Geburtstag der Großherzogin Sophie Wagners *„Lohengrin"* am Hoftheater auf dem Programm.[272] Für die auch als *„skizzenartig"* bezeich-

nete „*Berceuse*" hat Liszt vermutlich nicht viel Zeit aufgewendet.[273] Es wäre jedoch ungewöhnlich, wenn der Kaiserin nach den Festtagen im April nichts von dieser Komposition zu Ohren gekommen wäre. Hatte doch der Verleger Haslinger das Album eifrig beworben und damit für eine weite Verbreitung gesorgt. Zumindest dürfte unter den Klavier spielenden Gesellschaftsdamen am Hof die Komposition des großen Meisters, das „*Zugpferd*" des Albums, im Gespräch gewesen sein.

Zwei Jahre nach der Hochzeit, am 27. und 28. Januar 1856 leitete Liszt in Wien die Feierlichkeiten zu Mozarts 100. Geburtstag. Die Aufgabe war ihm vom Magistrat der Stadt angetragen worden, denn: „*[…] unter den lebenden Dirigenten ist keiner so berühmt wie Liszt*".[274] Das kaiserliche Paar und sein Gefolge wohnten den Veranstaltungen bei. Nach dem Ende der Feierlichkeiten nahm der Bürgermeister den Kranz ab, mit dem die Büste Mozarts geschmückt worden war und überreichte ihn Liszt.[275]

Seit dieser Zeit nehmen Liszts Aufgaben für den Wiener Hof zu. Zwar dirigierte er mit nur mäßigem Erfolg seine „*Graner Messe*" am 22. und 23. März 1858 im Redoutensaal der Hofburg, doch Liszt erhielt anschließend eine Audienz beim Kaiser und bedankte sich bei ihm für die Finanzierung des Drucks seiner Messe.[276] Dies ist insofern bemerkenswert, da der Fürst-primas von Ungarn János Scitovsky von Nagykér (1785–1866) bereits 1865, als sich die Aus-sicht eröffnete, dass zwischen Franz Joseph I. und der ungarischen Nation die Aussöhnung zustande kommen und so auch die Krönung erfolgen würde, den Wunsch vernehmen ließ, dass derjenige, der die *„Graner Messe"* geschrieben hat, auch die ungarische Krönungsmesse komponieren solle. Der ihm folgende Primas János Simor (1813–1891) erneuerte die Bitte seines Vorgängers. So gelangte Liszt zu seinem größten Auftrag für das Kaiserpaar. Am 14. April 1867 beendete er die Arbeiten an der Krönungsmesse und traf am 4. Juni des Jahres, aus Rom kommend, in Pest[277] ein, wo er bis zum 16. Juni weilte. Während der Audienz bei Kaiser Franz Joseph am 6. Juni überbringt Liszt als Geschenk des Papstes eine Heiligenreli-quie. Liszt wird vom Kaiser das *„Komtur-Kreuz des Franz-Joseph-Ordens"* verliehen.

Die Uraufführung der Krönungsmesse in der Matthias-Kirche von Buda anlässlich der Krö-nung Kaiser Franz Josephs I. und der Kaiserin Elisabeth als König und Königin von Ungarn am 8. Juni 1867 blieb Liszt jedoch auf Grund eines Vetos des kaiserlichen Hofes verwehrt. Zu stark waren im Detail noch die Spannungen zwischen Österreich und Ungarn, denen Kai-serin Elisabeth immer trotzte. Ein Gutteil der Versöhnung bis hin zur formalen Vollendung durch den Krönungsakt ist ihr Verdienst.

Der Kapellmeister des Wiener Hofes, Gottfried von Preyer (1807–1901), übernahm die mu-sikalische Leitung des Krönungsamtes.[278] Wie eine gelungene Kompromisslösung erscheint es, die Messe des aus Ungarn stammenden Komponisten durch die kaiserliche Hofkapelle aus Wien aufführen zu lassen. Aber österreichischen Kreisen war schon der gewünschte Kompo-nist ein Dorn im Auge und auf ungarischer Seite erregte es verständlicherweise Missstimmung, dass ein nichtungarischer Dirigent und die kaiserliche Hofkapelle dieses nationale ungarische Werk aufführten.[279]

Eine berühmt gewordene Bildszene zeigt Franz Liszt spielend an einem Flügel der Firma Bösendorfer im Redoutensaal zu Buda. Anlass des Gemäldes war das Benefiz-Konzert vom 18. März 1872 zugunsten eines Waisenhauses und eines abgebrannten Klosters. Das Programm enthielt unter anderem Beethovens *„Mondschein-Sonate"*, Chopins Nocturne in b-Moll, außerdem dessen *„Prélude"* in Fis-Dur und die A-Dur-*„Polonaise"*.[280] Anwesend waren der Kaiser mit seinen Kindern Gisela und Rudolf, nicht aber die Kaiserin. Unter den zahlreichen Gästen des Hofes befand sich auch Ludwig Bösendorfer (1835–1919). Instrumente dieses Klavierfabrikanten wurden von Liszt bevorzugt, da sie als erste seiner kraftvollen Spieltechnik standhielten.
Ein Jahr später, am 28. November 1873, wurde Liszt in Budapest von Kaiser Franz Joseph I. zu einer Privataudienz empfangen und tags darauf folgte er einer Einladung des Kaiserpaares in das Stadtschloss. Dabei soll sich die Kaiserin Liszt gegenüber freundlich und herzlich gezeigt haben.[281] Liszt teilte mit Elisabeth die Leidenschaft für die ungarische Nation, schon dadurch ergab sich gemeinsamer Gesprächsstoff. Natürlich zählte auch sie zu den Bewunderern Liszts, was wiederum dem Komponisten schmeichelte.[282] *„Obwohl Elisabeth keine besonders gute Klavierspielerin war, scheint sie ihr Können unter der Obhut Franz Liszts verfeinert zu haben. Er soll mit ihr vierhändig gespielt haben."*, bemerkt Gabriele Praschl-Bichler, die sich in einem biografischen Werk mit den Musikvorlieben der Kaiserin auseinandergesetzt hat.[283]
Amy Fay (1844–1928), eine seiner bedeutendsten amerikanischen Schülerinnen, begegnete Liszt 1873 in Weimar. Eindrücklich schildert sie in ihrem Tagebuch Erscheinung und Wesen

des Maestro: „*Liszt ist der denkbar interessanteste Mann und macht sofort den bedeutendsten Eindruck auf jeden, der ihn sieht. Groß und schlank, mit tief liegenden Augen, buschigen Augenbrauen und langem grauen Haare. Sein Mund geht an den Winkeln etwas in die Höhe, was ihm, sobald er lacht, einen feinen mephistophelischen Ausdruck giebt; seine ganze Art und Erscheinung hat etwas von jesuitischer Leichtigkeit und Eleganz. – Seine Hände sind sehr schmal. Mit langen, schlanken Fingern, die aussehen, als hätte er doppelt so viel Gelenke wie andere Leute. Sie sind so beweglich und biegsam, daß es einen fast nervös macht, sie anzusehen. […] Aber das Merkwürdigste an Liszt ist der wunderbare Wechsel seines ausdrucksvollen Mienenspiels. Einen Moment sieht er dichtend, träumerisch, tragisch aus, den nächsten einschmeichelnd, liebenswürdig, ironisch, sarkastisch; immer aber dieselbe fesselnde Grazie seiner Manieren. Er ist eine vollkommene Studie; ganz Geist; aber ich möchte glauben, die Hälfte der Zeit wenigstens ein spottender Geist. Ich habe schon die wunderbarsten Geschichten über ihn gehört. Alle Weimaraner beten ihn an, und die Frauen sollen noch immer vollkommen närrisch um ihn werden. Wenn er ausgeht, grüßt er gleich einem Könige Jedermann! […] Liszt ist wie ein Monarch. Keiner wagt zu ihm zu sprechen, bis er nicht von ihm angeredet worden. […] Er trägt einen langen Abbé-Rock, der fast bis zu seinen Füßen reicht. An die Magier alter Zeiten gemahnte er mich, und es war mir, als könnte er uns Alle mit einer Berührung seines Zauberstabes verwandeln.*‘[284]*

Mit diesen Notizen zeichnet seine Schülerin ein gehaltvolles Charakter- und Altersbild des Komponisten. Schon zwei Jahre vor diesen Erlebnissen, am 13. Juni 1871, wurde Liszt von Kaiser Franz Joseph I. zum „*Königlich-ungarischen Rat*" ernannt. Per Sondererlass erhielt er dazu eine jährliche Pension von 4000 Gulden.[285]

Berceuse

Seit Jahrtausenden ist die enge Verbindung des Wiegens mit vorgesungenen Schlummerliedern bekannt. Das Wiegenlied (französisch: *Berceuse*) als akustisch-rhythmisches Medium zur Kinderberuhigung wird ebenso wie das Schaukeln durch die Jahrhunderte von Ärzten überwiegend empfohlen. Der Geist des Kindes sollte durch die immerfort das Ohr treffende Harmonie beschwichtigt werden und abgelenkt sein von jedem unbehaglichen Gefühl.[286]

Zur Hochzeit des Kaiserpaares in Wien schwelte jedoch noch der seit der Aufklärung heftiger gewordene Medizinerstreit um das Für und Wider des Wiegens der Kinder. Entschiedener Gegner der Sache war der herzoglich-braunschweigische Hofzahnarzt Jean Girault. In seiner Schrift *„Die gute Mutter"* aus dem Jahre 1790 bemerkt er: *„Es gibt nichts Nachteiligeres als den Brauch, die Kinder zum Zwecke des Einschlafens oder, um sie vom Schreien abzuhalten, zu wiegen. Beim Schaukeln des armen Säuglings wird die Milch im Magen verkäst und verursacht Leibschmerzen und tödliches Erbrechen. Das Schütteln kann außerdem Schwindel verursachen, und es kann, wenn das Kind gegen die Wände der Wiege fällt, zahllose Kontusionen am Kopf oder an anderen Gliedmaßen verursachen."*[287] Diese Auffassung ist bemerkenswert, weil sie argumentativ ähnlich noch 1845 vom Dekan der Wiener medizinischen Fakultät, dem Arzt Anton Fröhlich Edler von Fröhlichsthal (1760–1846) vertreten wird. Auch er schreibt vom *„Übelstand"* des Kinderwiegens und von einem *„gewaltsamen Schütteln"*, wodurch *„das weiche Hirn leidet"* und *„Convulsionen"* erzeugt werden.[288]

Der erste Sohn des Kaiserpaares, Kronprinz Rudolf (1858–1889), erhielt trotz solcher Bedenken eine Wiege als Geschenk vom Magistrat der Stadt und von den Bürgern Wiens zu seiner Geburt. Die mit außergewöhnlich prachtvollen Intarsien geschmückte Prunkwiege (Abb. rechts) ist noch heute im Hofmobiliendepot Wien zu besichtigen.[289] Ihr Fußende zieren der österreichische Reichsadler und das Wiener Stadtwappen. Am Kopfende im Traggestell ist auf einem Polster die Kaiserkrone als Zeichen der Berufung des Kindes nachgebildet. Der schwingbare, ovale Wiegenkasten trägt ein muschelförmiges Dach, unter dem ein aus Holz geschnitzter Engel schutzversprechend seine Arme ausbreitet.[290]

Wiege des Kronprinzen Rudolf von Österreich

Doch warnend ist in einem 1847 von der medizinischen Fakultät der Berliner Universität herausgegebenen „Wörterbuch der medizinischen Wissenschaften" zu lesen, dass das Wiegen überflüssig sei und Nachteile hervorrufen könne, denn die schaukelnde Bewegung wirke betäubend und bei häufiger Anwendung benachteilige es die Entwicklung des Nervensystems.

Die Praxis in den Kinderstuben blieb allerdings von diesen Auffassungen weitgehend unberührt, denn freilich gab es auch im 19. Jahrhundert genügend Stimmen, die sich entschieden für das Wiegen einsetzten, sofern es denn nicht zu heftig geschähe. Es blieb also, wie bereits um 1577 der deutsche Dichter und Satiriker Johann Fischart (1545–1590) in sein „Trostbüchlein" schrieb:

Wo Honig ist, da sammeln sich die Fliegen;
Wo Kinder sind, da singt man um die Wiegen.[291]

Und noch immer gilt im Grundsatz das, was der römische Arzt Galenos von Pergamon (um 129 – um 199 n. Chr.) zur Beeinflussung des unzufriedenen Säuglings vorschlägt. Es gibt drei wirksame Mittel: Stillen, Wiegen und das Vorsingen von Wiegenliedern.[292]

„Guten Abend, gute Nacht, mit Rosen bedacht, […]" ist eines der berühmtesten deutschen Wiegenlieder. Es stammt aus der Feder von Johannes Brahms (1833–1897) und entstand auf der Grundlage eines Gedichtes aus der Volkstextsammlung *„Des Knaben Wunderhorn".*[293] Sein 1868 komponiertes Kunstlied (op. 49, Nr. 4) wurde zum *„echten"* Volkslied, doch in der Musikgeschichte des 19. Jahrhunderts verlief der *„Melodienwanderweg"* weitaus öfter in entgegengesetzter Richtung: Viele Volkslieder fanden Eingang in die Werke der Hochkunst. Man denke als Kulminationspunkt nur an die Märchenoper *„Hänsel und Gretel"* von Engelbert Humperdinck (1854–1921) aus den Jahren 1890/91, in der gewissermaßen ein Kinderlied auf das andere folgt.

Auch in der reinen Instrumentalmusik waren Komponisten vielfach auf die Integration von volkstümlichem Liedgut in ihre Werke bedacht. Im Zuge dieser Strömung fanden zahlreiche Wiegenlieder, die ursprünglich den Kindern vor dem Einschlafen vorgesungen wurden, Aufnahme in bedeutende Werke großer Komponisten. So fügte beispielsweise Frédéric Chopin (1810–1849) in den Mittelteil seines Scherzos op. 20 in h-Moll die Melodie eines polnischen Wiegenliedes ein und Peter Tschaikowsky (1840–1893) nutzte ein russisches Wiegenlied im zweiten Satz seines Klavierkonzertes Nr. 1 op. 23 in b-Moll.

Im Bereich der Klaviermusik entwickelte sich das zumeist unter der französischen Bezeichnung *„Berceuse"* herausgegebene Wiegenlied zu einer beliebten eigenständigen Musikform. Kaum ein Komponist ließ das durch seine sanft schaukelnde Bewegtheit reizende Abendthema aus, in dem beruhigende Innigkeit und behutsame Zärtlichkeit zum Ausdruck gebracht werden konnten.[294] Vermutlich ließe sich eine eigene Sammlung allein mit den Wiegenliedern der für das Elisabeth-Fest-Album tätigen Komponisten veröffentlichen: Es findet sich bei Theodor Kullak ein *„Wiegenliedchen"* unter den Kinderszenen op. 62, Nr. 5, Alexander Dreyschock bietet ein solches mit op. 131, Nr. 1 und bei Julius Schulhoff trägt das erste seiner beiden Impromptus op. 14 in As-Dur den begleitenden Titel *„Berceuse"*. Ein *„Chant de la Berceuse"* gestaltete er in op. 43, Nr. 2.[295] Rudolf Willmers fügte seinen *„Lyrischen Idyllen"* op. 115 als Nr. 2 ein Wiegenlied hinzu und benannte ein weiteres Werk dieser Gattung mit dem Titel Wiegenlied und Kindertraum: *„Berceuse et Rêve d'Enfant"* (op. 126).[296] Auch Adolph Henselt war hier in seinem Element, wenn es darum ging Gesanglichkeit instrumental effektvoll zu gestalten. Sein Wiegenlied op. 13,1 in Ges-Dur wurde von Franz Liszt am 10. Mai im vierten der sechs St. Petersburger Konzerte des Jahres 1842 aufgeführt.[297] Eine Geste, die sicher als Ausdruck der freundschaftlichen Verbundenheit und Respektsbekundung vor Henselts Schaffen verstanden werden darf.

Mit Liszts Berceuse verbindet sich eine interessante Entwicklungsgeschichte. Zunächst für die Hochzeit des Kaiserpaares verfasst, wurde das Stück 1862 von ihm überarbeitet und erweitert. Dazu schrieb Liszt am 22. Mai 1863 aus Rom an seinen Onkel Dr. Eduard Liszt: *„Müdigkeit oder sonst etwas brachte mir wieder meine »Berceuse« in Erinnerung. Mancherlei »Berceusen« fügten sich im Hinträumen an. Magst du Mitträumen? Es soll Dir keine Mühe kosten; ohne selbst die Tasten zu berühren, hast Du Dich nur in den Empfindungen, die darüber schwe-*

ben, einzuwiegen. Eine ernstlich liebenswürdige, geistig wie musikalisch vielfach bevorzugte Frau sorgt dafür. Sie spielt das kleine Stück entzückend und hat mir versprochen, Dir es vorzuzaubern. Ich übersende Dir also nächstens die Abschrift der neuen Version der Berceuse mit der Adresse »an Frau Fürstin Marcelline Czartoryska, Klostergasse 4.« Begieb Dich dahin – und falls Du die Fürstin nicht zu Hause triffst, lasse das Manuscript mit Deiner Karte zurück. Ich habe Deinen Besuch zum voraus angemeldet und von Dir als meinem Herzens-Verwandten und Freund gesprochen. "[298]

Es mag kein Zufall sein, dass die Überarbeitung der Berceuse in diese Zeit fällt, denn am 10. August des gleichen Jahres hatte Liszt sein Oratorium „*Die Legende von der heiligen Elisabeth*" beendet. Zwar ist dieses Werk, wie anfangs sofort vermutet wurde, nicht der Kaiserin Elisabeth von Österreich gewidmet worden, doch der Auftraggeber des Oratoriums war König Ludwig II. von Bayern (1845–1886), der das Opus wohl zu Ehren seiner hochgeschätzten Cousine ausführen ließ.[299] Möglicherweise war Liszt in diesem Zusammenhang wieder auf das kleine Hochzeitsgeschenk aufmerksam geworden, zumal sich die Verbindungen zwischen ihm und dem Herrscherhaus intensivierten und letztlich in der von Liszt komponierten Ungarischen Krönungsmesse 1867 für das Kaiserpaar ihren höchsten musikalischen Ausdruck fanden. Die neue Fassung der Berceuse erschien 1865 bei Gustav Heinze in Leipzig. Das Autograf dieser Überarbeitung befindet sich im Goethe- und Schiller-Archiv in Weimar. [300] Zur Erstfassung hatte bereits Lina Ramann für ihr 1902 erstelltes „*Liszt-Pädagogium*" keinen Zugang mehr. Es heißt dort zur Berceuse: „*Die erste Skizze schrieb der Meister als Beitrag zu dem jetzt gänzlich verschollenen Elisabeth-Fest-Album […]*." [301]

Dass die ungewöhnliche Ruhe, äußerste Langsamkeit und gestreckte Spannung der Berceuse in der Überarbeitung später eine virtuose Überhöhung erfährt, liegt sicher auch im Wesen

Liszts begründet, zu dem Heinrich Heine bemerkt: „*Daß ein so unruhiger Kopf, der von allen Nöten und Doktrinen der Zeit in die Wirre getrieben wird, der das Bedürfnis fühlt, sich um alle Bedürfnisse der Menschheit zu bekümmern, und gern die Nase in alle Töpfe steckt, worin der liebe Gott die Zukunft kocht: daß Franz Liszt kein stiller Klavierspieler für ruhige Staatsbürger und gemütliche Schlafmützen sein kann, das versteht sich von selbst.*"[302]

Bei Musikwissenschaftlern und Lisztbiografen stieß die zweite Fassung auf ein geteiltes Echo. So fand Humphrey Searle an der überarbeiteten Version von Liszts Berceuse bemerkenswert: „*Während die grundlegenden Figuren und Harmonien unverändert bleiben, ist die Melodielinie mit den denkbar kompliziertesten Ornamenten ausgeschmückt, und obwohl das Stück dadurch nicht gerade »verdorben« ist, wird es doch sicherlich in einer phantastischen anderen Art präsentiert.*"[303] Und Peter Raabe meint, Liszt habe seine Berceuse: „*[...]mit Figurenwerk so überladen, daß der offenbar doch auch hier angestrebte Grundton des Träumerischen kaum durchklingen kann. So wurde aus dem Stück, das im Zimmer gut gespielt vor wenigen Hörern anheimelnd wirken konnte, wieder echte Virtuosenmusik [...]*"[304]

Bekanntermaßen hat Liszt grundsätzlich eine Veredlung des Salonmusizierens angestrebt: „*In einer ganzen Anzahl von Stücken, die weder an die Ausführung noch an die Aufnahme große Ansprüche stellen, hat er Proben davon gegeben, wie gute Unterhaltungsmusik beschaffen sein kann, wobei allerdings immer ein künstlerisch wertvoller Vortrag vorauszusetzen ist.*"[305] Hierher gehört nach Einschätzung Raabes auch die Berceuse in der ersten Gestalt von 1854.

Liszts eigene Äußerung über seine erste Fassung der Berceuse überrascht zunächst vollends, da er ganz entgegen des Titels mit dem Werk wohl eher eine „*behagliche Träumerei*" für Erwachsene anstrebte als ein Wiegenlied für kleine Kinder. Weniger als zwei Monate nach den

Hochzeitsfeierlichkeiten in Wien schreibt Liszt in einem Brief an den Königsberger Klavier-pädagogen Louis Köhler (1820–1886): *„Von Claviersachen habe ich Ihnen nichts mehr zu schicken (bis zur Erscheinung der »Années de Pèlerinage« bei Schott), ausgenommen die kleine »Berceuse«, welche bei Haslinger in dem »Vermählung-Album« Platz gefunden. Vielleicht macht Ihnen das beständige Pedal auf Des Spass. Das Ding sollte eigentlich auf einem amerikanischen Schaukel-Fauteuil mit Begleitung eines Narguilé [d. h. einer türkischen Wasserpfeife] in Tempo comodissimo con sentimento vorgetragen werden, so dass sich der Spieler einer behaglichen Träu-merei, durch den cadenzirten Fauteuil-Rhythmus eingewiegt, willenlos hingibt. Blos bei dem B-moll-Eintritt kommen ein paar schmerzliche Accente … Warum schwatze ich aber dummes Zeug mit Ihnen?"*[306] Durch *„ironisches Understatement"* hinweg scheint auf, was eigentlich die ge-hobene Klasse der Salonmusikgattung *„Berceuse"* kennzeichnet. Doch bevor dies näher heraus-zustellen ist, sei zunächst auf Liszts Vorbild hingewiesen, die in den Jahren 1843–1844 ent-standene und 1845 erschienene Berceuse op. 57 von Frédéric Chopin. Als einer der ersten wählt Chopin die französische Bezeichnung Berceuse für ein instrumentales Wiegenlied der Kunstmusik. Sein Werk war beispielgebend für eine ganze Reihe derartiger Werke bis hinein ins frühe 20. Jahrhundert.[307]

Von Musikwissenschaftlern wurden die engen Parallelen zwischen beiden Werken mehrfach aufgezeigt.[308] Liszt hatte sich intensiv mit der Musik Chopins auseinandergesetzt. Gleich nach Chopins Tod 1849 komponierte er einige Werke in Gattungen, die untrennbar mit dem gro-ßen polnischen Komponisten verbunden sind, und zwei Jahre vor der Kaiserhochzeit erschien Liszts Chopin-Biografie, die er mit Hilfe seiner, wie Chopin aus Polen stammenden Lebens-gefährtin Carolyne Elisabeth Fürstin zu Sayn-Wittgenstein (1819–1887) veröffentlichte.[309]

Zur Verwandtschaft der Wiegenlieder konstatierte Tim Parry: „*Liszts Berceuse ist das interessanteste Beispiel für seine Beziehung zu Chopins Stil, das die Imitation fast bis zum Plagiat treibt. Chopins eigene Berceuse – ebenfalls in Des-Dur, ebenfalls auf zunehmend aufwendige Variationen über ein schlichtes viertaktiges Thema aufgebaut, ebenfalls über einem ausgehaltenen Orgelpunkt in der Tonika entfaltet – ist eindeutig Liszts Vorbild.*"[310]

In einer umfassenden Analyse konnte Winfried Kirsch die Bedeutung der Berceuse Chopins darlegen. Und was Kirsch für Chopins Werk ermittelte, gilt auf Grund der vorhandenen Parallelen in gewissem Grade auch für Liszts Berceuse. Gleich Chopins Berceuse ist das Werk Liszts nur dem äußeren Gestus nach ein Wiegenlied: „*Die gattungseigene, auf die Welt des Kindes bezogene Idylle erfährt eine deutliche Überhöhung. Das Stück spricht nicht mehr u n m i t t e l b a r den Einschlafvorgang des Kindes an. Vielmehr ist diese Musik deutlich auf die Existenz des Menschen selbst bezogen. Sie steht fern einer Idylle. Die Befriedung am Ende bedeutet mehr als das nunmehr schlafende Kind. Es ist die aus der romantischen Sehnsucht abgeleitete Ruhe und Endgültigkeit, die hier auskomponiert wurde.*" […] „*Gemeint ist mit diesem Stück die Nacht, die die Möglichkeit der Selbstentäußerung, Selbstauflösung und Befriedung bietet, – der Schlaf, der Traum als Medium der tieferen Erkenntnis, – die Nacht als Zufluchtsort, an dem die Grenzen der Welt zerfließen, – die Nacht, in der das Endliche mit dem Unendlichen verschmilzt, – der Traum als Schutzwehr gegen die Regelmäßigkeit und Gewöhnlichkeit des Lebens.*"[311]

Instrumentale Schlummer- oder Wiegenlieder wie dasjenige Liszts hatten in den beiden letzten Dritteln des 19. Jahrhunderts Hochkonjunktur. Sie richten sich an Erwachsene, die den Übergangszustand zwischen Tag und Traum empfinden.[312] Der enorme Zuspruch, den die Gattung fand, lag sicher auch darin begründet, Ruhe finden zu wollen, in den unsteten Zeiten einer sich rasch verändernden Gesellschaft. Dieserart Werke kommen dem Verlangen der Menschen jener Zeit entgegen, für eine Weile den Realitäten der Welt zu entfliehen und Erfahrungsräume jenseits der Wirklichkeit zu erreichen. Das beruhigende Wiegen schließt wohl auch die Sehnsucht nach einer sanfteren Bewegtheit des Lebens als Gegenströmung zu einer im Tagesgeschehen immer hektischer werdenden Umwelt ein. So wie das Kind durch Wiegenlieder zum tiefen Schlaf geführt werden soll, so entspannen Kompositionen der Salonmusik die an ihnen teilhabenden Gemüter der Gesellschaft. Sie sind Ruheoasen des in allen Lebensbereichen aufgewühlten menschlichen Daseins.

Auch in Wien war spätestens nach der Revolution von 1848 deutlich geworden, dass die überkommene Staatsordnung wankte und die Monarchie in Frage stand. Zur Hochzeit kamen von Liszt also nicht einfach die Wünsche für einen reichen Kindersegen in Form eines Wiegenliedes. Seine Berceuse führt tiefergehende Beruhigungswünsche mit sich.

Abschließend darf nicht außer Acht gelassen werden, dass sich der gleichermaßen berühmte und bekannte Liszt mit dieser Berceuse im Fest-Album bei der neuen Kaiserin vorstellte. Das kleine Werk war zugleich Geschenk und *„musikalische Visitenkarte"* an die Jungvermählten und möglicherweise unter anderem ausschlaggebend für das weitere umfangreiche künstlerische Wirken des Komponisten im Auftrag des Kaiserhauses.

In ihrer einfachen, monotonen Gestaltung wirkt Liszts Berceuse besinnlich, beschwichtigend und beruhigend. Es ist ein eindringliches Stück, das eine *„Atmosphäre der Ruhe und des Friedens"* atmet. [313] Doch es braucht Zeit, bis sich der von Liszt intendierte Effekt einer weltabgewandten *„behaglichen Träumerei"* einstellt. Wie ein abendlich vorgetragenes Wiegenlied entfaltet die Berceuse ihre volle meditative Wirkung oft erst nach mehrfachen Wiederholungen.

Wahrer, feiner Salonstil – Julius Schulhoff (1825–1898)

In den aktuellen Lexika der Musikwissenschaft findet sich Julius Schulhoff überschattet von seinem Großneffen Erwin (1894–1942), der im Internierungslager Wülsburg bei Weißenburg in Bayern sein Leben lassen musste, da er, geprägt durch die Eindrücke des Ersten Weltkriegs, eine pazifistische Haltung vertrat und sich als Komponist unter dem Einfluss von Otto Dix und George Grosz dem ästhetischen Programm des Dadaismus zuwandte. Fraglos ist Erwin der bedeutendere Künstler der jüdischen Musikerfamilie. Nur dessen avantgardistischen Werken begegnet man gegenwärtig in den Konzertprogrammen. Von dem umjubelten Klaviervirtuosen und Komponisten *„edler Salonmusik"* Julius Schulhoff war bislang nicht eine einzige Aufnahme erhältlich. *„Salon"* und *„Avantgarde"*, zwei jeweils ein Jahrhundert bestimmende Musikrichtungen, treffen unter dem Namen Schulhoff zusammen. Beide wurden in Prag geboren und erhielten dort ihre musikalische Ausbildung.[314]

Julius Schulhoff war Schüler von Siegfried Kisch und dem ihm gegenüber nur acht Jahre älteren Ignaz Amadeus Tedesco (1817–1882), Václav Jan Tomášek (1774–1850) unterrichtete ihn im Theoriebereich. Als Neunjähriger gab er 1834 sein erstes öffentliches Konzert und bereits mit elf Jahren war er dazu in der Lage, eines der frühen Klavierkonzerte von Ignaz Moscheles (1794–1870) aufzuführen. Nach seinem Studium in Prag reiste Schulhoff im Jahre

1843 nach Paris. Auf dem Weg dorthin gab es für ihn mehrere Konzertstationen. Auftritte in Dresden, Weimar und nicht zuletzt auch im Leipziger Gewandhaus gehörten dazu.

Es brauchte einige Zeit, bis Schulhoff sich in Paris etablieren konnte, doch ermuntert durch den etablierten Frédéric Chopin (1810–1849), dem Schulhoff sein Opus 1, ein „*Allegro brillant en forme de Sonate*" widmete, fand er seinen Weg in Europas bedeutendster Salon-Metropole. Die Protektion des renommierten Kollegen ermöglichte es ihm, hier sein erstes Konzert zu geben.[315] Dazu wird folgende Geschichte erzählt: „*Als er [Schulhoff] eines Tages im Pleyl'schen Saale mit Chopin, dem er gänzlich unbekannt war, zusammentraf, erbat er sich die Gunst, ihm etwas vorspielen zu dürfen, was dieser zunächst etwas widerwillig gestattet; aber nachdem er ihn gehört hatte, beglückwünschte er ihn auf das Wärmste und forderte ihn auf, in die Oeffentlichkeit zu treten. Schulhoff zögerte auch nun nicht länger und trat am 2. November 1845 im Erard'schen Saale zum ersten Male vor das Pariser Publikum.*"[316]

Seit Ende der 1840er Jahre unternahm Schulhoff ausgedehnte Konzertreisen durch Frankreich, England, Spanien und Russland bis hin zur Krim sowie selbstverständlich auch nach Wien. Seine Auftritte dort werden kritisch in der „*Geschichte des Wiener Concertwesens*" von Eduard Hanslick (1825–1904) kommentiert: „*Zu Anfang dieser Periode (1848–1869) war es der Pianist Julius Schulhof, der das Publicum am meisten erwärmte und interessirte. Sein Spiel und seine Kunstrichtung gehören nicht zu den epochemachenden; das Große, Erhabene, das Dämonisch-Leidenschaftliche stehen ihm fern, allein die reizende Anmuth, das unübertrefflich Gesangvolle seines Spieles bezauberten das Publicum. Schulhof gab sechs Concerte im Jahre 1850, mehrere seiner kleinen Clavierstücke, wie »Le chant du Berger«, die »Phantasie über böhmische Volkslieder« kamen en vogue und erhielten sich lange Zeit beliebt.«*[317]

Das von Hanslick erwähnte Lied widmete Schulhoff: *„À son ami Wilhelm Kuhe".* Mit gleichlautendem Widmungstext waren drei Idyllen op. 27 an Alexander Dreyschock adressiert und auch Franz Liszt, ein dritter aus dem Freundesbund der im Elisabeth-Fest-Album vertretenen Komponisten, wurde ein Werk zugeeignet. Just im Entstehungsjahr des Albums (1854), als Schulhoff wieder in seiner Heimatstadt Prag weilte, trug er Liszt in einem Brief vom 12. Januar die Widmung seiner gerade entstandenen Klaviersonate an.[318] Er schrieb geradezu untertänig: *„Ich erlaube mir Ihnen gleichzeitig mit diesen Zeilen eine meiner grösseren Compositionen (Sonate op. 37) zur Durchsicht einzusenden, und würde mich sehr geschmeichelt fühlen, wenn Sie dieselbe Ihrer nicht unwürdig fänden und mir erlauben wollten, sie Ihnen als ein Zeichen meiner aufrichtigen tiefen Verehrung zu dediciren."*[319] Im Nachklang dieser Zeilen wird man annehmen dürfen, dass es für Julius Schulhoff eine besondere Ehre war, zusammen mit Franz Liszt im Elisabeth-Fest-Album veröffentlichen zu dürfen.

Zwischen Ende April und Anfang Juni 1854 gab Schulhoff mehrere Konzerte in Paris, zu dem sich: *„ […] ein eben so glänzendes als zahlreiches und für die Leistungen des Künstlers enthusiastisches Publikum eingefunden hatte."*[320] Die Pariser Damenzeitung *„Iris"* berichtet dazu in ihrer deutschsprachigen Ausgabe: *„Der Erfolg war eben so glänzend, wie bei den früher[e]n Concerten dieses ausgezeichneten Künstlers, welcher die Pariser durch sein sangliches, überaus brillantes*

und doch auch auf die edlere Basis der Vortragskunst gestütztes Spiel, wie nicht minder durch seine sinnigen Compositionen im wahren Sinne des Wortes entzückt und überrascht hatte."[321]

Auf Schulhoffs Reisen entstanden zahlreiche Kompositionen gewissermaßen als *„Lobeshymnen"* an die von ihm besuchten Städte und Regionen. Es handelt sich um feine Klavier-Miniaturen, welche unter dem Serientitel „Souvenir" veröffentlicht wurden. So entstand das „Souvenir de la Grande-Bretagne" op. 24 im Jahre 1850 und das „Souvenir de Vienne" op. 28, ein Nocturne für Klavier, 1851. Bis 1860 folgen noch die Souvenirs von Warschau, Moskau, Kiew und St. Petersburg.[322] Gerne würde man Schulhoffs Reisen anhand der „Souvenirs" nachverfolgen, doch Aufnahmen dieser Werke liegen nicht vor.

Durch die großen Anstrengungen der rund zwei Jahrzehnte andauernden Konzertreisetätigkeit war die Gesundheit Schulhoffs so stark angegriffen, dass er sich aus der Öffentlichkeit zurückziehen musste. Gesundheit und Familienumstände führten ihn 1870 nach Dresden und letztlich, ab 1888, nach Berlin.[323] An beiden Orten entwickelte sich sein Haus zu einem geistigen und kulturellen Zentrum gelehrter Bürger. Unter vielen anderen war auch der Komponist Hugo Wolf (1860–1903) des Öfteren zu Gast.[324] Ein Jahr vor seinem Tod, 1897, wurde ihm noch die Ehre zuteil, in Berlin zum königlichen Professor ernannt zu werden.

Schulhoffs Kompositionen wurden bereits zu seinen Lebzeiten differenziert beurteilt. Eine Zusammenfassung dazu bietet die Würdigung im *Biographisches Lexikon des Kaiserthums Öesterreich* aus dem Jahre 1876: *„Seine Compositionen bezeichnet die Musikkritik als melodisch, reizvoll, innig empfunden, geistreich und interessant in den Motiven, ebenso künstlerisch fein und correct, als geschmackvoll und elegant, in der Form gestaltet; schön im Klangeffect und durchaus claviermäßig gedacht, behaupten sie einen schönen Rang im sogenannten Salongenre; die meisten* *tragen einen gedanklich ernsten Charakter, keines leidet an der Gehaltlosigkeit welche dergleichen Bravour auf die Dauer widerwärtig macht.*"[325] Entsprechend lobend bleibt die Kritik auch im Nachruf auf Julius Schulhoff in den *Signalen für die musikalische Welt* 1898: *„Er wurde nie banal und rein äußerlich, beutete seine großen Erfolge auch nicht durch Vielschreiberei aus, daher denn auch seine Sachen nicht als Modeerzeugnisse untergingen, sondern heute noch immer eine anregende Wirkung auszuüben im Stande sind.*"[326]

In einer Rezension aus dem Jahre 1857 wird behauptet: *„den wahren, feinen Salonstyl*" treffen unter anderen Frédéric Chopin und Julius Schulhoff.[327] Schon damals war wohl die Verwandtschaft dieser beiden Komponisten in ihren Werken offensichtlich. Nicht nur die bereits erwähnte, Chopin gewidmete, erste Sonate zeigt die Nähe Schulhoffs zum Œuvre Chopins, unübersehbar ist auch die Übernahme der von diesem gepflegten Formen, wie *Polonaise*, *Mazurka*, *Nocturne*, *Valse brillante* und *Ballade*. Die Affinität zu Chopin reicht bis in die kompositorische Faktur. So konnte beispielsweise für jeden der drei Sätze der Klaviersonate op. 37 das konkrete Vorbild in den Werken Chopins nachgewiesen werden.[328] In der Beurteilung zutreffend ist wahrscheinlich die Eingruppierung der Kompositionen Schulhoffs von Carl Krebs aus dem Jahre 1908: *„Neben Chopin's und Schumann's Clavierdichtungen wird man sie nicht nennen können, weil diese beiden weit ursprünglichere und genialere Persönlichkeiten waren, aber auf der anderen Seite stehen sie weit ab von der im zweiten Drittel des 19. Jahrhunderts landläufigen Claviermusik. Sie bilden in ihrer vornehmen Liebenswürdigkeit eine Gattung für sich.*"[329]

Größte Bewunderung erzielte Schulhoff in der Ansicht seiner Zeitgenossen ohne Zweifel aus seinem Vermögen als Pianist: *„Hatte er doch, so viel an ihm lag, das Niveau der Virtuosencon-*

certe zu heben gesucht und die Bestrebungen Clara Schumann's weitergeführt. Er vermied die nur auf Brillanz hinzielenden Phantasien und Variationen, die, als er seine Laufbahn begann, noch die Pianistenconcerte beherrschten, und pflegte nicht nur in seinen eigenen Compositionen eine edlere Richtung, sondern spielte auch die Werke unserer Classiker, besonders Beethoven's und Mozart's mit Liebe und Verständnis."[330] Der Komponist und einflussreiche Musikpublizist Friedrich Wilhelm Langhans (1832–1892) schrieb 1889 über die Eindrücke, die ihm das Spiel Schulhoffs gaben: „*Da empfand man wieder einmal, nach so vielem Abgerichteten und Dressirten, den ganzen Zauber einer wirklichen, in sich abgerundeten, fest auf den eigenen Füßen stehenden Künstler-Persönlichkeit; den ganzen Reiz einer Technik, welche sich nicht in verblüffenden Schwierigkeiten kund giebt, sondern gerade die einfachsten Tonbilder zu beleben und zu adeln vermag. Mehr als dreißig Jahre sind es her, daß ich den Meister in Paris gehört, wo er während einer Saison als wirklicher »Löwe« derselben die Kunstfreunde derart entzückte, daß kein Clavierspieler neben ihm beachtet wurde; und merkwürdiger Weise ist er am Clavier genau derselbe, wie damals: die Unfehlbarkeit der Technik, die wunderbare Modulationsfähigkeit des Anschlags, die Kunst der Phrasirung – nichts davon ist ihm inzwischen verloren gegangen, und ich kann nur wiederholen: möchten unsere jüngeren Pianisten schaarenweise des Vortheils theilhaftig werden, einen Meister wie Schulhoff zu hören und sich die Vorzüge seines Spieles nach Möglichkeit aneignen.*"[331] Aus der Perspektive gegenwärtiger Musikwissenschaft wird Julius Schulhoff auf Grund seiner überlieferten Vortragsweise als einer der frühesten Repräsentanten des Interpreten im modernen Sinne gesehen.[332]

Dem Pianisten Theodor Leschetitzky (1830–1915) wurde die Bedeutung des Tones zum ersten Mal voll und ganz bewusst, als er um 1850 in Wien Julius Schulhoff hörte: „*Unter seiner*

Hand [so schrieb Leschetitzky] schien das Klavier ein neues Instrument zu werden. Ich saß als Zuhörer in einer Ecke, und mein Herz floß über von unbeschreiblicher Bewegung. Keine einzige Note entging mir. Ich fing an, einen neuen Stil des Klavierspiels vorauszusehen. Wie die Melodie in klarem Relief hervortrat, diese wundervolle Klangfülle – all das mußte von einem neuen, völlig andersartigen Anschlag herrühren. Und dieses Cantabile, ein Legato, wie ich es beim Klavier nie für möglich gehalten hätte, wie eine menschliche Stimme, die sich über die begleitenden Akkorde erhebt! Ich hörte den Schäfer singen, und ich konnte ihn sehen. Dann geschah etwas Seltsames. Er war zu Ende und fand kein Echo. Keine Begeisterung! Sie waren alle so an technische Brillanz gewöhnt, daß die reine Schönheit der Interpretation gar nicht geschätzt wurde."[333]Schulhoffs Vortrag war für Leschetitzky eine Offenbarung, in ihm sah er das Spiel der Zukunft.

Neben seiner musikalischen Bedeutung findet auch immer wieder die umfassende allgemeine Bildung Schulhoffs Erwähnung: *„Von seinem Aufenthalt in Frankreich hatte er eine Vorliebe für die Lebensphilosophen des 17. Jahrhunderts mitgebracht; er besaß eine erstaunliche Kenntniß ihrer Schriften, die er zum Theil wörtlich auswendig wußte. Bis zuletzt las er täglich einige Seiten aus La Rochefoucauld, La Bruyère oder Pascal. »L'artiste gentil'homme« hatte man ihn in Paris genannt, und die chevalereske Liebenswürdigkeit seines Wesens, seine lebendige, geistreiche Art, eine Unterhaltung zu führen, sind ihm auch im späteren Leben erhalten geblieben und haben ihm viel Freundschaft und Verehrung erworben.*"[334]

Gebet

„Wer singt, betet doppelt", so lautet ein zur Volksweisheit geronnener Spruch, der gerne von dem gesang- und musikliebenden Reformator Martin Luther (1483–1546) verbreitet wurde, dessen Ursprung jedoch auf den Kirchenvater Augustinus von Hippo (354–430) zurückgeht. Kann aber Musik ohne jegliche Worte auch ein Gebet sein?

Ganz selbstverständlich galt dies wohl in der Salonmusik des 19. Jahrhunderts. Jedenfalls sind in der Klavierliteratur Titel mit religiösen Themen, insbesondere Gebete jedweder Art, keine Seltenheit.[335] Gewissermaßen als *„Erfolgsschlager"* trat ein Werk an die Spitze, das unter dem Titel *„Gebet einer Jungfrau"* erschien. Das weltberühmt gewordene Klavierstück *„La Prière d'une Vierge"* schrieb die Warschauer Pianistin Thekla Badarzewska-Baranowska (1834–1861) im Alter von 18 Jahren. Es ergriff Hunderttausende, obwohl es in Fachkreisen als höchst mittelmäßige Komposition galt.[336] Der sentimentale Ton jedoch traf und bereits 1860 wurde der Verkauf auf eine Million Exemplare geschätzt.[337] Für dieses Stück trifft *par excellence* zu, was Marcel Proust (1871–1922) in seiner *„Eloge de la mauvaise musique"* (Lob der schlechten Musik) bemerkt: *„Da man sie [die schlechte Musik] viel häufiger und viel leidenschaftlicher spielt und singt als die gute, hat sie sich allmählich auch viel stärker mit den Träumen und Tränen der Menschen angefüllt als diese. [Wie viele ihrer Melodien] sind Vertraute vielfältiger und weitschweifender Inspirationen; sie veredeln das Leid und beflügeln die Träume und im Austausch für die glühenden Geheimnisse, die man ihnen anvertraut, gewähren sie die berauschende Illusion von Schön-*

heit. [...] Solch' ein unerfreuliches Ritornell, das von jedem gut veranlagten und gut erzogenen Ohr beim ersten Hören sofort zurückgewiesen wird, hat den Schatz von Tausenden von Seelen empfangen; es bewahrt das Geheimnis Tausender von Menschenleben, für die es lebendige Inspiration und immer bereite, immer halbgeöffnet auf dem Notenbrett des Klaviers stehende Tröstung war, träumerischer Reiz und Ideal." [338]

„Elisabeth-Votiv-Kapelle am Himmel"

Im Gebet sieht sich der Mensch im Dialog mit Gott. Er lässt sich ein auf die Transzendenz seines eigenen Wesens. Dabei kommen beispielsweise Bitten, Dank und Lob als Intentionen zum Ausdruck. Tritt das Lied hinzu, kann zugleich Lobpreis, Ansprache und eine poetische Darstellung der Erlebnisse der gottverlangenden Seele erreicht werden. Gesucht wird nach dem Zusammenspiel von sinnenhafter Form und geistigem Vollzug, um letztlich in der Tiefe der Seele mit Gott inniger verbunden zu sein. Im Vollzug wird von Seiten der Kirche zwischen liturgisch-öffentlichem und privatem Gebet unterschieden.

Kaiserin Elisabeth suchte den Dialog mit Gott. Sie war religiös, doch für eine Kaiserin des derart eng mit der Kirche verbundenen Reiches wie Österreich-Ungarn geradezu antiklerikal.[339] Natur war eher die Heimat ihrer Religion, nicht Kathedralen oder Kleriker.

Den Juli des Jahres 1887 verbrachte Elisabeth auf einer Seereise in England und mit einem Badeaufenthalt im Seeort Cromer in Norfolk. Zu dieser Zeit entstand nachstehendes Gedicht:

Gebet

Es steigt meine Seele zum Boote heraus
Und kniet auf den schwellenden Wogen,
Die haben wie dröhnendes Orgelgebraus
Sie unwiderstehlich gezogen.

Jehova! Der mächtig Du Meere erschufst
Und dieses Atom, meine Seele,
Von Bergen zu Meeren, bis du sie nicht rufst,
Irrt rastlos vom Fels sie zur Welle.

Jehova! Du schufst diese Erde zu schön!
Drum hat meine Seele kein Bleiben;
Sie dürstet noch schönere Welten zu seh'n,
Die ferne im Äthermeer treiben.

Jehova! O lass meine Seele bald knien
Auf goldenem, lichten Planeten;
Wenn unten die Meere vorüber dann zieh'n,
Wird jauchzend sie auf zu Dir beten.[340]

Wie die meisten ihrer Gedichte, so ist auch dieses als Selbstporträt der hier etwa fünfzigjährigen Elisabeth zu verstehen. Die dreifache Anrufung Gottes unter dem Namen „*Jehova*" erinnert an das dreimalige „*Heilig*" im Sanctus des Gottesdienstes, das gebetet wird, um die unübertroffene Herrlichkeit Gottes zum Ausdruck zu bringen. Im Gedicht erscheinen die drei Anrufungen der höchsten Macht flehentlich bittend, wohl bewusst eingebettet in genau vier Strophen, verbunden also mit der Symbolzahl, die alles Weltliche bedeutet. Elisabeths Gebet zeigt ihre Wünsche auf. Zum Ausdruck kommen die vielgehegten Hoffnungen der Kaiserin, endlich die für sie unerträgliche Welt verlassen zu können und glücklich in einem besseren

Jenseits zu weilen, um Erlösung von ihrer irdischen Rastlosigkeit zu erfahren. Speziell in ihren Gedichten trat die Jenseitsorientierung der Kaiserin zu Tage. Sie meinte, mit ihrem „Geliebten" und „Helden" Achill aus der griechischen Sagenwelt spiritistisch zu verkehren, ebenso mit dem 1886 im Starnberger See ertrunkenen Ludwig II. von Bayern und ihrem „Dichtermeister", dem 1856 in Paris verstorbenen Heinrich Heine (1797–1856): „Sie fühlte sich sogar als Vollstreckerin von Heines Willen und glaubte, daß er ihr ihre Gedichte diktiere. Dieser eingebildete Seelenverkehr gab der von ihren Zeitgenossen völlig isolierten Kaiserin Trost und Ruhe."[341]

Weltflucht, Realitätsverdrängung in Tagträumereien bis hin zu halluzinatorischem Ausweichen aus der Wirklichkeit, wie sie hoffnungsgebend im Leben der Kaiserin aufscheinen, sind zugleich negative Auswirkungen, die auch von der Salonmusik hervorgerufen werden, so ihre Kritiker.[342]

Wie löst nun Julius Schulhoff für das Elisabeth-Fest-Album sein gegebenes Versprechen, ein Gebet in Form von Klaviermusik zu gestalten?

Er wählt dazu eine dreiteilige Struktur, die, formal betrachtet, einen symbolischen Bezug zur Erscheinung des Göttlichen in der als vollendet zu deutenden Dreizahl bereithält. Der choralartige erste Teil deutete dem gebildeten Hörer der damaligen Zeit ohne Zweifel an, dass es sich hier um Anklänge an geistliche Musik handelt, wie sie etwa aus der Epoche des Barock bekannt sind. Die gewählten, ausdrucksstarken Akkorde in a-Moll erklingen jedoch schicksalhafter und damit vielleicht auch persönlich betroffen machender als ihre Vorläufer. Nach diesem eher statisch auftretenden Teil von Größe, Glanz und Ernst folgt die Auflösung der Formen in zwei Stufen, zunächst moderat in Achteln, dann rauschhaft bewegter in Sechzehntel-Notenwerten, die zum Ausklang auf den Anfang des Stückes zurückgeführt werden. Eine Deutung bleibt dem Hörer aus seinen eigenen Empfindungen und Gedanken überlassen.

Es mag sein, dass Glaube, Liebe und Hoffnung dargestellt werden sollen oder, dass man in den drei Komponenten den Charakter der Dreifaltigkeit von Vater, Sohn und Heiligem Geist angedeutet sehen möchte. Einer Deutung kann aber auch zugrunde liegen, dass sich die Klänge von einem fromm-feierlichen Beginn, gewissermaßen eines liturgisch-öffentlichen Gebetes, hin zu einem im Ausdruck freieren, privaten Gebet von seelischer Ergriffenheit wandeln.

Zwar lässt Schulhoffs Gebet inhaltsandeutende Vorgaben erklingen, doch diese Art von Musik beabsichtigt wohl, eigenständig Ausdruck von Gebetswirklichkeit zu sein. Die Musik selbst ist Gebet – ein Gebet ohne Text, wie ein Lied ohne Worte.

Anlässlich der Vermählung von Elisabeth und Franz Joseph wurde auf den Höhen des Wienerwaldes, an einem Ort mit ausgezeichnetem Fernblick auf die Stadt eine Kapelle errichtet, die *„Elisabeth-Votiv-Kapelle am Himmel"* (Abb. S. 189).

Auftraggeber für das kleine, im romantisch-gotisierenden Stil errichtete Bauwerk war der Großhändler Johann Carl Sothen (1823–1881), der später geadelt wurde. Entstehen sollte nicht allein ein Memorialgebäude für das Ereignis der Kaiserhochzeit, die Kapelle war auch als letzte Ruhestätte für Sothen und seine Frau Franziska vorgesehen. Dementsprechend sind die Namenspatrone des Kaiserpaares und des Bauherren als Titelheilige der Kapelle gewählt worden. Den Stiftungsanlass dokumentiert eine von Sothen herausgegebene Lithografie mit der Ansicht der Kapelle und ihrer malerischen Umgebung.[343]

Am 31. Juli 1856 konnte das Mausoleum geweiht werden. Bis heute ist die ehemals von einer englischen Gartenlandschaft umgebene Kapelle ein beliebtes Ausflugsziel. Nachrichten darüber, ob auch das Kaiserpaar diesen romantischen Ort des Gebetes besuchte, gibt es nicht.

Mecklenburger Modekomponist wird Pariser Salonlöwe – Charles Voss (1815–1882)

Zu seiner Zeit war der Pianist und Komponist Charles Voss wohlbekannt; seine Werke waren populär. Eigentlich hieß er Karl Voss, die elegante französischsprachige Version seines Vornamens lag jedoch im Trend der Zeit und eilte sicher seinem lebhaften Unternehmergeist in den Salons der mondänen Hauptstädte Berlin und Paris förderlich voraus.[344]

Geboren wurde Voss 1815 in Schmarsow, einem kleinen Dorf bei Demmin in Mecklenburg-Vorpommern. Aus diesem Ort stammt auch der Musikpädagoge und Komponist Gustav Reichardt (1797–1884).[345] Gemeinsam sollen sie dort unter der sogenannten *„musikalischen Buche"* im Garten des Pfarrhauses musiziert haben.

Nach seiner Ausbildungszeit in Berlin bei Carl Wilhelm Greulich (1796–1837) und Ludwig Berger (1777–1839)[346] wirkte Charles Voss ab 1843 in Neustrelitz. 1846 ging er nach Berlin zurück und arbeitete dort erfolgreich auch als Musiklehrer. Seit der Jahrhundertmitte eroberte er die Salons von Paris. Zehn bis fünfzehn Jahre hindurch war Voss einer der gefragtesten *„Mode-Componisten"* des Salongenres.[347]

Äußerst anschaulich und kritisch wertend verfasste 1896 Robert Eitner (1832–1905) den Lebensweg von Charles Voss in seinem Beitrag für die Allgemeine Deutsche Biographie: „[…] buhlte er schon in Berlin um die Gunst des Publicums und schmeichelte sich bei den Damen durch oberflächliches Geklängel ein, so versumpfte er in Paris vollständig und trat sein hübsches Talent mit Füßen. Verfolgt man von etwa 1843 ab Jahr für Jahr die Musikzeitschriften, so wird er anfänglich als ein strebsamer Mann mit guten melodischen Anlagen bezeichnet, der auch Respect vor der musikalischen Grammatik hat.[348] Ein anderes Mal wird seinen Compositionen nachgerühmt, daß sie Charakter und Erfindung haben, doch je weiter man dringt, desto schärfer wird der Tadel, bis er sich zu dem Ausspruche spitzt: seine Compositionen sind von flacher Trivialität, und schließlich wird er mit Schweigen abgethan, während die Musikalienhandlungen seine Werke zu Hunderten auf Lager hielten, um nur allen Nachfragen der Damenwelt zu genügen. Er wurde so methodisch todtgeschwiegen, daß man nicht weiß, weshalb er nach Verona ging und wie er seinen Tod fand, denn keine Zeitung fand es der Mühe werth, mehr als das Datum seines Todestages [29.8.1882] anzuzeigen. Wer spielt heute noch Charles Voß? Gestorben und verdorben.“[349]

Harscher könnte Kritik kaum ausfallen und tatsächlich wäre Charles Voss neben anderen, so Hugo Riemann in seiner 1901 erschienenen „Geschichte der Musik seit Beethoven", auf eine zu erstellende „schwarze Liste" als einer derjenigen Komponisten einzutragen, die für Verleger: „[…] Dutzendware auf Bestellung lieferten und den Geschmack des großen Publikums systematisch herunterbrachten."[350] Ein Rezensent behauptet 1846: „Ueberhaupt scheinen ihm [Voss] Compositionen bescheideneren Charakters im modernen Gewande besser zu gelingen, als eigentliche Virtuosenstücke."[351]

Den Reigen seiner reichlichen Werke eröffnet mit op. 1 ein *„Rondeau Appassionato"*. Pazdírek listet in seinem Universal-Handbuch der Musikliteratur ein Verzeichnis seiner Kompositionen bis op. 335 auf, darüber hinaus etwa weitere 80 Bearbeitungen.[352] Dem Altmeister Johann Nepomuk Hummel (1778–1837) widmete Voss ein *„Rondeau brillante"*. Neben dem *„Rosenblatt"* für das Elisabeth-Fest-Album fertigte er als *„Romanze"* für den damals unter dem Ehrennamen *„Sängerprinz"* bekannten Komponisten Prinz Franz Gustav von Schweden (1827–1852) unter der Bezeichnung *„Le Rêve d'une Rose"* ein weiteres Rosenstück an.

Doch nicht nur zart-romantisches prägt sein Œuvre. Unter den sprechenden Titeln fallen besonders Kriegsthemen auf, wie beispielsweise: *„Kartätschenfeuer (Grêle de Mitraille), Grand galop guerrier"* op. 197, *„Le Retour du Soldat, Grand marche"* op. 214 oder *„Der Traum der Kriegerbraut"* op. 38, ein *„Impromtu caractère"* für die linke Hand in As-Dur.

Bei Haslinger in Wien erschienen einige Titel in Serie: die Fantasie-Etüde *„Les Battements du Coeur"* op. 171, das *„Rondeau joyeuse"* op. 172, die *„Grande Fantasie brillante"* op. 173 mit dem Beititel *„Rübezahl"*, eines seiner beliebtesten Werke sowie *„Les Métamorphoses du jour"* op. 175. Über die Hintergründe der Komposition „*Un petit Morceau pour une charmante petite Personne*" op. 256 wüsste man vielleicht gerne mehr.

Voss entfaltete ein wahres Feuerwerk an Salonmusik und benannte dieses in einem Fall auch entsprechend: „*Course pyrotechnique, galop de bravoure*", op. 290. In Bezug auf Prinzessin Elisabeth aus Possenhofen ist ein Stück bemerkenswert, das sich mit dem bayerischen Löwen befasst: „*Le Lion de Bavière, chant héroique national, morceau de bravoure*", op. 314. [353]

Allein angesichts der ausgewählten Titel erscheint die oben ausgeführte Kritik seiner Rezensenten und Biografen nachvollziehbar, doch darf nicht vergessen werden, dass diese ihre Artikel in einer Zeit schrieben, als man der seichten Salonwerke sattsam überdrüssig und der Tiefpunkt der klassischen Salonmusik erreicht war. Nur einige Jahrzehnte später fällt das Urteil über sein Werk bereits wesentlich positiver aus. Voss, so heißt es 1929 in Riemanns renommiertem Musiklexikon, habe: „[…] eine Unzahl von Klaviersachen brillanten Genres […]" verfasst, „[…] *unter denen sich jedoch auch einige Werke von höherem Wert, Konzerte, Etüden, Variationen usw. befinden*".[354] Einige seiner Werke erlebten damals sogar Neuausgaben.

Zu vieles ist von dem einst so erfolgreichen Pariser Salonlöwen Charles Voss aus Vorpommern in Vergessenheit geraten, Leben und Werk harren noch einer gründlichen musikwissenschaftlichen Aufarbeitung.

Rosenblatt

Keine Hochzeit ohne Blumen! Gestreute Rosenblätter, als bedeutungsvollste unter den Blütenbättern, bilden den roten Teppich des Brautpaares. Der Brauch ist seit antiker Zeit bekannt. Mit dem Duft der Blätter sollten alle Götter gütig gestimmt werden. Die Blüten selbst sind Symbol der Fruchtbarkeit.

Dementsprechend vertonte bereits Johann Sebastian Bach (1685–1750) zum Abschluss der Hochzeitskantate *„Weichet nur, betrübte Schatten"* (BWV 202) die nachstehenden Verse als Wunsch an die Eheleute:

> *Sehet in Zufriedenheit*
> *tausend helle Wohlfahrtstage,*
> *dass bald bei der Folgezeit*
> *eure Liebe Blumen trage.*

Mit seinem Beitrag zum Fest-Album wollte Charles Voss zu den vielen huldigend zur Hochzeit ausgestreuten Rosenblättern sicher ein unvergängliches Blatt hinzufügen. Tatsächlich ist es *ein* Blatt, auf dem die Noten aufgeschrieben sind. Vorder- und Rückseite zusammen ergeben dieses Kleinod der Salonkunst: ein Rosenblatt.

Die Schönheit des Gegenstandes gibt Anregungen für den musikalischen Ausdruck. Farbenreichtum, Anmutigkeit der Form und nicht zuletzt die Aura des wohlriechend schwebenden Duftes inspirierten von jeher Poeten zu romantischen Zeilen. Doch wie klingt ein Rosenblatt? Liegt einer Komposition ein Text zugrunde, wie etwa im Fall von Franz Schubert (1797–1828), der das Gedicht „Die Rose" von Friedrich von Schlegel (1772–1829) zum Lied gestaltete, dann sind Bedeutungen des Klanges nachvollziehbar.[355] Schwieriger – wenn nicht sogar ausgeschlossen ohne Kenntnis der Verse – ist dies bei der Umsetzung des Schubertliedes durch Franz Liszt (1811–1886) aus dem Jahre 1833 als Werk allein für das Klavier.[356] Charakterstücke, wie das Rosenblatt von Charles Voss, mussten sich schon in ihrer Blütezeit harte Kritik gefallen lassen, denn Massenware geringer Qualität bestimmte das Angebot auf dem Markt. Problematisch wurden bereits die teils beliebig austauschbaren oder musikalisch unrealisierbar vielversprechenden Titel angesehen.[357] Diesbezüglich kommt in einer anonym verfassten Satire ein fiktiver Musikverleger anlässlich der Rücksendung eines Konvoluts von Salonstücken an den Komponisten zu Wort:

„Die Musik – nun ich glaube Ihnen selbstverständlich aufs Wort, daß sie genau so klingt, wie es der Titel angibt, sonst hätten Sie sie ja doch nicht so getauft. Ich habe also darüber gar kein Wort zu verlieren. Ich brauch mir nur Ihr op. 1480 vorzuspielen, um sofort die Vorstellung von prächtigen gaukelnden Goldschmetterlingen zu haben; auch weiß ich nun, wie Rosenknospen unter Musik gesetzt riechen. Geradezu wundervoll ist auch bei Ihrem op. 1530 die Vorstellung, die man vom Lockenköpfchen bekommt usw. usw."[358] Ungezählt sind gerade die Blumenstücke mit Bezeichnungen wie Maiglöckchen, Narzissen, Tulpenstrauß, Myrtenkränzchen oder eben Rosen aller Art.[359] Doch Titel und ebenso Titelbild einer Ausgabe waren nicht nur verkaufsstrategisch

notwendig, sie waren auch wesentliche Merkmale für die Salonfähigkeit einer Komposition überhaupt: *„Extraordinäre Bezeichnungen"* waren nichts anderes als der *„musikalische Frack"*, der dem Werk Tor, Tür und Flügelklappen aller kunstsinnigen Salons öffnete.[360]
Für Kaiserin und Volk hatten *„Rosenstücke"* einen sehr weitreichenden Beziehungshorizont. Ähnlich wie Prinzessin Diana *„Königin der Herzen"* genannt wurde, trug auch Elisabeth einen Volkstitel. Sie war die *„Rose von Bayern"*. Diesen Titel greift der österreichische Lyriker Johann Nepomuk Vogl (1802–1866) für sein Gedicht zur Hochzeit auf:

Rose von Baierland,
G'rad im Erblüh'n,
Sollst nun am Donaustrand
Duften und glüh'n.[361]

Billett zur Vermählung
des Kaiserpaares

Noch vor der Hochzeit aber stand die Brautwahl an. Dies geschah für die familiäre Öffentlichkeit am Festball zum Vorabend des Kaisergeburtstages, am 17. August 1853 in Bad Ischl, als Franz Joseph nach dem Kotillon zum Zeichen dafür, dass Elisabeth seine Auserwählte sei, ihr sein Bukett überreichte. Alle Anwesenden wussten das traditionelle Zeichen zu deuten, nur die junge Sisi verstand es nicht. Damals beschrieb Erzherzogin Sophie (1805–1872), die Mutter des Bräutigams, Elisabeths Aussehen ausführlich ihrer Zwillingsschwester Königin Marie von Sachsen (1805–1877) in einem Brief. Auch Sophie sah die zukünftige Braut rosengleich vor Augen:

„In ihren schönen Haaren hatte sie einen großen Kamm stecken, der die Zöpfe rückwärts zurück-hielt, sie trägt die Haare nach der Mode aus dem Gesicht gestrichen. Die Haltung der Kleinen ist so anmutsvoll, so bescheiden, so untadelig, so graziös ja beinahe demutsvoll, wenn sie mit dem Kai-ser tanzt. Sie war wie eine Rosenknospe, die sich unter den Strahlen der Sonne entfaltet, als sie ne-ben dem Kaiser beim Kotillon saß. Sie erschien mir so anziehend, so kindlich bescheiden und doch ihm gegenüber ganz unbefangen. Es waren nur die vielen Menschen, die sie einschüchterten.“[362]
Damit war eine Charakterisierung gegeben, die für das weitere Lebensschicksal der Kaiserin bezeichnend werden sollte. Dem Eindruck der zukünftigen Schwiegermutter entsprechend, zeigt das als Faltkarte gestaltete Vermählungsbillett des Kaiserpaares die Braut im Medaillon-bild, symbolisch ausdrucksvoll umschlossen von einer Rosenknospe links und einer sich frisch öffnenden jungen Rose rechts (Abb. S. 199).

Aufsehen erregte auch ein Rosengeschenk, das Elisabeth noch vor der Hochzeit erhielt: Franz Joseph überbrachte ihr im winterlichen München 1853 als Weihnachtsgeschenk seiner Mut-ter einen Strauß und einen Kranz aus frischen Rosen.[363]

Ein weiteres außergewöhnliches Rosenkapitel im Leben von Kaiserin Elisabeth steht im Zu-sammenhang mit ihrem Cousin und Verehrer, König Ludwig II. von Bayern (1845–1886). Eli-sabeth zu Ehren gab er den Auftrag aus, auf der Roseninsel im Starnberger See ein poetisches Lusthaus im Stil einer römischen Villa zu bauen. Im Jahre 1881 ließ sich Elisabeth in einem Kahn zur Roseninsel rudern, um dort König Ludwig zu besuchen. Die kleine, höchst roman-tische Insel mit dem winzigen Palais bevorzugte der König, um vor der Last der Regierungs-geschäfte in die Einsamkeit zu entfliehen: *„Vor allem wenn im Juni die 15000 dort gesetzten Rosen in voller Blüte standen, reiste er auf seinem Dampfschiff Tristan an und wollte niemanden* *sehen außer seiner Cousine Elisabeth. Diese brachte diesmal ihren Mohren Rustimo mit. Stumm wie meistens saßen die beiden beieinander und genossen den Rosenduft.*"[364] Aus der Begebenheit entwickelte sich später ein Gedichtwechsel zwischen den Verwandten. Elisabeth begann ihn 1885 als *"Gruss von der Nordsee"* mit folgenden Strophen:

Du Adler, dort hoch auf den Bergen,
Dir schickt die Möve der See
Einen Gruss von schäumenden Wogen
Hinauf zum ewigen Schnee.

Einst sind wir einander begegnet
Vor urgrauer Ewigkeit
Am Spiegel des lieblichsten Sees,
Zur blühenden Rosenzeit.

Stumm flogen wir nebeneinander
Versunken in tiefer Ruh …
Ein Schwarzer nur sang seine Lieder
Im kleinen Kahne dazu.[365]

Auf Ludwigs Antwortgedicht folgen weitere von Elisabeth, in denen das Rosenmotiv aufgegriffen wird, bis hin zum Abschied Elisabeths von Ludwig am Grab des Königs.[366]

Unter den zahllosen, zur Hochzeit des Kaiserpaares geschenkten Gedichten[367] trägt eines den Titel: *"Ein Rosenblatt auf den Traualtar"*. Darin heißt es an Elisabeth gewandt:

Blicke von den sonnigen Herrscherhöhen
Gnädig auf Dein Volk hernieder!
Laß vergebens nicht um Lieb' es flehen!
Gib ihm eine Mutter wieder!! [368]

Zwei Ausrufezeichen markieren wohl den doppelten Wunsch, der in dieser Zeile angesprochen wird. Eine gütige Landesmutter und Mutter eines Thronfolgers sollte Elisabeth sein. Mit dem Blick auf die Blumen als Fruchtbarkeitssymbol stellten sich vier Ereignisse im Kaiserhause ein. Die erste Tochter des Paares, Sophie (1855–1857), verstarb schon im Alter von zwei Jahren. Tochter Gisela (1856–1932) war im Zeichnen und Malen talentiert. Als einziger Sohn folgte Kronprinz Rudolf (1858–1889), der seinen Tod in den als „Affäre Mayerling" bekannten Geschehnissen fand.[369] Viertes Kind der Ehe, die musikalisch begabte Marie Valerie (1868–1924), war eine große Förderin Anton Bruckners (1824–1896). Er begleitete ihre Hochzeit mit Erzherzog Franz Salvator (1866–1939) im Jahre 1890 an der Orgel.

Pathetisch und patriotisch gestimmt geht es im oben auszugsweise zitierten Hochzeitsgedicht an die Adresse der Kaiserin weiter:

Du wirst's! Uns sagt's ein ahnend Fühlen!
Du wirst des Scepters Erz in Rosen hüllen –
Wenn sich Franz Josef's Stirn von Sorgen trübt,
Wirst Du Ihm sagen, wie Ihn Oestreich liebt!
Du reichest Ihm des Himmels Seligkeit,

Du hebst Ihn liebend über Raum und Zeit!
Du wirst durch holde, anmuthvolle Jugend,
Durch Weisheit, durch Gerechtigkeit und Tugend
In guten, wie in sturmbewegten Tagen
Den Namen Oestreichs zu den Sternen tragen.

Wie anders klingt diesen Zeilen gegenüber das „*Rosenblatt*" von Charles Voss. Auch nach über 150 Jahren ist es erfrischend, angenehm zu hören. Ohne den Titel müsste man nicht an ein Rosenblatt denken, doch lenkt diese Vorgabe Interpreten wie Zuhörer in ihren Gedanken.[370] Dadurch wird die Musik Auslöser von sentimentalen Empfindungen, von Fantasien und Tagträumen, die einerseits als Wirklichkeitsflucht, andererseits als Hoffnungsperspektive wahrgenommen werden können.[371] Glücksempfinden und Freude möchte die Musik im Namen der Rose evozieren.

Komponierte Schachprobleme – Rudolf Willmers (1821–1878)

Von dem Pianisten, Klavierlehrer und Komponisten Rudolf Willmers sagte man scherzhaft, er spiele Musik und komponiere Schachprobleme. Tatsächlich genoss der *„Hofcomponist"* des Kaisers von Österreich und Inhaber der österreichischen goldenen Medaille für Kunst und Wissenschaft große Bewunderung als Schachspieler. Im großen Turnier des amerikanischen Schachvereines zu New York gewann er 1858 den ersten Preis für *„Problemcomposition"*. Willmers war Mitglied des Budapester Schachclubs sowie Mitbegründer der Wiener Schachgesellschaft. In der *„Leipziger Illustrirten Zeitung"* wurden seit 1856 Willmers` *„Schachprobleme"* veröffentlicht, die in Fachkreisen als ideenreich und scharfsinnig beliebt waren.

Der wohl in Berlin geborene Willmers erhielt seine musikalische Ausbildung zunächst im Elternhaus bei seiner französischen Mutter und dem aus Dänemark stammenden Vater.[372] Als vermeintlich letzten Schüler unterrichtete ihn Johann Nepomuk Hummel (1778–1837) in Weimar, ausbildungsabschließend Johann Christian Friedrich Schneider (1786–1853) in Dessau. Konzertreisen führten ihn seit 1838 durch Norddeutschland und Skandinavien. Hauptwirkungsstätte war für Willmers seit 1853 die Musikmetropole Wien. Lediglich gegen Mitte der 1860-er Jahre folgte er einem Ruf zurück nach Berlin als Professor des *„Clavierspiels"* am Sternschen Conservatorium, doch schon nach zwei Jahren gab er diese Stellung wieder auf und kehrte in seine Wahlheimat Wien zurück. Eine plötzlich auftretende Geisteskrankheit ist mitverantwortlich für seinen frühen Tod im Jahre 1878.

Willmers hat unter den 126 mit Opuszahl versehenen Werken zahlreiche Konzertstücke, Salonkompositionen, Etüden und Sonaten herausgegeben. Mit Vorliebe wählte er nordische Motive. Seine norwegischen und dänischen Nationallieder waren seinerzeit sehr beliebt. Auch ungarische und spezifisch wienerische Themen behandelte er musikalisch. Nicht wenige der Werke erschienen, wie auch das *„Melodische Scherzo"* für die kaiserliche Hochzeit, im Verlag von Carl Haslinger in Wien.

In Wurzbachs *„Biographischem Lexikon des Kaiserthums Oesterreich"* wird Willmers Lebensleistung 1888 wie folgt beurteilt: *„Willmers zählt zu den gediegeneren Vertretern der im Uebrigen flachen und zum Jammer aller wahren Musikfreunde als wahre Clavierpest grassirenden sogenannten Salonmusik, er ist sozusagen ein Nachzügler aus dem »goldenen Zeitalter« der Virtuosen, sowohl was Spiel wie Composition betrifft.*"[373] Diese durchaus positive Wertung teilte allerdings der Musikkritiker Eduard Hanslick (1825–1904) schon zu Lebzeiten Willmers nicht. Hanslick lehnte vorausschauend früh den sogenannten *„vormärzlichen"* Virtuosentyp ab, der Musik nur um der Technik willen betreibt, zugunsten eines neuen *„empfindsamen"* Stils, wie er damals seines Erachtens etwa bereits von Clara Schumann (1819–1896) praktiziert wurde.[374]

Als Willmers im April 1849 sein erstes Konzert in Wien gab, schrieb Hanslick rezensierend in der Wiener Zeitung: *„Die liebenswürdige Persönlichkeit des Herrn Willmers verdiente, daß er stets vor vollen Häusern spielte; ob dieser freundliche Wunsch erfüllt werden wird, ist eine andere Frage. Die Zeit, wo das Glitzern und Flimmern einer inhaltlosen Virtuosität das ganze Publicum und die gesammte Journalistik in Delirium versetzen konnte, diese Zeit »glücklicher« Naivität scheint vorüber zu sein.“*[375] In der Konzertsaison 1853/1854, also kurz vor Entstehung des Elisabeth-Fest-Albums, gastierte Willmers auch in Wien. Wenig erfreut über die allgemeine Situation in der Sparte der Klaviervirtuosen bemerkt Hanslick marginal *„Willmers trillernde Seufzer“* zur Vortragscharakteristik.[376] Angespielt wird hier wohl auf die effektreichen Triller-Ketten der *„Caprice-Etude“*, op. 69.[377]

Nicht bravouröse Technik, allein als Kunststück vorgeführt, sollte nach Hanslick die Zukunft der Klavierkonzerte bestimmen, er verlangte nach Nahrung für Geist, Herz und Gemüt im ausdrucksvollen Vortrag des Pianisten.[378]

Geradezu vernichtend klingt letztlich Hanslicks Besprechung des Konzertes aus dem Jahre 1867. Der Rezensent war der Vortragsweise des Pianisten überdrüssig und urteilt nicht im Sinne des noch immer begeisterten Publikums über Willmers: *„Als er vor etwa 25 Jahren zuerst in Oesterreich erschienen war, umgab ein gewisser exotischer Schimmer das blond umwallte Haupt des jungen Dänen, der mit seiner Transcription: »Flieg', Vogel, flieg'!« und anderen Süßig-keiten viel Glück machte. Bei aller Anerkennung seiner eleganten Technik, insbesondere seines be-rühmten Trillers, haben wir Willmer's Spiel damals schon nur in den mäßigsten Gaben vertragen können. Es lag eine ungemeine Leere und Mattseligkeit in diesem Spiel, wie in seinen einander auf's Haar ähnlichen Compositionen. Wie dürftig der musikalische Gehalt dieser Productionen war,* *erkannte man deutlich, als Willmers nach einigen Jahren wieder und wieder kam, in stets gleicher Weise trillerte und den »Vogel« zum Fliegen einlud.* "[379]

Auch wenn Rudolf Willmers zu der von Eduard Hanslick abgelehnten Pianistenkategorie gehörte, so konnte er doch in seiner Zeit mit seinen Konzerten und Kompositionen durchaus beeindrucken. Willmers war erst gut ein Jahr in Wien ansässig, als er das *„Melodische Scherzo"* zur Hochzeit schenkte. Er legte damit sicher einen Grundstein für seine Karriere, die ihn bis zum k. k. Kammervirtuosen und Hofkomponisten des Kaisers führte.

Melodisches Scherzo

Trompeten- oder Fanfarengleich startet das Werk festlich in H-Dur und das Thema ist noch nicht verklungen, da setzt im Bass bereits die Wiederholung des Tonsignals wie ein zweites Instrument ein. Alles steigert sich zu einem mächtig virtuosen Introitus im ersten Teil.

Deutlich ist zu hören, dass Rudolf Willmers hier, dem Anlass der kaiserlichen Hochzeit entsprechend, Anknüpfungen schafft an die höfische Musik des Barock. Dort, in der Tanzmusik jener Epoche, liegen die Ursprünge des Scherzos, nachdem es sich als rein instrumentaler Seitenzweig aus den vertonten Scherzgedichten der italienischen Musik des 17. Jahrhunderts herausgebildet hatte.

Doch bittet Willmers im zweiten Teil keineswegs zum aristokratischen Tanz eines Menuetts, hier beginnt unter der Spielanweisung *„giocoso"* (heiter, scherzhaft) eine wiegende Melodie mit pointierter Rhythmik, der wellenartige Bewegungen in der linken Hand unterlegt sind. Den für die Gattung des Scherzos traditionell verwendeten Dreivierteltakt wandelt Willmers variierend zum dynamikreicheren Sechsachteltakt, um der Bewegung Beschleunigung zu verleihen. Tanzen ist zu dieser Musik nicht mehr möglich. Vielmehr ist das Scherz-Stück in seinem Ausdruck ein freudiges Wiegen des Geistes und bisweilen von der Atmosphäre her auch ein Schwelgen in Glückseligkeit. Scheint in dieser Gestaltung etwa die Absicht Willmers auf, dem Brautpaar ein Eheleben in heiterer Harmonie zu wünschen? (Abb. S. 209)[380]

Das *Scherzo* des Komponisten Rudolf Willmers gehört zu den im 19. Jahrhundert selbstständig gewordenen, meist virtuosen Klavierstücken, wie sie unter dieser Bezeichnung auch von Frédéric Chopin (1810–1849) und Johannes Brahms (1833–1897) verfasst wurden.[381] Es bleibt jedoch daneben bis ins 20. Jahrhundert hinein Praxis, wie anfangs bei Joseph Haydn (1732–1809) und ausgeprägt bei Ludwig van Beethoven (1770–1827), das Scherzo zumeist als dritten Satz einer Sonate oder Sinfonie einzubinden.[382] In der Salonmusik tritt das Scherzo allein als erfreuendes Instrumentalstück heiteren Charakters auf, in dieser Ausprägung bildet es im Elisabeth-Fest-Album einen eindrucksvollen Schlussakzent, erfüllt von festlicher Harmonie.

„Unser Kaiserpaar als glückliche Neuvermählte im Park von Schloss Schönbrunn"

ANMERKUNGEN

1 Zitiert nach: Tschudy von Glarus 1854, S. 3.

2 Umfassende Monografien der Hochzeitsereignisse verfassten: Naske 1854; Tschudy von Glarus 1854; Werner 1854; d'Albon 1890. – Zum Mythos „Sisi" vgl.: Lindinger 1998, S. 28 ff.

3 Vgl.: Hamann 1988, S. 93.

4 Vgl.: Gathmann 1986, S. 13 ff.

5 Abbildung S. 2: „Kaiserin Elisabeth im Hochzeitsjahr 1854", Stahlstich von Josef Axmann (1793–1873), Reproduktion nach: Werner 1854.

6 Abbildung S. 10: „Gott segne das allerhöchste Kaiserpaar", Lithografie ohne Künstlerangaben, in Schmuckrahmen mit Wappen und den Veduten: Wien, St. Stephansdom; Possenhofen, Schloss; Wien, Augustinerkirche. – Abbildung S. 15: „Doppelporträt des Kaiserpaares in Halbfigur", kolorierte Lithografie von Eduard Kaiser (1820–1895) nach Zeichnungen desselben, Wien, datiert 1854; Druck: J. Höfelich, Wien; Verlag: L. T. Neumann, Wien.

7 Zitiert nach: Wiener allgemeine Theaterzeitung, hrsg. von Adolf Bäuerle, Nr. 94, Ausgabe vom 26. April 1854, S. 397.

8 Abbildung S. 19: „Elisabeth – Kaiserin von Oesterreich", vor Schloss Possenhofen, Lithografie von Heinrich Kohler (1808–1885), nach einer Fotografie von Friedrich Hohbach (1809–1877); Druck: „J. B. Kuhn's lith. Anstalt", Verlag: „Kohler & Comp.", München. – Abbildung S. 17: „Schloss Possenhofen", Xylografie, nach einer Zeichnung von Rudolf Cronau (1855–1939).

9 In Auszügen frei wiedergegeben nach: d'Albon 1890, S. 6.

10 Zitiert nach: d'Albon 1890, S. 7.

11 Beginn des Gedichtes „Am Würmsersee", zitiert nach: Tschudy von Glarus 1854, S. 8.

12 Abbildung: Ischl um 1850, Reproduktion nach: Baldi [um 1850].

13 Zum Vorangegangenen vgl.: Praschl-Bichler 2008, S. 75.

14 Vgl. ebd., S. 77 f.

15 Aus einem Brief der Erzherzogin Sophie an Prinzessin Amala Wasa, Ischl, 19.8.1853; wiedergegeben nach: Praschl-Bichler 2008, S. 78 f.

16 Vgl.: Baldi [um1850], S. 21. – Abbildung: Der Waldbach Strub bei Hallstatt, Reproduktion nach: Baldi [um 1850].

17 Wiener Zeitung, Ausgabe vom 24. August 1853. – Vgl.: Hamann 1997b, S. 39.

18 Aus einem Brief der Erzherzogin Sophie an ihren Sohn Ferdinand Maximilian, Ischl, 6.9.1853; wiedergegeben nach Praschl-Bichler 2008, S. 79.

19 Zitiert nach: Baldi [um 1850], S. 12 und 13.

20 Ebd., S. 12. – Abbildung S. 25: Ischl von der Seite des Praters, Reproduktion nach: Baldi [um 1850]. – Abbildung S. 24: „Ischl, unser Hotel zur Kaiserin Elisabeth", Anzeige, in: Leipziger Illustrirte Zeitung, Nr. 573, Ausgabe vom 24. Juni 1854, S. 416.

21 Zitiert nach: d'Albon 1854, S. 15.

22 Ebd., S. 15. – Abbildung: Hallstatt um 1850, Reproduktion nach: Baldi [um 1850].

23 Zitiert nach: Tschudy von Glarus 1854, S. 12.

24 Abbildung: „Die Abfahrt der hohen Braut aus dem elterlichen Hause durch das Siegesthor. München am 20. April 1854.", Lithografie von Anton Ziegler jun. (tätig um 1848); Druck: J. Höfelich, Wien.

25 Zitiert nach: Tschudy von Glarus 1854, S. 22 f.

26 Offizielles Festprogramm, in Auszügen wiedergegeben nach: Werner 1854, S. 6 f.

27 Zitiert nach: Leipziger Illustrirte Zeitung, Nr. 566, Ausgabe vom 6. Mai 1854, S. 298.

28 Abbildung: „Ankunft Ihrer Königlichen Hoheit der Herzogin Elisabeth von Bayern in Nußdorf bei Wien", Lithografie von Vinzenz Katzler (1823–1882), in: Wiener allgemeine Theaterzeitung, Beilage Nr. 13, Wien, April 1854.

29 Zitiert nach: Tschudy von Glarus 1854, S. 27.

30 Ebd., S. 28.

31 Ebd., S. 28 f.

32 Zitiert nach: Tschudy von Glarus 1854, S. 29 f. – Abbildung S. 40: „Wien. Schloss Schönbrunn um 1850", Zeichnung und Kupferstich: Adolph Rouargue (* 1810), Émile Rouargue (1795–1865), Paris. – Abbildung S. 39: „La Gloriette dans les Jardins de Schoenbrunn.", Kupferstich, Augustin François Lemaitre (1797–1870), Paris.

33 Zitiert nach: Tschudy von Glarus 1854, S. 33.

34 Ebd., S. 33 f.

35 Abbildung: „Einzug der Herzogin Elisabeth in Wien am 23. April: Ankunft an der Elisabethbrücke", Xylografie von

Eduard Kretzschmar (1807–1858) in: Leipziger Illustrirte Zeitung, Nr. 566, Ausgabe vom 6. Mai 1854, S. 292.

36 Abbildung: „Feierlicher Empfang ihrer Königl. Hoheit der Herzogin Elisabeth in Bayern durch den Bürgermeister Ritter von Seiller und den Gemeinderath der k. k. Haupt- und Residenzstadt Wien an der Elisabethen Brücke am 23. April 1854.", Lithografie von Franz Kollarž (1829–1894) nach eigener Zeichnung, Druck: J. Rauh.

37 Zitiert nach: Tschudy von Glarus 1854, S. 34.

38 Ebd., S. 35.

39 Abbildung: „Hof-Ansage.", zum Einzug des Kaiserpaares in die Hofburg, Druck; Österreichisches Staatsarchiv, Wien, HHStA, NZA 249, 1034.

40 Zitiert nach: Tschudy von Glarus 1854, S. 36 f.

41 Ebd., S. 37. – Abbildung: „Bewillkommnung der Herzogin Elisabeth an der Elisabethbrücke in Wien am 23. April.", Xylografie von Eduard Kretzschmar (1807–1858), in: Leipziger Illustrirte Zeitung, Nr. 566, Ausgabe vom 6. Mai 1854, S. 293.

42 Abbildung: „Der Josephsplatz in Wien", Stahlstich von Franz Hablitscheck (1824–1867), nach einer Zeichnung von Carl Würbs (1807–1876); Druck & Verlag: G. G. Lange, Darmstadt.

43 Abbildung: „Feierliche Vermählung in der Augustinerkirche am 24. April 1854.", Lithografie von Karl Lanzedelly (um 1806–1865), Wien.

44 Abbildung S. 52: Sitzordnung in der Augustinerkirche zur Vermählungsfeier des Kaiserpaares, Druck; Österreichisches Staatsarchiv, Wien, HHStA, NZA 249, 1002. –

Abbildung S. 53: „Einlaß-Karte", Druck; ebd., HHStA, NZA 249, 1058.

45 Abbildung: „Die Vermählung Seiner kaiserlich königlichen Apostolischen Majestät Franz Joseph I. mit Ihrer königl. Hoheit der durchlauchtigsten Prinzessin u. Herzogin Elisabeth in Baiern, in Wien.", Lithografie, ohne Angabe der Künstler; Druck & Verlag: F. Werner, Wien.

46 Vgl.: „Die Presse", Wien, 7. Jg., Nr. 95, Ausgabe vom 25. April 1854.

47 Abbildung S. 57: „Trauung des Kaisers Franz Joseph von Oestreich mit der Herzogin Elisabeth in Baiern in der Augustinerkirche in Wien am 24. April.", Xylografie von Eduard Kretzschmar (1807–1858), in: Leipziger Illustrirte Zeitung, Nr. 566, Ausgabe vom 6. Mai 1854, S. 296. – Abbildung S. 35: „Medaille anlässlich der Vermählung des Kaiserpaares Franz Josef I. und Elisabeth am 24. April 1854", Revers-Seite der Gedächtnis Medaille von Konrad Lange (1806–1854).

48 Zitiert nach: Rauscher 1854, o. S. [1].

49 Ebd., o. S. [2 f.].

50 Zitiert nach: d'Albon 1890, S. 35.

51 Vgl.: Unterreiner 2006, S. 34 f.

52 Sog. „Courschleppe", Wien 1854; Wien, Kunsthistorisches Museum, Monturdepot, Inv.-Nr. N 207.

53 Zitiert nach: Iris, Pariser Damen Zeitung, hrsg. von Edmund Ludewig, VI. Jahrgang, 4. Lieferung, Ausgabe vom 23. April 1854, S. 64. – Abbildung: „Portrait de S. M. Elisabeth Duchese de Baviere. Imperatrice d'Autriche", kolorierte Lithografie; ebd., Beilage Nr. 16. – Als Stickmuster-

vorlage ist der Ausgabe beigegeben: „Das Bildnis der hohen Kaiserbraut, mit allegorischer Umgebung, in Prachtstickerei auszuführen.", vgl. ebd., S. 61 ff.

54 Abbildung: „Die große Cour im Ceremoniensaale der k. k. Hofburg in Wien am 24. April.", Xylografie von Eduard Kretzschmar (1807–1858), in: Leipzig Illustrirte Zeitung, Nr. 566, Ausgabe vom 6. Mai 1854, S. 297.

55 Zitiert nach: Tschudy von Glarus 1854, S. 51.

56 Für den Hinweis auf das Tagebuch und die Mithilfe bei den Recherchen zu den daraus wiedergegebenen Notizen gilt mein besonderer Dank Frau Dr. Ingrid Haslinger; sie erstellt z. Zt. eine Biografie über die Erzherzogin Sophie. – Der Familie von Habsburg sei herzlich für die Genehmigung zur Einsicht in das Tagebuch gedankt.

57 Österreichisches Staatsarchiv, Wien, HHStA, Nachlass Erzherzogin Sophie. – Buchformat: H. 15,4 cm; B. 9,9 cm; T. 0,8 cm.

58 Bischof Franz Xaver Zenner (1794–1861).

59 Die sog. „Josephskapelle" befindet sich im Leopoldinischen Trakt der Hofburg und gehört z. Zt. zum Bereich der Österreichischen Präsidentschaftskanzlei. Eine „Schranktür" bildet den Eingang zum Oratorium, von dem aus es der kaiserlichen Familie möglich war, unbemerkt am Gottesdienst teilzunehmen.

60 Die mehrteilige Schreibtischgarnitur Elisabeths aus vergoldetem Silber und Lapislazuli von Franz Jauner (1808–1889) blieb erhalten. Vgl.: Waissenberger/Walther 1986, Nr. 5/14, S. 194. – Jauner wurde auf Grund seiner Kunstfertigkeit auch der „Wiener Cellini" genannt.

61 Friedrich August II. von Sachsen (1797–1854) und Maria Anna Leopoldine von Bayern (1805–1877) heirateten am 24. April 1833. – Maria Anna war die Zwillingsschwester von Erzherzogin Sophie. Bereits kurz nach der Kaiserhochzeit, am 9. August 1854, kam Friedrich August bei einem Unfall mit einem Pferdewagen in Tirol zu Tode.

62 Erzherzogin Sophie beschreibt im Folgenden ihr Kleid und erwähnt Smaragde, Diamanten sowie Diamantohrringe als Ausstattung. Zu ihrer Robe berichtet Carl Naske: „Ihre kaiserliche Hoheit die Frau Erzherzogin Sophie trug ein weißes, reich mit Gold und Silber eingewirktes rundes Kleid, einen Manteau de cour von amaranth-rothem Velours ottoman, ebenfalls mit Gold und Silber gestickt; Corsage und Aermel des Kleides waren mit Goldspitzen garnirt; auf dem Haupte ein Diadem und rückwärts eine Goldbarbe [Spitzenband] in das Haar gesteckt." Zitiert nach: Naske 1854, S. 98.

63 Übersetzungen nach: Tagebuch der Erzherzogin Sophie, Buch 8 (April–Juni), Eintrag vom 24. April 1854; Österreichisches Staatsarchiv, Wien, HHStA, Nachlass Erzherzogin Sophie.

64 Abbildung: „Stellt die Ansicht des Platzes die Freyung mit dem dortigen beleuchteten Bassins von Seite des Zuganges vom Haidenschuss dar.", Blatt V. des sog. Bürgermeister-Albums, Gouache von Cajetan Schiefer und Rudolf Niernsee, Wien 1854; Wien Museum, Inv. Nr.: HMW 75859/6.

65 Zitiert nach: Tschudy von Glarus 1854, S. 56.

66 Ebd., S. 57. – Ein Klafter ≙ 1,8965 Meter.

67 Das Josephstädter-Glacis erstreckte sich zwischen der heutigen Auersperg- und Lenaugasse, der Ringstraße, Universitätsstraße und dem Schmerlingplatz. Das Areal wurde ab 1783 bis zur Errichtung des Neuen Wiener Rathauses (Bauzeit: 1872–1883) als Exerzierplatz genutzt.

68 Zitiert nach: Oesterreichs Jubeltage oder Wien am 22. bis 30. April 1854, Heft IV. Das allgemeine Volksfest im k. k. Prater und die sonstigen Festivitäten zur Feier der allerhöchsten Vermählung, Wien 1854, S. 9.

69 Vgl.: Mraz 1997, S. 30. – Praschl-Bichler 2008, S. 88, Anm. 9.

70 Vgl.: Haus-, Hof- und Staatsarchiv (HHStA) Wien, Neuere Zeremonialakten (ZA) 249, 13-62/27 (1854).

71 Zitiert nach: HHStA Wien, ZA Prot. 66, S. 115 f. (Eintrag zum 26. April 1854). – Einpuderung: Perücken, etc.

72 Wiedergegeben nach einer Menükarte vom 18. August 1858. Vgl.: HHStA Wien, PA XXXVIII/126. – Für den Hinweis auf die Menükarte und zahlreiche Informationen zum Tafelzeremoniell sei Frau Dr. Ingrid Haslinger herzlich gedankt.

73 Über den Ablauf eines Diners zur Zeit Kaiser Franz Josephs informiert grundlegend: Haslinger 1997, S. 37. – Vgl. ferner zu „Elisabeths Ideen vom gedeckten Tisch": Haslinger 2001, S. 95 f. und „Tafeln mit Sisi": Haslinger 2007.

74 In Auszügen zitiert nach: Werner 1854, S. 88–90.

75 Abbildungen: „Kaiser Franz Joseph und Kaiserin Elisabeth am Tage der Hochzeit", Xylografie von Eduard Kretzschmar (1807–1858), in: Leipziger Illustrirte Zeitung, Nr. 564, Ausgabe vom 22. April 1854, S. 268, 296.

76 Zitiert nach: Oesterreichs Jubeltage oder Wien am 22. bis 30. April 1854, Heft IV. Das allgemeine Volksfest im k. k. Prater und die sonstigen Festivitäten zur Feier der allerhöchsten Vermählung, Wien 1854, S. 11 f.

77 Zitiert nach: Tschudy von Glarus 1854, S. 102 f.

78 Ebd., S. 104.

79 Ebd., S. 105.

80 Ebd., S. 103.

81 Ebd., S. 106.

82 Ebd., S. 106–108 in Auszügen. – Abbildung: „Die Praterfahrt Ihrer Majestäten, des Kaisers Franz Josef und der Kaiserin Elisabeth.", Lithografie, ohne Angabe der Künstler, in: Wiener allgemeine Theaterzeitung, hrsg. von Adolf Bäuerle, erschienen als Bildbeilage Nr. 22; Druck: M. Bäcker, Wien 1854.

83 Ebd., S. 108.

84 Abbildung: „Giebt die Uibersicht von der innern Ausschmükung der großen k. k. Winter-Reitschule bei dem von der Commune Wiens am 30ten April 1854 abgehaltenen Vermählungs-Festball.", Blatt IX. des sog. Bürgermeister-Albums, Gouache von Cajetan Schiefer und Rudolf Niernsee, Wien 1854; Wien Museum, Inv. Nr.: HMW 75859/10.

85 Zitiert nach: Tschudy von Glarus 1854, S. 108 f.

86 Zitiert nach: Werner 1854, S. 101 f.

87 Brief der Erzherzogin Sophie an ihren Sohn Ferdinand Maximilian, Schönbrunn, 10. Oktober 1853. Zitiert nach: Praschl-Bichler 2008, S. 82.

88 Vgl. ebd., S. 82f f.

89 Abbildung: „Laxenburg", Stahlstich von John James Hinchliff († 1875), nach einer Zeichnung von Jacob Alt (1789–1872); Druck: E. Grünewald, Darmstadt.

90 Vgl.: Hamann 1997b, S. 72.

91 Zitiert nach: d'Albon 1890, S. 41.

92 Vgl.: Hamann 1997b, S. 66.

93 Zitiert nach: Oesterreichs Jubeltage oder Wien am 22. bis 30. April 1854, Heft IV. Das allgemeine Volksfest im k. k. Prater und die sonstigen Festivitäten zur Feier der allerhöchsten Vermählung, Wien 1854, S. 22.

94 Zitiert nach: Leipziger Illustrirte Zeitung, Rubrik: Hofnachrichten, Ausgabe Nr. 567, vom 13. Mai 1854, S. 340.

95 Wiedergegeben aus dem Film: „Lord Nelsons letzte Liebe" von Alexander Korda (Regie), GB 1941.

96 Abbildung: „Allegorie auf das frisch vermählte Kaiserpaar", Lithografie von Eduard Friedrich Leybold (1798–1879) nach einer Zeichnung von Carl Geiger (1822–1905); Druck: J. Höfelich, Wien. – Beistehend das Gedicht „OESTERREICHS STOLZ UND FREUDE." von J. G. Seidl: „An des Kaisers Seite waltet, / Ihm verwandt durch Stamm u. Sinn, / Reich an Reiz der nie veraltet / Unsere holde Kaiserin. // Was als Glück zuhöchst gepriesen, / Ström'auf Sie der Himmel aus: / Heil Franz Josef, Heil Elisen, / Segen Habsburgs ganzem Haus!" – Zum Wechselverhältnis von Geschichte und Religion in der Historienkunst des 19. Jahrhunderts vgl.: Telesko 2009.

97 Zitiert nach: Oesterreichs Jubeltage oder Wien am 22. bis 30. April 1854, Heft IV. Das allgemeine Volksfest im k. k. Prater, Wien 1854, S. 13.

98 Ebd.: Oesterreichs Jubeltage oder Wien am 22. bis 30. April 1854, Heft IV., S. 5.

99 Zur Entstehung der neuen „Kaiserhymne" im Umfeld der Hochzeitsereignisse sowie zu weiteren Kompositionen, die als Hochzeitsgeschenk 1854 überreicht wurden, vgl. auch den Beitrag von Walter Deutsch, in: Mraz 1997, S. 19 ff.

100 Zum Walzer „Myrthenkränze" op. 154, vgl.: Johann Strauß (1825–1899), Walzer, Bd. 3, Kritische Gesamtausgabe, hrsg. von Michael Rot, Wien [o. J.], S. XVII. – Bruckner/Praschl-Bichler 1998, S. 45.

101 Vgl.: Hamann 1987, S. X.

102 Im Österreichischen Staatsarchiv Wien ist ein Brief Aßmayr's vom 8. April 1854 erhalten, in dem er um Zulassung der Musiker zur Hochzeitszeremonie bittet (Neuere Zeremonialakten, Karton 249). Eine handschriftlich verfasste Liste führt Instrumentalisten wie Chormitglieder namentlich auf. Insgesamt wirkten 110 Personen mit, etwa die Hälfte davon im Chor.

103 Vgl.: Praschl-Bichler 2008, S. 88, Anm. 9.

104 Vgl.: Bruckner/Praschl-Bichler 1998, S. 82.

105 Vgl.: Brosche 1987, S. VIII.

106 Zitiert nach: Hamann 1987, S. XI.

107 Vgl.: Gulda, Rico: Musik zu Sisi's Hochzeit 1854. Wien grüsst mit Jubel und Gesängen, Audio CD der EMI Music Austria (5 57826 2), Aufnahme im Ehrbar-Saal, Konzertsaal der Stadtinitiative Wien, 2004.

108 Abbildung: Zweite von drei Voranzeigen zum Elisabeth-Fest-Album, in: Wiener allgemeine Theaterzeitung, hrsg. von Adolf Bäuerle, Nr. 59, Ausgabe vom 14. März 1854, S. 252. – Desgleichen: Nr. 1, Ausgabe vom 12. März 1854, S. 248; Nr. 3, Ausgabe vom 17. März 1854, S. 264.

109 Vgl.: Neue Zeitschrift für Musik, 40. Bd., Nr. 12, Ausgabe vom 17. März 1854, Rubrik: Vermischtes, S. 130.

110 Beispiel zitiert nach: „Der Wanderer", Morgenblatt, Wien, Ausgabe Nr. 172, vom 14. April 1854, Rubrik „Wiener Nachrichten". – Vgl. z. B. auch die Anzeigen in: Wiener allgemeine Theaterzeitung, hrsg. von Adolf Bäuerle, Nr. 85, Ausgabe vom 14. April 1854, Rubrik „Aus der Musikwelt", S. 359. – Wiener Zeitung, Nr. 90, Ausgabe vom 15. April 1854, S. 1022; desgl. Nr. 97, Ausgabe vom 23. April 1854, S. 1111; desgl. Nr. 99, Ausgabe vom 25. April 1854, S. 1133. – Neue Wiener Musik-Zeitung, Ausgabe vom 9. März 1854, S. 46; desgl. Ausgabe vom 20. April 1854, S. 70. – Ankündigungen erschienen auch in: Iris, Pariser Damen Zeitung, hrsg. von Eduard Ludewig, VI. Jahrgang, Ausgabe vom 23. März 1854, S. 48; Ausgabe vom 15. April 1854, S. 60.

111 Abbildungen: Titelseite und Inhaltsverzeichnis, Lithografien bez. „Berndt", evtl. Wilhelm Berndt, nachmals Freytag & Berndt und Artaria, Wien; in: Elisabeth-Fest-Album für Pianoforte-Spieler. Zur Feier der allerhöchsten Vermählung Sr. k. k. apost. Majestät des Kaisers Franz Josef I. herausgegeben von Carl Haslinger, Wien 1854.

112 Zum Verlag vgl. den Artikel: „Haslinger", in: MGG, Personenteil, Bd. 8, Kassel u. a. 2002, Sp. 775–778 (B. Boisits, A. Weinmann).

113 Vgl. ebd., Sp. 777.

114 Vgl.: Gut 2009, S. 710 (Liszt-Besuch zum 19. April 1838); S. 741 (Liszt-Besuch von Juni bis September 1846 in Wien, zu dieser Zeit jedoch bereits bei Carl Haslinger, der Vater starb 1842).

115 Diese und nachfolgende Angaben zum Revolutionsgeschehen nach: Zöllner, Erich: Geschichte Österreichs. Von den Anfängen bis zur Gegenwart (1. Auflage 1961), 8. Auflage Wien/München 1990, S. 335–360.

116 Vgl. ebd., S. 359.

117 Zitiert nach: Zöllner 1990, S. 360.

118 Vgl. ebd., S. 360.

119 Vgl.: Hamann 1997a, S. 69.

120 Vgl.: Böhringer 1854, S. 22.

121 Zitiert nach: Naske 1854, S. 153.

122 Abbildung: „Die Klavierspielerin" (auch: „Dame am Spinett"), Fotogravüre von Richard Paulussen (1852–1906); Druck und Verlag der Gesellschaft für vervielfältigende Kunst in Wien. Nach dem Gemälde von Josef Danhauser (1805–1845), signiert und datiert 1844, Privatbesitz. – Vgl.: Grabner, Sabine: Der Maler Josef Danhauser, Biedermeierzeit im Bild, Monografie und Werkverzeichnis (Ausstellungskatalog: Belvedere, Wien, 22. Juni bis 25. September 2011), Wien 2011, Werkverzeichnis Nr. 396, S. 133 f., 303.

123 Zitiert nach: Hanslick 1897, S. 207 f.

124 Zitiert nach: Wiener allgemeine Theaterzeitung, hrsg. von Adolf Bäuerle, Nr. 83, Ausgabe vom 12. April 1854, Rubrik: „Aus der Musikwelt", S. 351.

125 Vgl.: Hamann 1987, S. XI u. XII.

126 Zitiert nach: Hamann 1987, S. XII.

127 Zitiert nach: Wiener allgemeine Theaterzeitung, hrsg. von Adolf Bäuerle, Nr. 109, Ausgabe vom 13. Mai 1854, Rubrik: „Aus der Musikwelt", S. 459. – Die Rezension folgt einer Vorlage der Hamburger-Theater-Chronik.

128 Zur sog. Salonmusik vgl.: Dahlhaus 1967; Ballstaedt/Widmaier 1989.

129 Vgl.: Fehlinger 1967, S. 141.

130 Vgl. ebd., S. 133 f.

131 Zitiert nach: Kindl 2010, S. 189.

132 Zur Konfrontation der Pianisten vgl.: Hildebrand 1985, S. 143 ff.

133 Zu A. Dreyschock vgl.: Pauli 1846. – Wurzbach, Bd. 3, 1858, S. 382 f. – Mendel/Reissmann, Bd. 3, 1873, S. 253 f. – ADB, Bd. 5, 1877, S. 408 f. (Rochus v. Liliencron). – Ehrlich 1893, S. 83–85. – Hanslick 1897, S. 202–204, 209, 298 f. – Pazdírek 1904 ff. Bd. 3, S. 838–840. – Riemann 1929, Bd. 1, S. 428. – Riemann 1959, S. 422. – Schonberg 1965, S. 195 ff. – Newman 1969, S. 678. – Frank/Altmann 1971, S. 133. – Lexikon zur Deutschen Musikkultur 2000, Bd. 1, Sp. 502–505 (Torsten Fuchs, Věra Vysloužilová). – Grove 2001, Bd. 7, S. 594 (Edward Dannreuther, David Charlton). – MGG, Teil 2, Bd. 5, 2001, Sp. 1426 f. (Axel Beer, Willy Kahl). – Abbildung: Porträt „Alexander Dreyschock", nach: Ehrlich 1893.

134 Zitiert nach: Heinrich Heine, Lutetia, Berichte über Politik, Kunst und Volksleben für die Augsburger Allgemeine Zeitung, 1854 als Buch erschienen, Teil 2, Artikel LVI vom 26. März 1843, in: Heinrich Heine. Sämtliche Werke in vier Bänden, Bd. IV., Schriften zu Literatur und Politik II, 3. Auflage Düsseldorf/Zürich 1997, S. 328 (vgl. auch: Sämtliche Werke, Düsseldorfer Ausgabe, Bd. 14/1, 1990, S. 49). – Ferner: Niemöller 2007, S. 25 ff.

135 Vgl.: Fuchs 1994, S. 102.

136 Vgl.: ADB, Bd. 5, 1877, S. 408 (Rochus v. Liliencron); vgl. auch: Ehrlich 1893, S. 83–85.

137 Zitiert nach: Wurzbach, Bd. 3, 1858, S. 383.

138 Vgl.: MGG, Teil 2, Bd. 5, 2001, Sp. 1426 (Axel Beer, Willy Kahl).

139 Vgl.: Fuchs 1994, S. 103.

140 Die Begebenheit ist durch den Leipziger Klavier- und Theorielehrer Alfred Dörffel in der „Festschrift zur Hundertjährigen Jubelfeier der Einweihung des Concertsaales im Gewandhaus zu Leipzig" überliefert, hier wiedergegeben nach: Fuchs 1994, S. 105.

141 Vgl.: MGG, Teil 2, Bd. 5, 2001, Sp. 1425 (Axel Beer, Willy Kahl).

142 Vgl.: Grove 2001, Bd. 7, S. 594 (Edward Dannreuther, David Charlton).

143 Zitiert nach: Rezension zum Abschlusskonzert des Zyklus im Jahre 1856, in: Wiener Zeitschrift für Kunst, Literatur, Theater und Mode, 31. Jg., Nr. 31, Ausgabe vom 12. Februar 1846, S. 123.

144 Zitiert nach: Hanslick 1897, S. 202, 203, 204 (Konzertbesprechung aus dem Jahre 1859).

145 Vgl.: Keil-Zenzerova 2007, S. 56.

146 Angaben nach: MGG, Teil 2, Bd. 5, 2001, Sp. 1425–1426 (Axel Beer, Willy Kahl).

147 Vgl. zur widersprüchlichen Beurteilung der Kompositions- und Vortragsleistungen Dreyschocks allgemein auch den ausführlichen Kommentar zum Klavierkonzert im Beiheft zur CD, verfasst von Piers Lane (The Romantic Piano Concerto Nr. 21, BBC Scottish Symphony Orchestra, Niklas Willén, conductor, Piers Lane, piano, CDA 67086, London 1999).

148 Zitiert nach: Schonberg 1965, S. 198.

149 Vgl.: Kinder und Hausmärchen der Brüder Grimm (KHM), Rumpelstilzchen (Nr. 55), Frau Holle (Nr. 24), Dornröschen (Nr. 50), Die drei Spinnerinnen (Nr. 14).

150 Vgl.: Grimm KHM, Nr. 9, 49, 65, 67, 79, 128, 156, 179, 181, 188.

151 Zur kosmologischen Deutung von Spinnen und Spindel vgl. auch: Drewermann, Eugen; Neuhaus, Ingritt: Frau Holle, 5. Auflage, Freiburg im Breisgau 1986, S. 25 ff., S. 43, Anm. 8.

152 Vgl.: Altes Testament, Buch Tobit 2,11.

153 Zur Deutung des Märchens „Rumpelstilzchen" im Hinblick auf den Prozess der Wertschöpfung menschlicher Arbeit vgl.: Drewermann 2007.

154 Vgl. Bohnsack 1985, S. 174.

155 Vgl. ebd., S. 157.

156 Abbildung: „Lady Hamilton am Spinnrad", Xylografie, nach einem Gemälde von George Romney (1734–1802), reproduziert in: The Illustrated London News, Ausgabe vom 29. April 1876, S. 429.

157 Vgl. Bohnsack 1985, S. 176 f.

158 Vgl.: Lippe-Weißenfeld 2007, S. 132.

159 Zitiert nach: Gottschalch, Wilfried: Arbeiterleben, in: Boberg, Jochen; Fichter, Tilman; Gillen, Eckhart (Hrsg.): Exerzierfelder der Moderne – Industriekultur in Berlin im 19. Jahrhundert, München 1984, S. 246.

160 Vierte und letzte Strophe des Gedichtes, aus: Gottfried August Bürger, Gedichte 1769–1778, zitiert nach: Bürgers Werke in einem Band, ausgewählt und eingeleitet von Brunhild Neuland (Bibliothek deutscher Klassiker, hrsg. von den Nationalen Forschungs- und Gedenkstätten der klassischen deutschen Literatur in Weimar), 5. neubearbeitete Auflage, Berlin/Weimar 1990, S. 34, vgl. auch S. 336, Anm. 34.

161 Sechste und vorletzte Strophe des Gedichtes: „Spinnerlied" von Johann Georg Jacobi. – Zitiert nach: Ausgewählte Gedichte von Johann Georg Jacobi, Miniatur-Bibliothek der Deutschen Klassiker, Hildburghausen/New York 1829, S. 27.

162 Siebte von neun Strophen, zitiert nach: Des Knaben Wunderhorn. Alte deutsche Lieder gesammelt von L. Achim von Arnim und Clemens Brentano, vollständige Ausgabe nach dem Text der Erstausgaben von 1806/1808 mit einem Nachwort versehen von Willi A. Koch, München 1975, Neuausgabe ebd. 1984, S. 646. – In einem weiteren Spinnerlied der Sammlung (vgl. ebd. S. 648) lässt erst die Hoffnung, durch ihren Fleiß einen Ehemann zu gewinnen, das Mädchen schmerzfrei arbeiten.

163 Erste Strophe, zitiert nach: Johann Wolfgang von Goethe, Werke, Hamburger Ausgabe, Bd. 3, Dramatische Dichtungen I., textkritisch durchgesehen und kommentiert von Erich Trunz, 16. überarbeitete Auflage, München 1986, S.107.

164 Vgl.: Franz Schubert, „Gretchen am Spinnrade" (op. 2), D 118, vom 19. Oktober 1814.

165 Vgl.: Franz Liszt, Zwölf Lieder von Franz Schubert für das Pianoforte übertragen, Nr. 8, „Gretchen am Spinnrade". Vgl. dazu auch: Ramann 1880, Kap. XXVI, Liszt und das deutsche musikalische Lied, sowie seine Schubert-Übertragungen.

166 Vgl.: Pazdírek 1904ff, Bd. 3, S. 839, 840.

167 Hingewiesen sei noch auf das „Spinnerlied aus dem Märchen Dornröschen" (op. 14) von C. Haass, in: Musikalischer Hausfreund. Blätter für ausgewählte Salonmusik, 2. Bd., Nr. 7, Leipzig 1889, S. 53–54.

168 Zu frühen Beispielen in Singspiel und Oper vgl. die Untersuchungen zum eröffnenden Spinnerinlied in Simon Mayrs Farso sentimentale „L'amore coniugale" von: Lang, Robert: Kanzone und „Romanza" in Simon Mayrs „L'amore coniugale", in: Johann Simon Mayr und Wien. Beiträge des Internationalen musikwissenschaftlichen Johann Simon Mayr-Symposions in Ingolstadt vom 4. bis 7. Oktober 2001, München u. a. 2005, S. 91–106.

169 Vgl.: Hamann 1997b, S.167 f.

170 Vgl.: Bruckner/Praschl-Bichler 1998, S. 25 ff.

171 Zur Interpretation der Oper vgl.: Mayer 2001, S. 33 ff., bes. S. 43.

172 Zitiert nach: Mayer 2001, S. 45.

173 Vgl.: Franz Liszt, Spinnerlied aus Richard Wagners Oper „Der fliegende Holländer", für das Pianoforte übertragen, NLGA II/11.

218

174 Zu A. Henselt vgl.: Lenz 1872, S. 82–111. – Mendel/Reissmann, Bd. 5, Berlin 1875, S. 199–201. – Ehrlich 1893, S. 121–123. – Pazdírek 1904 ff. Bd. 5, S. 724–730. – ADB, Bd. 50, 1905, S. 206 f. (Robert Eitner). – Riemann 1929, Bd. 1, S. 738 f. – Riemann 1959, S. 771 f. – Schonberg 1965, S. 201 ff. – Frank/Altmann 1971, S. 244. – Grove 2001, Bd. 11, S. 383–386 (Richard Beattie Davis). – Schiwietz 2000. – MGG, Teil 2, Bd. 8, 2002, Sp. 1317–1323 (Stefan Hofmann). – Schiwietz 2003. – Schiwietz 2004. – Koch 2004. – Keil-Zenzerova 2007. – Kindl 2007. – Kindl 2010. – Abbildung: Porträt „Adolph von Henselt", nach: Ehrlich 1893.

175 Zitiert nach: Ehrlich 1893, S. 122.

176 Vgl.: MGG, Teil 2, Bd. 8, Sp. 1318 (Stefan Hofmann).

177 Vgl.: ADB, Bd. 50, 1905, S. 206 (Robert Eitner).

178 Zitiert nach: Lepel 1929, S. 95 (Julius Knapp, „Erinnerungen an Adolph Henselt").

179 Zitiert nach: MGG, Teil 2, Bd. 8, Sp. 1319 (Stefan Hofmann).

180 Zitiert nach: Mendel/Reissmann, Bd. 5, 1875, S. 200.

181 Vgl.: Keil-Zenzerova 2007, S. 65.

182 Zitiert nach: Lepel 1929, S. 96 (Julius Knapp, „Erinnerungen an Adolph Henselt"). – Die freundschaftliche Beziehung zwischen Henselt und Liszt kommt besonders in einem Brief von Henselt aus dem Jahr 1851 zum Ausdruck, in dem Henselt seinen Besuch bei Liszt in Aussicht stellt. Vgl.: La Mara 1895, Bd. 1, S. 186 f.

183 Vgl.: Adolph Henselt, in: Musikalische Welt, Nr. 14, Ausgabe vom 31. Oktober 1882, S. 1f., wiedergegeben

nach der Übersetzung aus dem Russischen bei: Keil-Zenzerova 2007, S. 353.

184 Zur Methode vgl.: Schiwietz 2000.

185 Vgl.: Koch 2004.

186 Vgl.: Grove 2001, Bd. 11, S. 385 (Richard Beattie Davis).

187 Zitiert nach: Mendel/Reissmann, Bd. 5, Berlin 1875, S. 200.

188 Vgl.: ADB, Bd. 50, 1905, S. 206 (R. Eitner).

189 Aus den Erinnerungen von Laura Kahrer, Schülerin bei Henselt 1870–72. Zitiert nach: Lepel 1929, S. 96 f.

190 Vgl.: Keil-Zenzerova 2007, S. 66, 292.

191 Vgl.: Lepel 1929, S. 98 f.

192 Vgl.: ADB, Bd. 50, 1905, S. 206. – MGG, Teil 2, Bd. 8, 2002, Sp. 1319 (Stefan Hofmann).

193 Franz Liszt an Fürstin Carolyne zu Sayn-Wittgenstein, Brief vom 30. Juli 1879. – Das französische Original ediert bei: La Mara (Lipsius, Marie), Hrsg.: Franz Liszt's Briefe, Bd. 7: Briefe an die Fürstin Carolyne Sayn-Wittgenstein, 4. Teil, Leipzig 1902, Nr. 251, S. 259–261.

194 Vgl.: MGG, Teil 2, Bd. 8, Sp. 1321 (Stefan Hofmann). – Zur hohen Anerkennung, die das Klavierkonzert bereits bei Schumann und Liszt fand, vgl.: La Mara 1919, S. 28 ff.

195 Zitiert nach: Jeremy Nicholas, in Übersetzung von Meckie Hellary, im Beiheft zur CD: The Romantic Piano Concerto Nr. 7, BBC Scottish Symphony Orchestra, Martyn Brabbins, conductor, Marc-André Hamelin, piano, CDA 66717, London 1994, S. 17.

196 Vgl.: MGG, Teil 2, Bd. 8, Sp. 1320 (Stefan Hofmann).

197 Vgl. ebd., Sp. 1321.

198 Zitiert nach: Lenz 1872, S. 99.

199 Vgl.: Schumann, Robert: Etuden für Pianoforte, Adolph Henselt, zwölf Etuden (Etudes caractéristiques de Concert). Werk 2, in: Neue Zeitschrift für Musik, 8. Bd., Nr. 25, Ausgabe vom 27. März 1838, S. 97, Sp. 2. – Vgl. ferner: Schumann, Robert: Etuden für das Pianoforte, Ad. Henselt, Etuden [Etudes de Salon], in: Neue Zeitschrift für Musik, 10. Bd., Nr. 19, Ausgabe vom 5. März 1839, S. 73 f. – Hier nimmt Schumann Bezug auf die zweite Staffel von 12 Etüden, bezeichnet aber wieder die erste Folge auch als „eine Reihe Liebeslieder" und „Liebesgesänge".

200 A. Henselt erwähnt dies in einem Brief vom 3. April 1835 an J. N. Hummel. – Vgl.: Kindl 2010, S. 15.

201 Anton Wilhelm Zuccalmaglio war auch für Robert Schumanns „Neue Zeitschrift für Musik" tätig. Seine Beiträge waren von Schumann sehr geschätzt; er gedachte, ihm die „Kinderszenen" op. 15 zu widmen.

202 Vgl.: Davis, Richard Beattie: Adolph von Henselt: ein provisorisches Verzeichnis seiner Werke mit einem Kommentar, in: „Adolph von Henselt (1814–1889)", Ausstellungskataloge des Schwabacher Stadtarchives, Bd. 3, Schwabach 1989, S. 7–36. – Hofmann, Stefan: Adolph Henselt (1814–1889). Leben und Werk, Examensarbeit, Hochschule für Musik Würzburg 1992 (ungedruckt). – Definitive Henselt Catalogue by Richard Beattie Davis, Website der „henseltsociety.org", 2004.

203 Vgl.: Kindl 2010, S. 565.

204 Vgl. ebd., S. 389, 392. – La Mara 1919, S. 15.

205 Robert Schumann über Henselts „Variation de concert. Pour le piano sur le motif de l'opéra L'Elisire d'amore de Donizetti: Io son ricco et tu sei bella", E-Dur op.1, Leipzig, 1837/38. Zitiert nach: Schumann, Robert: Gesammelte Schriften über Musik und Musiker, Bd. 2, Leipzig 1854, S. 91. – Vgl.: MGG, Teil 2, Bd. 8, 2002, Sp. 1321 (Stefan Hofmann).

206 Zur Problematik der Titelzuschreibung an Ludwig Rellstab vgl.: Grigat, Friederike: „Mondschein-Sonate" – einem berühmten Titel auf der Spur. Zur Geschichte eines Mythos, in: Ladenburger/Grigat 2003, S. 22 ff.

207 Vgl. ebd., S. 28 f.

208 Zitiert nach: Sämtliche Werke des Freiherrn Joseph von Eichendorf. Historisch-kritische Ausgabe, begründet von Wilhelm Kosch und August Sauer, Bd. I/1, Gedichte, 1. Teil, hrsg. von Harry Frohlich und Ursula Regener, Stuttgart 1993, S. 37.

209 Vgl.: Wackenroder, Wilhelm Heinrich: Phantasien über die Kunst für Freunde der Kunst, hrsg. von Ludwig Tieck, Hamburg 1799, Zweiter Abschnitt, IX. Symphonien, hier zitiert nach: Werke und Briefe von Wilhelm Heinrich Wackenroder, Heidelberg 1967, S. 252.

210 Zitate nach: Schumann, Robert: Zur Eröffnung des Jahrganges 1835, in: Neue Zeitschrift für Musik, Bd. 2, Jg. 135, S. 2–4, hier, S. 3. – Vgl.: Kreisig 1914, Bd. 1, S. 37 f.

211 Zitiert nach: Edler, Arnfried: Virtuose und poetische Klaviermusik, in: Funkkolleg Musikgeschichte. Europäische

Musik vom 12.–20. Jahrhundert, Bd. 7, Weinheim/Basel 1988, S. 70.

212 Eine der wenigen Ausnahmen: Hans von Bülow spielt das Werk am 22. Januar 1857 in Berlin anlässlich der Einweihung des ersten Bechstein-Flügels zum ersten Mal in öffentlicher Aufführung.

213 Vgl.: „C. M. von Weber's Polonaise brillante Op. 72 für Pianoforte und Orchester instrumentirt und Adolph Henselt freundschaftlichst gewidmet von Franz Liszt.", Entstanden 1842–1851, Uraufführung am 13. April 1851 in Weimar, Erstausgabe, Berlin 1853. – „Großes Konzertsolo für das Pianoforte, A. Henselt freundschaftlichst gewidmet." (Grande solo de concert), entstanden 1849/50, Erstausgabe, Leipzig 1851.

214 Heinrich Heine, Nachtgedanken, in: Neue Gedichte, Zeitgedichte Nr. 24, Erstdruck 9. August 1843. – Vgl.: Heinrich Heine, Historisch-kritische Gesamtausgabe der Werke, hrsg. in Verbindung mit dem Heinrich-Heine-Institut von Manfred Windfuhr, Bd. 2, Neue Gedichte, bearbeitet von Elisabeth Genton, Hamburg 1983, S. 129, 768 ff.

215 Abbildung: Xylografie des 19. Jahrhunderts, nach Jacob van Ruisdael, „Der Judenfriedhof bei Ouderkerk nahe Amsterdam", Öl auf Leinwand, 84 x 95 cm, Dresden, Gemäldegalerie Alter Meister, Inv. Nr. 1502.

216 Johann Wolfgang von Goethe: Ruysdael als Dichter, in: Schriften zur Kunst, Hamburger Ausgabe, Bd. 12, 12. Auflage München 1994, S. 138–142. Erstdruck in Cottas „Morgenblatt für gebildete Stände", Tübingen 1816.

217 Vgl.: Wurzbach, Bd. 13, 1865, S. 343. – Mendel/Reissmann, Bd. 6, 1876, S. 184. – Zu W. Kuhe vgl.: Wurzbach, Bd. 13, 1865, S. 343 f. – Mendel/Reissmann, Bd. 6, 1876, S. 184 f. – Pazdírek 1904 ff. Bd. 6, S. 819–826. – Riemann 1929, Bd. 1, S. 969. – Frank/Altmann 1971, S. 326. – Grove 2001, Bd. 14, S. 3 f. (John Warrack, Rosemary Williamson). – Lexikon zur Deutschen Musikkultur 2000, Bd. 1, Sp. 1451–1453 (Eckhard Jirgens), mit ausführlichen Literaturangaben. – Abbildung: Porträt „Wilhelm Kuhe", Lithografie von Josef Kriehuber (1800–1876), Wien, datiert 1852.

218 Vgl.: Mendel/Reissmann, Bd. 6, 1876, S. 185.

219 Vgl.: Lexikon zur Deutschen Musikkultur 2000, Sp. 1452. – Pazdírek 1904 ff., Bd. 6, S. 819 ff.

220 Zitiert nach: „Unterhaltungsmusik. Für Pianoforte", in: Neue Zeitschrift für Musik, Bd. 60, Jg. 1864, S. 103, Sp. 1. – Vgl.: Ballstaedt/Widmaier 1989, S. 369.

221 Zitiert nach: Mendel/Reissmann, Bd. 6, 1876, S. 184.

222 Zitiert nach: Lexikon zur Deutschen Musikkultur 2000, Bd. 1, Sp. 1452 (Eckhard Jirgens).

223 Vgl.: Grove, Bd. 14, 2001, S 3.

224 Aus dem Tagebuch der Gräfin Marie Festetics, Einträge vom 17. und 19. September 1872, zitiert nach Hamann 1997b, S. 41.

225 Aus dem Tagebuch des Grafen Alexander von Hübner, zitiert nach: Hamann 1997b, S. 35.

226 Aus dem Tagebuch der Erzherzogin Marie Valerie, Eintrag vom 21.8.1889, zitiert nach: Hamann 1997b, S. 34 f.

227 Vgl. z. B. auch: Idylle von Possenhofen, Phantasiebild: Der Brautvater, Herzog Max in Bayern, auf der Zither spielend, der Kaiser als Ruderer neben der Braut. Wien, Wien Museum. Abbildung bei: Hamann 1997b, S. 41. – Zu den Bildern vgl. die Zusammenstellung und Interpretationen im Kapitel „Der Herrscher in »Naturräumlicher« Umgebung", bei: Telesko 2006, S. 220–223.

228 Aus dem Tagebuch der Erzherzogin Marie Valerie, Eintrag vom 19.8.1853, zitiert nach: Hamann 1997b, S. 36.

229 Vgl.: Telesko 2006, S. 222.

230 Abbildung: „Die Fahrt auf dem See", um 1854, Farblithografie von Franz Gerasch (1826–1906), nach einer Zeichnung von August Gerasch (1822–1908), Druck: Franz Gerasch; Wien bei L. T. Neumann.

231 Zitiert nach: Mendel/Reissmann, Bd. 5, 1875, S. 373.

232 Zitiert nach: Ballstaedt/Widmaier 1989, S. 337 f.

233 Vgl.: Edler 2003, bes. S. 258. – Zu Schubert vgl.: Edler 2002, S. 721 ff.

234 Widmung zitiert nach dem Faksimile des Autografs, das im Auftrage des „Drei Masken Verlags" in München im Jahre 1923 entstand.

235 Nach: Konstantion Christomanos, Tagebuchblätter, Wien 1899, S. 129, Zitiert nach: Hamann 1997b, S. 567.

236 Zitiert nach: Hamann 1997b, S. 569.

237 Nach: Konstantion Christomanos, Tagebuchblätter, Wien 1899, S. 199. Zitiert nach: Hamann, 1997b, S. 568.

238 Vgl.: Ballstaedt/Widmaier 1989, S. 340.

239 Vgl.: Ledebur 1861, S. 308–311. – Mendel/Reissmann, Bd. 6, 1876, S. 190. – Zu T. Kullak vgl.: Mendel/Reiss-

mann, Bd. 6, Berlin 1876, S. 188–190. – ADB, Bd. 17, 1883, S. 361–363 (Robert Eitner). – Ehrlich 1893, S. 153–155. – Pazdírek 1904 ff. Bd. 6, S. 838–843. – Riemann 1929, Bd. 1, S. 970 f. – Riemann 1959, S. 980. – Schonberg 1965, S. 241. – Newman 1969, S. 314. – Frank/Altmann 1971, S. 327. – Rathert/Schenk 1999, S. 40, 76. – Großmann 1999, S. 13 f. – Grove 2001, Bd. 14, S. 19 f. (Horst Leuchtmann). – MGG, Teil 2, Bd. 10, 2003, Sp. 843–845 (Ingeborg Allihn). – Abbildung: Porträt „Dr. Theodor Kullak", nach: Ehrlich 1893.

240 Zitiert nach: ADB, Bd. 17, 1883, S. 361 (Robert Eitner).

241 Fay, Amy: Musikstudien in Deutschland. Aus Briefen in die Heimath, Eintrag vom 29. September 1870, Berlin 1882, S. 60–61.

242 Wiedergegeben nach: MGG, Teil 2, Bd. 10, 2003, Sp. 843 (Ingeborg Allihn).

243 Vgl.: Mendel/Reissmann, Bd. 6, 18/6, S. 189.

244 Zitiert nach: ADB, Bd. 17, 1883, S. 362 (Robert Eitner).

245 Vgl.: MGG, Teil 2, Bd. 10, 2003, Sp. 843 (Ingeborg Allihn).

246 Vgl. ebd., Sp. 843.

247 Theodor Kullak, Klavierkonzert in c-Moll, op. 55 (Erstaufnahme): The Romantic Piano Concerto Nr. 21, BBC Scottish Symphony Orchestra, Niklas Willén, Dirigent, Piers Lane, Klavier, CDA 67086, London 1999.

248 Vgl. ebd., Beiheft, S. 22 (Piers Lane).

249 Im Verlag Haslinger in Wien wurden veröffentlicht: Op. 11, „Fantasie de Concert" (Freischütz) in D. – Op. 13–

15, „Marie", „Preciosa", „Jessonda" (alle 1843). – Op. 19, „Fantasie de Caprice". – Vgl.: Ledebur 1861, S. 310.

250 Kant, Immanuel: Beobachtungen über das Gefühl des Schönen und Erhabenen, Königsberg 1764; zitiert nach: Immanuel Kants Werke, hrsg. von Ernst Cassirer, Bd. 2, Berlin 1922, S. 247. – Im Originaltext: „[…] ein Gefühl vor das Erhabene […]".

251 Zitiert nach: Krueger 1971, S. 163.

252 Vgl. ebd., S. 43.

253 Im November 1899 erscheint Freuds frühes Hauptwerk „Die Traumdeutung", vordatiert auf das Jahr 1900.

254 Zitiert nach: Hand 1841, S. 313.

255 Vgl.: MGG, Artikel „Nocturne", Sachteil, Bd. 7, 1997, Sp. 213 (Frauke Schmitz-Gropengiesser).

256 Vgl.: Zielinski 1999, S. 226 ff.

257 Zitiert nach: Schmalfuss, Peter: Chopins Nocturnes, Begleitblatt zur CD „Frédéric Chopin. Nocturnes Nr. 1– 10", World Famous Piano Music, Vol. 4, Kranzberg/München 1991.

258 Vgl.: Edler 2004, „Zwischen Tag und Traum: Nachtstücke, Barkarolen und Berceusen. Das lyrische Klavierstück 1830–1920", S. 225.

259 Näheres dazu bei Herbert Schneider, Artikel „Notturno", in: MGG, Sachteil, Bd. 7, 1979, Sp. 485–498, hier Sp. 497.

260 Vgl. dazu die Einspielung von Claudius Tanski: Adolph Henselt (1814–1889), Chamber Music, hrsg. vom Institut für deutsche Musikkultur im östlichen Europa (IME) e. V. Bonn, Musikproduktion Darbringhaus und Grimm, MDG 312 1022-2, Detmold 2000.

261 Vgl.: Krueger 1971, S. 136. – Zitiert nach: Neue Zeitschrift für Musik, Bd. 23, Jg. 1845, S. 47.

262 Vgl.: MGG, Artikel „Nocturne", Sachteil, Bd. 7, 1997, Sp. 213 (Frauke Schmitz-Gropengiesser)

263 Zitiert nach: Wiener allgemeine Theaterzeitung, hrsg. von Adolf Bäuerle, Nr. 109, Ausgabe vom 13. Mai 1854, S. 459.

264 Werbetextpassage zu: „Lisztomania 2011 – Ein Genie wird gefeiert, 200. Geburtstag von Liszt.", Urlaubsservice der Österreichwerbung für das Burgenland 2010. – Zu F. Liszt vgl. u.v.a.: Wurzbach, Bd. 15, 1866, S. 247–279. – Lenz 1872, S. 1–18. – Mendel/Reissmann, Bd. 6, Berlin 1876, S. 345–357. – Ehrlich 1893, S. 160–174. – Ramann 1902, S. 8–10. – Pazdírek 1904 ff. Bd. 7, S. 379–396. – ADB, Bd. 52, 1906, S. 28–49 (H. Kretzschmar). – Riemann 1929, Bd. 1, S. 1050 ff. – Riemann 1959, S. 80– 84. – Schonberg 1965, S. 152 ff. Frank/Altmann 1971, S. 357 f. – Grove 2001, Bd. 14, S. 755–877 (Alan Walker). – MGG, Teil 2, Bd. 11, 2004, Sp. 203 ff. (Detlef Altenburg, Axel Schröter) – Gut 2009. – Altenburg 2011. – Abbildung: Porträt „F. Liszt", Lithografie nach einer Fotografie gestochen von August Weger (1823–1892), Leipzig, Druck von August und Theodor Weger, Leipzig, Verlag: Baumgärtner's Buchhandlung, Leipzig.

265 Eine Zusammenstellung der Werke mit Volksmelodien bei: Gut 2009, S. 818 f.

266 Zitiert nach: Ballstaedt/Widmaier 1989, S. 46.

267 Vgl.: Niemöller 2007, S. 33. – Liepsch, Evelyn: Lisztomanie – Virtuosenreisen, in: Altenburg 2011, S. 126–143, bes. S. 136.

268 Vgl.: Gut 2009, S. 710. – Am 25. März 1846 beteiligt sich Liszt an einem Konzert von Haslinger zu Beethovens Todestag mit der Sonate op. 106. Vgl. ebd., S. 740.

269 So z. B. am 29. November 1839. Vgl. ebd., S. 715.

270 Brief vom 18. Dezember 1837 an den französischen Schriftsteller Abbé F. de Lamenais (1782–1854): „Suis-je condamné sans rémission à ce métier de baladin et d'amuseur de salons?", vgl. La Mara, Bd. 1, Leipzig 1893, S. 17. – Übersetzung zitiert nach: Helm 1972, S. 46.

271 Zum Vorangegangenen vgl.: Alfred Beaujean: Franz Liszt, in: Harenberg Kulturführer Konzert, 7., völlig neu bearbeitete Auflage, Mannheim 2007, S. 349.

272 Vgl.: Gut 2009, S. 749.

273 Vgl.: Gárdonyi, Zoltán; Szelényi, István (Hrsg.): Franz Liszt. Neue Ausgabe sämtlicher Werke, Serie I, Werke für Klavier zu zwei Händen, Bd. 11, Einzelne Charakterstücke I., Kassel u. a. 1979, S. XII (Imre Sulyok, Imre Mező).

274 Vgl.: Gut 2009, S. 752.

275 Vgl. ebd., S. 752.

276 Vgl. ebd., S. 756. Die Messe erschien jedoch erst am 3. März 1867 im Verlag der Wiener Staatsdruckerei.

277 Buda und Pest werden erst im Januar 1873 zu einer Stadt vereinigt.

278 Vgl. ebd., S. 767.

279 Vgl.: Hamann 1997b, S. 258.

280 Vgl.: Burger 1986, S. 255, mit Abb. und Verzeichnis der anwesenden Personen.

281 Vgl.: Gut 2009, S. 774 f.

282 Vgl.: Bruckner/Praschl-Bichler 1998, S. 23.

283 Zitiert nach: Ebd., S. 23.

284 Zitiert nach: Fay, Amy: Musikstudien in Deutschland. Aus Briefen in die Heimath, Einträge vom 1. und 7. Mai 1873, Berlin 1882, S. 115–117, 119.

285 Vgl.: Gut 2009, S. 771.

286 Vgl.: Zglinicki 1979, S. 36.

287 Zitiert nach: Zglinicki 1979, S. 27. – Vgl.: Girault, Jean: Die gute Mutter oder Abhandlung von der ebenso einfachen, als für jedermann leicht anwendbaren Mitteln, seinen Kindern einen starken, dauerhaften Körper, und besonders ein glückliches Zahnen zu verschaffen, und ihnen ihre Zähne ihr ganzes Leben hindurch zu erhalten, Braunschweig 1790.

288 Anton Fröhlich Edler von Fröhlichsthal: Merkwürdiges Fortschreiten der Heilwissenschaft, Wien 1845. Vgl.: Zglinicki 1979, S. 29.

289 Abbildung: „Wiege für den Kronprinzen von Oesterreich, Geschenk der Bürger Wiens, gefertigt von Podany u. Komp.", Xylografie, in: Leipziger Illustrirte Zeitung, Nr. 814, Bd. 32, Ausgabe vom 5. Februar 1859, S. 93. – Wiege, Wien 1858; Entwurf: Alois Fuchs, Podany & Co.; Ausführung: Franz Matthias Podany (1819–1892).

290 Vgl. Zglinicki 1979, S. 392, Nr. 445.

291 Wiedergegeben nach: Zglinicki 1979, S. 36.

292 Vgl. ebd., S. 25.

293 Vgl.: Des Knaben Wunderhorn. Alte deutsche Lieder gesammelt von L. Achim von Arnim und Clemens Brentano, vollständige Ausgabe nach dem Text der Erstausgaben von 1806/1808 mit einem Nachwort versehen von

Willi A. Koch, München 1975, Neuausgabe ebd. 1984, S. 834.

294 Beispiele aus dem Bereich der seichteren Salonmusik bei: Ballstaedt/Widmaier 1989, S. 319, Anm. 30.

295 Vgl.: Pazdírek 1904 ff., Bd. 3, 840, Bd. 6, 840, Bd. 10, S. 696, 697.

296 Vgl. ebd., Bd. 12, S. 678.

297 Vgl.: Gut 2009, S. 728 f.

298 Franz Liszt, Brief vom 22. Mai 1863 an seinen Onkel Eduard Liszt. Zitiert nach: La Mara, Bd. 2, Leipzig 1893, S. 39 f. – Fürstin Marcelline Czartoryska war eine Schülerin Chopins.

299 Vgl.: Bruckner/Praschl-Bichler 1998, S. 42.

300 Vgl.: Gárdonyi, Zoltán; Szelényi, István (Hrsg.): Franz Liszt. Neue Ausgabe sämtlicher Werke, Serie I, Werke für Klavier zu zwei Händen, Bd. 11, Einzelne Charakterstücke I., Kassel u. a. 1979, S. XII (Imre Sulyok, Imre Mező).

301 Zitiert nach: Ramann 1902: Berceuse, Serie IV., Nr. 13, S. 8.

302 Heinrich Heine über Franz Liszt in einem Brief an August Lewald 1837, zitiert nach: Dömling, Wolfgang: Franz Liszt und seine Zeit, Laaber 1985.

303 Übersetzung aus dem Englischen von Peter Noelke, zitiert nach: Victor und Marina A. Ledin, Begleitheft zur CD: Liszt Complete Piano Music, Vol. 10, (Jenő Jandó, piano) Naxos 1998, S. 12.

304 Zitiert nach: Raabe 1968, S. 12.

305 Zitiert nach: Ebd., S. 11.

306 Franz Liszt, Brief vom 8. Juni 1854 an Louis Köhler. Zitiert nach: La Mara, Bd. 1, Leipzig 1893, S. 156 f.

307 Vgl.: Kirsch 1996, S. 144.

308 Vgl.: Kirsch 1996, S. 148; Edler 2004, S. 239.

309 Liszt, Franz: Frédéric Chopin, Leipzig 1852. Vgl.: Raabe 1968, Bd. 2, S. 164 ff. – Burger 1986, S. 180 f. – Gut 2009, S. 381 ff.

310 Zitiert nach: Tim Parry, Beiheft zur CD: Franz Liszt, Sonata, Ballades and Polonaises; Berceuse (first Version) Stephen Hough, piano; Hyperion Records, CDA 67085, London 1999/2000, S. 18.

311 Zitiert nach: Kirsch 1989, S. 158.

312 Vgl.: Edler, Arnfried: Zwischen Tag und Traum: Nachtstücke, Barkarolen und Berceusen. Das lyrische Klavierstück 1830–1920, in: Edler 2004, S. 225–241, hier S. 239.

313 Vgl.: Victor und Marina A. Ledin, Begleitheft zur CD: Franz Liszt, Complete Piano Music, Vol. 10 (Jenű Jandó, piano), Naxos 1998, S. 11.

314 Zu J. Schulhoff vgl.: Wurzbach, Bd. 32, 1876, S. 157–160. – Mendel/Reissmann, Bd. 9, Berlin 1878, S. 175–176. – Julius Schulhoff [Nachruf], in: Signale für die musikalische Welt, Jg. 56, Nr. 22, Leipzig, 22. März 1898, S. 337 f. – Ehrlich 1893, S. 308f. – Pazdírek 1904ff. Bd. 10, S. 695–699. – ADB, Bd. 54, 1908, S. 238–240 (Carl Krebs). – Riemann 1929, Bd. 2, S. 1664. – Riemann 1961, S. 647. – Schonberg 1965, S. 279 f. – Frank/Altmann 1971, S. 564. – Lexikon zur Deutschen Musikkultur 2000, Bd. 2, Sp. 2493–2498 (Hartmut Wecker). – MGG, Teil 2,

Bd. 15, 2006, Sp. 222 (Michael Kube). – Abbildung: Porträt „Julius Schulhoff", nach: Ehrlich 1893.

315 Vgl.: Lexikon zur Deutschen Musikkultur 2000, Bd. 2, Sp. 2494 (Hartmut Wecker).

316 Zitiert nach: Mendel/Reissmann, Bd. 9, Berlin 1878, S. 175.

317 Vgl.: Hanslick, Eduard: Geschichte des Wiener Concertwesens, Wien 1869. – Zitiert nach: Wurzbach, Bd. 32, 1876, S. 1528.

318 Schulhoff, Julius: Op. 23, Trois Idylles pour le Piano, 1.re Suite, No 1. Chant du berger. À son ami Wilhelm Kuhe. Mayence, Anvers, Bruxelles, Les Fils de B. Schott o. J., 10362, 3 S. [Mainz 1849] – Op. 27, Trois Idylles. 2me Suite pour Piano. À son Ami A. Dreyschock. Milan, F. Lucca o. J., 8842, 15 S. – Op. 37, Klaviersonate f-Moll, 1854.

319 Zitiert nach: La Mara 1895, Bd. 1, S. 309. – Vgl.: Lexikon zur Deutschen Musikkultur 2000, Bd. 2, Sp. 2494 (Hartmut Wecker).

320 Zitiert nach: Iris, Pariser Damen Zeitung, hrsg. von Eduard Ludewig, VI. Jahrgang, 5. Lieferung, Ausgabe vom 1. Mai 1954, S. 68. – Vgl. ebd.: Lieferung 4, Ausgabe vom 23. April 1854, mit dem Hinweis auf das erste Konzert der Serie.

321 Zitiert nach: Iris, Pariser Damen Zeitung, hrsg. von Eduard Ludewig, VI. Jahrgang, 10. Lieferung, Ausgabe vom 8. Juni 1854, S. 88.

322 Schulhoff, Julius: Op. 24, Souvenir de la Grande-Bretagne, Grand Caprice, Mainz 1850. – Op. 28, Souvenir de Vienne, Nocturne, Wien 1851. – Op. 30, Souvenir de Varsovie. Mazurka pour le Piano, 1851. – Op. 32, Souvenir de

Moscou. Chant du pêcheur pour Piano. Wien 1852. – Op. 39, Souvenir de Kieff. Mazurka pour Piano. Leipzig, o. J. – Op. 50, Souvenir de St. Pétersbourg, Mazurka, Mainz 1860. – Vgl.: Pazdírek 1904 ff., Bd. 10, S. 695–699.

323 Vgl.: Lexikon zur Deutschen Musikkultur 2000, Bd. 2, Sp. 2494 (Hartmut Wecker).

324 Vgl.: ADB, Bd. 54, 1908, S. 240 (Carl Krebs).

325 Zitiert nach: Wurzbach, Bd. 32, 1876, S. 158.

326 Zitiert nach: Julius Schulhoff [Nachruf], in: Signale für die musikalische Welt, Jg. 56, Nr. 22, Leipzig, 22. März 1898, S. 337.

327 Vgl.: Neue Zeitschrift für Musik, Bd. 47, Jg. 1857, S. 283, Sp. 2. – Vgl. ferner: Ballstaedt/Widmaier 1989, S. 256.

328 Vgl.: Newman 1969, S. 507. – Lexikon zur Deutschen Musikkultur 2000, Bd. 2, Sp. 2494 f. (Hartmut Wecker).

329 Zitiert nach: ADB, Bd. 54, 1908, S. 240 (Carl Krebs).

330 Zitiert nach: Ebd., S. 239.

331 Zitiert nach: Langhans, Wilhelm: Aus Berlin, in: Neue Zeitschrift für Musik, Bd. 85, Jg. 1889, S. 4–7, hier S. 6. – Vgl.: ADB, Bd. 54, 1908, S. 241.

332 Vgl.: Lexikon zur Deutschen Musikkultur 2000, Bd. 2, Sp. 2495 (Hartmut Wecker).

333 Zitiert nach: Schonberg 1965, S. 279 f.

334 Zitiert nach: ADB, Bd. 54, 1908, S. 240 (Carl Krebs).

335 Vgl.: Ballstaedt/Widmaier 1989, S. 320, mit Anm. 38.

336 Vgl. ebd., S. 366, auch: Zeraschi 1985, S. 16–25; Hildebrandt 1985, S. 247.

337 Vgl.: MGG, Teil 2, Bd. 1, 1999, Sp. 1591 (Irena Poniatowska). – Feil, Arnold: Metzler Musik Chronik vom frühen Mittelalter bis zur Gegenwart, 2. erweiterte Auflage Stuttgart/Weimar 2005, S. 597–599.

338 Übersetzung zitiert nach: Ballstaedt/Widmaier 1989, S. 337. Vgl.: Proust, M.: Eloge de la mauvaise Musique, in: ders., Les Plaisirs et les Jours, Paris 1935 (= Oeuvres complètes de Marcel Proust, Bd. IX), (zuerst: Paris 1896), S. 196 f.

339 Vgl.: Hamann 1997a, S. 10.

340 Wiedergabe nach: Hamann 1997a, S. 228.

341 Zitiert nach: Hamann 1997a, S. 12.

342 Vgl.: Ballstaedt/Widmaier 1989, S. 334 ff.

343 Vgl.: Kassal-Mikula, Renata: „Kaiserin Elisabeth-Denkmäler" in Wien 1854–1914, in: Waissenberger/Walther 1986, S. 84–101, hier: S. 86f, mit Abb. – Zu Sothen vgl.: Wurzbach 1878, Bd. 36, S. 34 f.

344 Zu C. Voss vgl.: Ledebur 1861, S. 618–620. – Mendel/Reissmann, Bd. 11, Berlin 1879, S. 223–224. – ADB, Bd. 40, 1896, S. 352 (Robert Eitner). – Pazdírek 1904 ff. Bd. 12, S. 241–249. – Riemann 1929, Bd. 2, S. 1968. – Frank/Altmann 1971, S. 659. – Baker's Biographical Dictionary of Musicians, 7. Aufl., überarbeitet von Nicholas Slonimsky, Oxford 1984, S. 2416. – Ballstaedt/Widmaier 1989, S. 85, 371. – Quadt 1997.

345 Zu Gustav Reichardt vgl.: Schwarz, Werner: Pommersche Musikgeschichte, Teil II: Lebensbilder von Musikern in und aus Pommern (Veröffentlichungen der Historischen Kommission für Pommern: Reihe 5, Forschungen zur Pommerschen Geschichte, Heft 28), Köln 1994, S. 162 ff. – Abbildung: Porträt „Charles Voss", Lithografie nach einer Zeichnung von Conrad L'Allemand (1809–1880); Druck: L. Sachse & Co., Berlin; Verlag: Ed. Bote & G. Bock, Berlin.

346 Ludwig Berger wirkte ab 1814 in Berlin und gründete 1819 zusammen mit Gustav Reichardt, Bernhard Klein und Ludwig Rellstab die „Jüngere Liedertafel zu Berlin".

347 Vgl.: Ballstaedt/Widmaier 1989, S. 371.

348 Eitner verweist an dieser Stelle zum Vergleich auf: Neue Zeitschrift für Musik, Bd. 24, Jg. 1846, S. 158.

349 Zitiert nach: ADB 1896, S. 352 (Robert Eitner).

350 Zitiert nach: Riemann 1901, S. 313.

351 Zitiert nach: Rezension zu Charles Voß, „Petit Nécessaire musical. Six Amusements élégants", op. 60, Nr. 1, la Polonaise, Nr. 2, la Polka, Nr. 3, la Mazourka, Berlin, Bote u. Bock, in: Neue Zeitschrift für Musik, Bd. 24, Jg. 1846, S. 158.

352 Vgl.: Pazdírek 1904 ff., Bd. 12, S. 241–249.

353 Angabe aller vorgenannten Werke nach: Pazdírek 1904 ff., Bd. 12, S. 241–249.

354 Vgl.: Riemann 1929, S. 1968.

355 Vgl.: Franz Schubert, „Die Rose" op. 73, D 745.

356 Vgl.: Franz Liszt, Vier Lieder von Franz Schubert für das Pianoforte übertragen, Nr. 4, „Die Rose" (D 745), entstanden 1833, Erstausgabe bei Hofmeister, Leipzig 1835; Neuedition hrsg. bei Tobias Haslinger, Wien 1838. Vgl. dazu auch: Ramann 1880, Kap. XXVI, Liszt und das deutsche musikalische Lied, sowie seine Schubert-Übertragungen.

357 Vgl.: Ballstaedt/Widmaier 1989, S. 315 ff.

358 Vgl.: Musikhandel und Musikpflege, Bd. V, Jg. 1902/03, S. 107, zitiert nach: Ballstaedt/Widmair 1989, S. 317.

359 Zu Blumenstücken vgl.: Ballstaedt/Widmaier 1989, S. 229.

360 Vgl. ebd., S. 315, Zitat nach: Neue Zeitschrift für Musik, Bd. XXVI, 1847, S. 9.

361 Erste von vier Strophen des Gedichtes „Rose von Baierland" von Johann Nepomuk Vogl. Abgedruckt unter: „Die vorzüglichsten Gedichte, welche aus Anlaß der allerhöchsten Vermälung veröffentlicht wurden" bei: Tschudy 1854, S. 108 f. – Vgl. auch Naske 1854, S. 23: Das Gedicht wurde vom ersten Kapellmeister am k. k. priv. Josephstädter Theater in Wien, Herrn A. M. Storch vertont und zur Ankunft der Kaiserin auf ihrem Weg nach Wien in Linz von der Linzer Liedertafel vorgetragen. Es erschien zuerst in der Neuen Münchner-Zeitung kurz vor Elisabeths Abreise und wurde in zahlreichen weiteren Journalen veröffentlicht.

362 Brief der Erzherzogin Sophie, veröffentlicht in der „Reichspost" vom 22. April 1934, zitiert nach: Hamann 1997b, S. 31, vgl. auch S. 611, Anm. 15.

363 Vgl.: Fischer-Westhauser/Mraz 2008, S. 43; eine Abbildung sämtlicher Billettseiten ebd. im Vorsatz. – Abbildung: „Vermählungsanzeige Franz Joseph und Elisabeth", kolorierte Lithografie von Friedrich Hohe (1801/2–1870), unter Verwendung eines Stahlstiches (Porträt: Elisabeth) von Josef Axmann (1793–1873); Verlag: Joseph Bermann, Wien.

364 Zitiert nach: Ebd., S. 407 f.

365 Zitiert nach: Hamann 1997a, S. 107.

366 Vgl. ebd., S. 107–109.

367 Vgl. dazu z. B. die umfangreiche Gedichtanthologie, hrsg. von Truska 1854, insbes. S. 81 (Maria von Thurnberg: „Rose von Oesterreich") und S. 198 f. (Adolph Hirschberg: „An die Rose"). Gustav Asch verfasste alleine drei „Blumengedichte" in seinem Gedichtband „Nachklänge" von 1855: „Rosenkunde" (S. 15–18), „Rose und Myrthe" (S. 25–27) und „Oesterreich's jüngste Blüthe" (S. 37–41). – Wurzbach 1854, Gedicht: „An die Majestäten […]", im Vorsatz, o. S.

368 Auszug aus dem Gedicht „Ein Rosenblatt auf den Traualtar", ohne Verfasserangabe, gedruckt bei Leopold Sommer in Wien, Wien am 22. April 1854. Zitiert nach einem Exemplar der Österreichischen Nationalbibliothek aus der ehem. Bibliothek des Polizeiministeriums.

369 Beispielsweise memorierend aufgearbeitet in der Inszenierung des Balletts „Mayerling" von Kenneth MacMillan; Uraufführung vom Royal Ballet in Covent Garden am 14. Februar 1978, Premiere an der Wiener Staatsoper am 28. Oktober 2008. – Außerdem zuletzt popular dargebracht in dem Musical „Rudolf – Affaire Mayerling", basierend auf dem Roman „Ein letzter Walzer" von Frederic Morton; Musik: Frank Wildhorn, Buch und Liedtexte: Jack Murphy und Nan Knighton.

370 Streng genommen ist durch den Titel nicht einmal festgelegt, ob es sich um ein grünes Blatt am Zweig oder ein Rosenblütenblatt handeln soll.

371 Vgl.: Ballstaedt/Widmaier 1989, S. 340.

372 Als Geburtsort wird auch Kopenhagen angegeben. – Im Verlag Haslinger erschien ebenfalls: „Auf der Alm", Phantasie, op. 91. – Zu R. Willmers vgl.: Ledebur 1861, S. 646 f.

– Mendel/Reissmann, Bd. 11, 1879, S. 368 f. – Wurzbach, Bd. 56, 1888, S. 196. – Pazdírek 1904 ff., Bd. 12, S. 676–679. – Riemann, Bd. 2, 1929, S. 2032. – Newman 1969, S. 61, 605. – Frank/Altmann 1971, S. 690. – Abbildung: Porträt „Rudolph Willmers", Lithografie von G. Honig (?) nach einer Zeichnung von Carl Oesterley (1805–1891); Druck: Lithografisches Institut F. E. Ritmüller, Göttingen.

373 Zitiert nach: Wurzbach, Bd. 56, 1888, S. 197.

374 Vgl.: Strauß 1994, S. 409.

375 Zitiert nach: Hanslick 1869, S. 413, Anm. 1. (Rezension erschienen in der Beilage zur k. k. Wiener Zeitung, Ausgabe vom 14. April 1849).

376 Vgl.: Hanslick, Eduard: Die Wiener Konzertsaison 1853–1854, in: Oesterreichische Blätter für Literatur und Kunst. Beilage zur Wiener allgemeinen Zeitung, Nr. 21, Ausgabe vom 22. Mai 1854, S. 147.

377 Vgl.: Ledebur 1861, S. 646; Pazdírek, Bd. 12, S. 677.

378 Vgl.: Hanslick, wie Anm. 376, S. 413.

379 Zitiert nach: Hanslick 1897, S. 497, Rezension zum Konzert vom 11. September 1867 in Wien.

380 Abbildung: „Unser Kaiserpaar als glückliche Neuvermählte im Park von Schloss Schönbrunn", Verlag: Steinmann & Heitz, Wien.

381 Vgl.: Frédéric Chopin, Scherzo 1-4, op. 20, 31, 39, 54; Johannes Brahms, Scherzo es-Moll, op. 4.

382 Vgl.: Platen, Emil: Scherzo, in: Das neue Lexikon der Musik, begr. von Günther Massenkeil, Redaktion Ralf Noltensmeier, Bd. 4, Stuttgart/Weimar 1996, S. 194 f.

BILDNACHWEIS

Österreichische Nationalbibliothek, Wien, Bildarchiv: S. 10, 15, 19, 29, 30, 35, 44, 51, 55, 61, 79, 87, 149, 168, 195, 205, 209 (Titelbild aus Abb. S. 15, Bucheinband Rückseite und CD-Cover aus Abb. S. 44).

Österreichisches Staatsarchiv, Wien: S. 45, 52, 53.

Privatbesitz: S. 8, 17, 37, 39, 40, 49, 85, 95, 97, 103, 117, 141, 145, 163, 189, 210.

Reproduktion nach „Baudi [um 1850]": S. 21, 23, 25, 27.

Reproduktion nach „Ehrlich 1893": S. 111, 127, 155, 182.

Reproduktion nach „Leipziger Illustrirte Zeitung": S. 24, 43, 46, 57, 63, 74, 75, 173.

Reproduktion nach „Werner 1854": S. 2.

Reproduktion nach „Wiener allgemeine Theaterzeitung": S. 99.

Vermählungsanzeige Franz Joseph und Elisabeth: S. 199, © Schloß Schönbrunn Kultur- und Betriebsges. m. b. H., Fotograf: Edgar Knaack.

Wien Museum, Wien: S. 63, 69.

LITERATUR

ADB 1875 ff.
Allgemeine Deutsche Biographie. Auf Veranlassung und mit Unterstützung seiner Majestät des Königs von Bayern, Maximilian II., hrsg. durch die Historische Commission bei der Königlichen Akademie der Wissenschaften, Leipzig 1875 ff.

d'Albon 1890
Albon, Eugen Baron d': Unsere Kaiserin, Wien 1890.

Altenburg 2011
Altenburg, Detlef (Hrsg.): Franz Liszt – Ein Europäer in Weimar. Katalog der Landesausstellung Thüringen im Schiller-Museum und Schlossmuseum Weimar, 24. Juni bis 31. Oktober 2011, Köln 2011.

Asch 1855
Asch, Gustav: Nachklänge zur Erinnerung an Oesterreichs Jubeltage. Gedichte, Rumburg 1855.

Baldi [um 1850]
Baldi, Gregor: Album von Oberösterreich und Salzburg in 39 Ansichten mit erläuterndem Text, Salzburg o. J. [um 1850].

Ballstaedt/Widmaier 1989
Ballstaedt, Andreas; Widmaier, Tobias: Salonmusik. Zur Geschichte und Funktion einer bürgerlichen Musikpraxis (Beihefte zum Archiv für Musikwissenschaft, hrsg. von Hans Heinrich Eggebrecht, Bd. XXVIII), Stuttgart 1989.

Bohnsack 1985
Bohnsack, Almut: Spinnen und Weben. Entwicklung von Technik und Arbeit im Textilgewerbe, 1. Auflage Reinbek bei Hamburg 1981, 2. Auflage ebd. 1985.

Brosche 1987
Brosche, Günter: Huldigung der Tonsetzer Wiens an Elisabeth Kaiserin von Österreich (Wien 1854). Erstdruck in Reproduktion der Originalhandschriften, mit einer Einführung von Brigitte Hamann (Denkmäler der Tonkunst in Österreich, Bd. 142–144), Wien 1987.

Bruckner/Praschl-Bichler 1998
Bruckner, Gerhard; Praschl-Bichler, Gabriele: Sisis Melodien. Die Musik der Kaiserin Elisabeth, Graz 1998.

Brusatti 1986
Brusatti, Otto: Von der heiligen Elisabeth zur „Liebesleid-Sissy" (Die Kaiserin in der Musik), in: Waissenberger/Walther 1986, S. 102–104.

Burger 1986
Burger, Ernst: Franz Liszt. Eine Lebenschronik in Bildern und Dokumenten, Vorwort: Alfred Brendel, München 1986.

Corti 1934
Corti, Egon Caesar Conte: Elisabeth, „die seltsame Frau", nach dem schriftlichen Nachlass der Kaiserin, den Tagebüchern ihrer Tochter u. a. Dokumenten, Salzburg 1934.

Dahlhaus 1967
Dahlhaus, Carl (Hrsg.): Studien zur Trivialmusik des 19. Jahrhunderts (Studien zur Musikgeschichte des 19. Jahrhunderts, Bd. 8), Regensburg 1967.

Dahlhaus 1980
Dahlhaus, Carl: Die Musik des 19. Jahrhunderts, Neues Handbuch der Musikwissenschaften, Bd. 6, Wiesbaden 1980.

Drewermann 2007
Drewermann, Eugen: Rumpelstilzchen: Von der „Wertschöpfung" menschlicher Arbeit, in: Eugen Drewermann: Von der Macht des Geldes oder Märchen zur Ökonomie, Düsseldorf 2007.

Edler 2002
Edler, Arnfried: Virtuose und poetische Klaviermusik, in: Europäische Musikgeschichte, hrsg. von Sabine Ehrmann-Herfort, Ludwig Finscher und Giselher Schubert, Bd. 2, Kassel 2002, S. 705–762.

Edler 2003
Edler, Arnfried: Gattungen der Musik für Tasteninstrumente, Teil 2: Von 1750–1830 (Handbuch der musikalischen Gattungen, hrsg. von Siegfried Mauser, Bd. 7), Laaber 2003.

Edler 2004
Edler, Arnfried: Gattungen der Musik für Tasteninstrumente, Teil 3: Von 1830 bis zur Gegenwart (Handbuch der musikalischen Gattungen, hrsg. von Siegfried Mauser, Bd. 7), Laaber 2004.

Edler 2005
Edler, Arnfried: Ein Brief Adolph Henselts an Robert Schumann. Zur Bedeutung der Kategorie des Verstehens in der Musik des 19. Jahrhunderts, in: Mono 12. Musik: gehört, gesehen und erlebt, Festschrift für Klaus-Ernst Behne zum 65. Geburtstag, hrsg. von Claudia Bullerjahn, Heiner Gembris und Andreas C. Lehmann, Hannover 2005, S. 53–61.

Ehrlich 1893
Ehrlich, Alfred: Berühmte Klavierspieler der Vergangenheit und Gegenwart. Eine Sammlung von 116 Biographien und 114 Porträts, Leipzig 1893.

Epp 2006
Epp, Anette: Die Rosen singen Liebeslieder. Rosengedichte der Kaiserin Elisabeth, München 2006.

Fay 1882
Fay, Amy: Musikstudien in Deutschland. Aus Briefen in die Heimath, Berlin 1882.

Fellinger 1967
Fellinger, Imogen: Die Begriffe Salon und Salonmusik in der Musikanschauung des 19. Jahrhunderts, in: Dahlhaus, Carl (Hrsg.): Studien zur Trivialmusik des 19. Jahrhunderts (Studien zur Musikgeschichte des 19. Jahrhunderts, Bd. 8), Regensburg 1967, S. 131–141.

Fischer-Westhauser/Mraz 2008
Fischer-Westhauser, Ulla; Mraz, Gerda: Elisabeth. Prinzessin in Bayern, Kaiserin von Österreich, Königin von Ungarn; Wunschbilder oder: Die Kunst der Retouche, 1. Auflage 1998, 2. Auflage Wien 2008.

Fischer-Westhauser 2007
Fischer-Westhauser, Ulla: Geschenke für das Kaiserhaus. Huldigungen an Kaiser Franz Joseph und Kaiserin Elisabeth, Katalog zur Ausstellung im Prunksaal der Österreichischen Nationalbibliothek, 27. April bis 28. Oktober 2007, Wien 2007.

Frank/Altmann 1971
Kurzgefaßtes Tonkünstler-Lexikon. Für Musiker und Freunde der Musik, begründet von Paul Frank, neu bearbeitet und ergänzt von Wilhelm Altmann, mit einem Vorwort von Helmut Rösner; Erster Teil: Neudruck der Ausgabe von 1936, 15. Auflage Wilhelmshaven 1971.

Fuchs 1994
Fuchs, Thorsten: „Man glaubt nicht, einen Pianisten Dreyschock, sondern drei Schock Pianisten zu hören", in: Der jüdische Beitrag zur Musikgeschichte Böhmens und Mährens, hrsg. von Torsten Fuchs, Ingrid Hader und Klaus-Peter Koch, Bericht zum 2. sudetendeutsch-tschechischen Musiksymposium, 28./29. September 1992 in Regensburg (Veröffentlichungen des Sudetendeutschen Musikinstituts, Bd. 2), Regensburg 1994, S. 99–108.

Gathmann 1986
Gathmann, Peter: Elisabeth: Bild und Sein, in: Waissenberger/Walther 1986, S. 13–23.

Großmann 1999
Großmann, Linde: Berlins Beitrag zur Entwicklung des Klavierspieles und der Klaviermethodik, in: Pianisten in Berlin. Klavierspiel und Klavierausbildung seit dem 19. Jahrhundert, hrsg. von Wolfgang Rathert und Dietmar Schenk, Berlin 1999, S. 13–22.

Grove 2001
The New Grove. Dictionary of Music and Musicians, 1. Auflage hrsg. von George Grove, 2. Auflage, hrsg. von Stanley Sadie und John Tyrrell, 29. Bde., London/New York 2001.

Gut 2009
Gut, Serge: Franz Liszt (Musik und Musikanschauung im 19. Jahrhundert, Studien und Quellen, hrsg. von Detlef Altenburg, Bd. 14), aus dem Französischen übersetzt von Inge Gut, Sinzig 2009.

Hamann 1987
Hamann, Brigitte: Elisabeth und die Musik, in: Brosche, Günter: Huldigung der Tonsetzer Wiens an Elisabeth Kaiserin von Österreich (Wien 1854). Erstdruck in Reproduktion der Originalhandschriften, mit einer Einführung von Brigitte Hamann (Denkmäler der Tonkunst in Österreich, Bd. 142–144), Wien 1987, S. X–XII.

Hamann 1988
Hamann, Brigitte (Hrsg.): Die Habsburger. Ein biographisches Lexikon, Wien 1988.

Hamann 1997a
Hamann, Brigitte (Hrsg.): Kaiserin Elisabeth. Das poetische Tagebuch (Fontes Rerum Austriacarum, Österreichische Geschichtsquellen, erste Abteilung, Scriptores, Bd. 12), Wien 1997.

Hamann 1997b
Hamann, Brigitte: Elisabeth – Kaiserin wider Willen, überarbeitete Neuausgabe der 1981 erschienenen Erstausgabe, Wien 1997.

Hamann 1998
Hamann, Brigitte: Elisabeth. Bilder einer Kaiserin, 1. Auflage 1986, 6. Auflage Wien/München 1998.

Hand 1841
Hand, Ferdinand G.: Aestetik der Tonkunst, Bd. 2, Jena 1841.

Hanslick 1869
Hanslick, Eduard: Geschichte des Concertwesens in Wien, 1. Teil, Wien 1869.

Hanslick 1897
Hanslick, Eduard: Aus dem Concert-Saal. Kritiken und Schilderungen aus 20 Jahren des Wiener Musiklebens 1848–1868. Nebst einem Anhang: Musikalische Reisebriefe aus England, Frankreich und der Schweiz, 2. durchgesehene und verbesserte Auflage, Wien/Leipzig 1897.

Haslinger 1997
Haslinger, Ingrid: Ehemalige Hofsilber & Tafelkammer. Der kaiserliche Haushalt: Tafelkultur, Hofküche, Hofzuckerbäckerei, Hofkeller, Hofzehrgaden, Hofwäsche- und Hoflichtkammer, Wien/München 1997.

Haslinger 2001
Haslinger, Ingrid: Augenschmaus und Tafelfreuden. Die Geschichte des gedeckten Tisches (Eine Publikationsreihe der Museen des Mobiliendepots, Bd. 9), München/Wien/Zürich 2001.

Haslinger 2007
Haslinger, Ingrid: Tafeln mit Sisi. Rezepte und Eßgewohnheiten der Kaiserin Elisabeth von Österreich, hrsg. und mit

einem Vorwort versehen von Ilsebill Barta, 1. Auflage 1998, 2. überarbeitete und erweiterte Auflage Wien/München 2007.

Helm 1972
Helm, Everett: Franz Liszt in Selbstzeugnissen und Bilddokumenten, Reinbek bei Hamburg 1972.

Hildebrandt 1985
Hildebrandt, Dieter: Pianoforte oder Der Roman des Klaviers im 19. Jahrhundert, München/Wien 1985.

Hofmann 1992
Hofmann, Stefan: Adolph Henselt (1814–1889). Leben und Werk, Examensarbeit, Hochschule für Musik Würzburg 1992 (ungedruckt).

Keil-Zenzerova 2007
Keil-Zenzerova, Natalia: Adolph von Henselt. Ein Leben für die Klavierpädagogik in Rußland (Europäische Hochschulschriften, Reihe 36, Musikwissenschaft, Bd. 249; zugl.: Chemnitz, Techn. Univ., Diss., 2004), Frankfurt am Main u. a. 2007.

Kindl 2007
Kindl, Gebhard: Adolph von Henselt's Memoiren „Meine ersten Erinnerungen" (Schriftenreihe des Stadtmuseums Schwabach, Bd. 7), Schwabach 2007.

Kindl 2010
Kindl, Gebhard: Adolph von Henselts Briefe. Erstausgabe des im Henselt-Archiv des Stadtmuseums Schwabach gesammelten Briefwechsels von Adolph und Rosalie von Henselt. Transliteriert von Gebhard und Ursula Kindl

(Schriftenreihe des Stadtmuseums Schwabach, Bd. 8), Schwabach 2010.

Kirsch 1966
Kirsch, Winfried: Musik am Wegkreuz der deutschen Romantik: Chopins *Berceuse* op. 57, in: Deutsche Musik im Wegkreuz zwischen Polen und Frankreich. Zum Problem musikalischer Wechselbeziehungen im 19. und 20. Jahrhundert. Berichte der Tagung am Musikwissenschaftlichen Institut der Johannes Gutenberg-Universität Mainz, hrsg. von Christoph-Hellmut Mahling und Kristina Pfarr (Mainzer Studien zur Musikwissenschaft, Bd. 34), Tutzing 1996, S. 143–164.

Koch 2004
Koch, Klaus-Peter: „Henselt war nicht allein" – Deutsche Musiker in St. Petersburg, in: Adolph Henselt und der musikkulturelle Dialog zwischen dem westlichen und dem östlichen Europa im 19. Jahrhundert, Konferenzbericht Schwabach 25.–27. Oktober 2002, hrsg. von Lucian Schiwietz, Sinzig 2004, S. 13–26.

Kreisig 1914
Kreisig, Martin (Hrsg.): Gesammelte Schriften über Musik und Musiker von Robert Schumann, 2 Bde., 5. Auflage Leipzig 1914.

Krueger 1971
Krueger, Wolfgang: Das Nachtstück. Ein Beitrag zur Entwicklung des einsätzigen Pianofortestückes im 19. Jahrhundert (Schriften zur Musik, hrsg. von Walter Kolneder), München 1971.

Kuhe 1896
Kuhe, Wilhelm: My Musical Recollections, London 1896.

Ladenburger/Grigat 2003
Ladenburger, Michael; Grigat, Friederike: Beethovens „Mondschein-Sonate". Original und romantische Verklärung (Veröffentlichungen des Beethoven-Hauses, Ausstellungskataloge, Bd. 14, hrsg. von Michael Ladenburger und Silke Bettermann), Bonn 2003.

La Mara 1893
La Mara (Lipsius, Marie), Hrsg.: Franz Liszt's Briefe, Bd. 1, Von Paris bis Rom, Leipzig 1893; Bd. 2, Von Rom bis an's Ende, Leipzig 1893.

La Mara 1895
La Mara (Lipsius, Marie), Hrsg.: Briefe hervorragender Zeitgenossen an Franz Liszt, 3 Bde., Leipzig 1895–1904.

La Mara 1919
La Mara (Lipsius, Marie): Adolf Henselt. Neubearbeiteter Einzeldruck aus den „Musikalischen Studienköpfen", 9. Auflage, Leipzig 1919.

Langer 1854
Langer, Anton I.: Dieß Buch gehört der Kaiserin! Eine Volksstimme aus Oesterreich zur Feier des 24. Aprils 1854, 2. Auflage Wien 1854.

Ledebur 1861
Ledebur, Carl Freiherr von: Tonkünstler-Lexicon Berlin's von den ältesten Zeiten bis auf die Gegenwart, Berlin 1861.

Lenz 1872
Lenz, Wilhelm von: Die großen Pianoforte-Virtuosen unserer Zeit aus persönlicher Bekanntschaft. Liszt – Chopin – Tausig – Henselt, Berlin 1872.

Lepel 1929
Lepel, Felix von (Hrsg.): Memoiren von Laura Rappoldi-Kahrer, nebst ungedruckten Briefen von Franz Liszt, Hans von Bülow, Anton Bruckner, Adolph Henselt, Leimeritz a. d. Elbe 1929.

Lexikon zur Deutschen Musikkultur 2000
Lexikon zur Deutschen Musikkultur. Böhmen, Mähren, Sudetenschlesien (hrsg. vom Sudetendeutschen Musikinstitut Regensburg, Projektleitung Widmar Hader und Klaus-Peter Koch), 2 Bde., München 2000.

Lindinger 1998
Lindinger, Michaela: „Stratosphäre des reinen, unentweihten Mythos" – Zu den Grundlagen der Legenden (um) Sisi / Evita / Lady Di, in: Walther 1998, S. 23–32.

Lippe-Weißenfeld 2007
Lippe-Weißenfeld, Hagen W.: Das Klavier als Mittel politischer Distinktion im Zusammenhang mit der Entwicklung des Klavierbaus in London und Berlin an den Beispielen Broadwood und Beckstein, Frankfurt am Main 2007.

Mann 1971
Mann, Michael: Heinrich Heines Musikkritiken (Heine-Studien, Bd. 1, hrsg. von Manfred Windfuhr), Hamburg 1971.

Mayer 2001
Mayer, Hans: Nicht-mehr und Noch-nicht im „Fliegenden Holländer", in: Der Fliegende Holländer, Programmbuch Nr. 57 der Staatsoper Unter den Linden, Berlin 2001, S. 33–49. (Nachdruck aus: Anmerkungen zu Richard Wagner, Frankfurt am Main 1966.)

Mendel/Reissmann 1870 ff.
Musikalisches Conversations-Lexikon. Eine Encyklopädie der gesamten musikalischen Wissenschaften, begründet von Hermann Mendel, fortgesetzt von August Reissmann, 11 Bde., Berlin 1870 ff.

MGG 1994 ff.
Die Musik in Geschichte und Gegenwart. Allgemeine Enzyklopädie der Musik, begr. von Friedrich Blume, 2. neubearbeitete Ausgabe, hrsg. von Ludwig Finscher, 21 Bde. in zwei Teilen (Sachteil, Bd. 1–9, Personenteil, Bd. 10–26), Kassel u. a. 1994 ff.

Mraz 1997
Österreich Ungarn in Lied und Bild: ein Hochzeitsgeschenk an Kaiserin Elisabeth 1854, hrsg. von Gerda Mraz, mit Beiträgen von Emil Brix u. a., Wien 1997.

Naske 1854
Naske, Adolph Karl: Gedenkbuch über die Vermählungs-Feierlichkeiten Sr. k. k. apostolischen Majestät Franz Joseph I., Kaisers von Oesterreich, mit Elisabeth, Herzogin in Baiern. Eine historisch-treue und ausführliche Schilderung aller denkwürdigen durch Wort und That begangenen Festlichkeiten, von der Ankunft der durchlauchtigs-

ten Kaiserbraut an der österreichischen Gränze bis nach dem Volksfeste im Prater. Nebst einer nominativen Aufzählung aller bei diesem erhabenen Anlasse von Allerhöchst Seiner k. k. apostolischen Majestät huldvollst verliehenen Ehren-Auszeichnungen und geübten Gnadenakte, Wien 1854.

Newman 1969
Newman, William S.: The Sonata since Beethoven. The Third and Final Volume of A History of the Sonata Idea, Chapel Hill 1969.

Niemöller 2007
Niemöller, Klaus Wolfgang: Heine und die Pariser Klaviervirtuosen, in: Übergänge zwischen Künsten und Kulturen. Internationaler Kongress zum 150. Todesjahr von Heinrich Heine und Robert Schumann, hrsg. von Henriette Herwig u. a., Stuttgart/Weimar 2007, S. 25–35.

Pauli 1846
Pauli, Ludwig (pseud.: Lyser, Johann Peter): Alexander Dreyschock. Ein Künstler-Portrait, in: Wiener-Zeitschrift für Kunst, Literatur, Theater und Mode, 31. Jg., Nr. 28, Ausgabe vom 7. Februar 1846, S. 110 f.

Pazdírek 1904 ff.
Pazdírek, Franz: Universal-Handbuch der Musikliteratur aller Zeiten und Völker, Nachdruck der Ausgabe Wien 1904–1910, 12 Bde., Hilversum 1967.

Praschl-Bichler 2008
Praschl-Bichler, Gabriele: Unsere liebe Sisi. Die Wahrheit über Erzherzogin Sophie und Kaiserin Elisabeth. Aus bislang unveröffentlichten Briefen, Wien 2008.

Quadt 1997
Quadt, Heinz-Gerhart: Adolf Pompe, Gustav Reichard, Charles Voss. – Ein Beitrag zur Musikgeschichte in Pommern, in: Beiträge zur Geschichte Vorpommerns: die Demminer Kolloquien 1985–1994, Schwerin 1997.

Raabe 1968
Raabe, Peter: Liszts Schaffen (Franz Liszt, 2. Buch), 2. ergänzte Auflage, Tutzing 1968.

Ramann 1880 ff.
Ramann, Lina: Franz Liszt. Als Künstler und Mensch, 2 Teile in 3 Bde., Leipzig 1880–1894.

Ramann 1902
Ramann, Lina: Liszt-Pädagogium; Nachdruck der Ausgabe Leipzig 1902, mit einem Vorwort von Alfred Brendel, Wiesbaden 1986.

Rathert/Schenk 1999
Rathert, Wolfgang; Schenk, Dietmar (Hrsg.): Pianisten in Berlin. Klavierspiel und Klavierausbildung seit dem 19. Jahrhundert, Berlin 1999.

Rauscher 1854
Rauscher, Joseph Othmar Kardinal: Anrede bei der Vermählung Seiner kaiserl. königl. apostolischen Majestät Franz Joseph I. mit Ihrer königl. Hoheit der durchlauchtigsten Prinzessin Elisabeth in Baiern, am 24. April 1854, Wien 1854.

Riemann 1901
Riemann, Hugo: Geschichte der Musik seit Beethoven (1800–1900), Berlin/Stuttgart 1901.

Riemann 1929
Hugo Riemanns Musiklexikon, 11. Auflage, bearb. von Alfred Einstein, 2 Bde., Berlin 1929.

Riemann 1959 ff.
Riemann Musik Lexikon, 12. völlig neu bearb. Auflage in 3 Bde., hrsg. von Willibald Gurlitt, Personenteil A-K, Mainz 1959, Personenteil L-Z, ebd. 1961, Sachteil ebd. 1967.

Schad 1998
Schad, Martha: Elisabeth von Österreich; Originalausgabe, München 1998, 6. Auflage ebd. 2007.

Schad 2007
Schad, Martha: Romanzen auf der Roseninsel, 2. Auflage Rosenheim 2007.

Schiwietz 2003
Schiwietz, Lucian: Henselts Chopin, in: Chopin 1849/1999. Aspekte der Rezeptions- und Interpretationsgeschichte, hrsg. von Andreas Ballstaedt, Schliengen 2003, S. 107–125.

Schiwietz 2004
Schiwietz, Lucian (Hrsg.): Adolph Henselt und der musikkulturelle Dialog zwischen dem westlichen und dem östlichen Europa im 19. Jahrhundert, Konferenzbericht Schwabach 25.–27. Oktober 2002 (Edition IME, Reihe I: Schriften, Bd. 14), Sinzig 2004.

Schnitzer 1898
Schnitzer, Ignaz: Franz Joseph I. und seine Zeit. Cultur-Historischer Rückblick auf die Francisco-Josephinische Epoche, Bd. 1, Wien 1898.

Schonberg 1965
Schonberg, Harold C.: Die großen Pianisten. Eine Geschichte des Klaviers und der berühmtesten Interpreten von den Anfängen bis zur Gegenwart, Bern/München/Wien 1965.

Strauß 1994
Eduard Hanslick, sämtliche Schriften. Historisch-kritische Ausgabe, Bd. I/2, Aufsätze und Rezensionen 1849–1854, hrsg. von Dietmar Strauß, Wien/Köln/Weimar 1994.

Telesko 2006
Telesko, Werner: Geschichtsraum Österreich. Die Habsburger und ihre Geschichte in der bildenden Kunst des 19. Jahrhunderts, Wien/Köln/Weimar 2006.

Telesko 2009
Telesko, Werner: Historia sacra? Zum Wechselverhältnis von Geschichte und Religion in der Historienkunst des 19. Jahrhunderts, in: Das Münster, Zeitschrift für christliche Kunst und Kunstwissenschaft, 62. Jg., Heft 4, Regensburg 2009, S. 244–257.

Trenkler 2005
Trenkler, Thomas: Sisi in Wien. Auf den Spuren der Kaiserin Elisabeth, Wien 2005.

Truska 1854
Truska, Heliodor: Oesterreichisches Frühlings-Album 1854, Wien 1854.

Tschudy von Glarus 1854
Tschudy von Glarus, Friedrich: Illustrirtes Gedenkbuch zur immerwährenden Erinnerung an die glorreiche Ver-

mählungsfeier seiner k. k. Apostolischen Majestät Franz Joseph von Oesterreich mit Ihrer königlichen Hoheit der Durchlauchtigsten Frau Herzogin Elisabeth in Baiern, vollzogen in Wien am 24. April 1854, Wien 1854.

Unterreiner 2006
Unterreiner, Katrin: Sisi. Mythos und Wahrheit, 2. Auflage München/Wien 2006.

Waissenberger/Walther 1986
Waissenberger, Robert; Walther, Susanne: Elisabeth von Oesterreich. Einsamkeit, Macht und Freiheit (99. Sonderausstellung des Historischen Museums der Stadt Wien, Hermesvilla, Lainzer Tiergarten, 22. März 1986 bis 22. März 1987), Wien 1986.

Walther 1998
Walther, Susanne: „Keine Thränen wird man weinen …“ Kaiserin Elisabeth (235. Sonderausstellung des Historischen Museums der Stadt Wien, Hermesvilla, Lainzer Tiergarten, 2. April 1998 bis 16. Februar 1999), Wien 1998.

Werner 1854
Werner, Anton: Die Festtage Wiens vom 22. bis 30. April 1854. Vollständige und getreue Beschreibung aller Hof-, städtischen und Privat- Fest- und Feierlichkeiten, welche bei der allerhöchsten Vermälung Seiner Majestät des Kaisers in Wien und dessen Umgebungen stattgefunden haben. Sammt der neuen Volkshymne und den besten, aus Anlaß des freudenvollen Ereignisses verfaßten Gedichten. Mit dem Porträt Ihrer Majestät der Kaiserin Elisabeth und einer Abbildung der festlich geschmückten Elisabethenbrücke. Nach Originalen und den besten Zeitungsberichten bearbeitet, Wien 1854.

Wurzbach 1854
Wurzbach, Constantin von: Das Elisabethen-Buch. Festalbum denkwürdiger Fürstinnen. Zur Vermählungsfeier Seiner Majestät des Kaisers Franz Joseph I. von Oesterreich mit Elisabeth Eugenie Herzogin in Baiern, Wien 1854.

Wurzbach 1856 ff.
Wurzbach, Constantin von: Biographisches Lexikon des Kaiserthums Oesterreich, enthaltend die Lebensskizzen der denkwürdigen Personen, welche 1750 bis 1850 im Kaiserstaate und in seinen Kronländern gelebt haben, 60. Bde., Wien 1856–1881 (Reprint, Bad Feilnbach 2001).

Zeraschi 1985
Zeraschi, Helmut: Musikalische Schnurren und Schnipsel, Berlin (Ost) 1977, 4. Auflage ebd. 1985.

Zglinicki 1979
Zglinicki, Friedrich von: Die Wiege, volkskundlich – kulturgeschichtlich – kunstwissenschaftlich – medizinhistorisch. Eine Wiegen-Typologie mit über 500 Abbildungen, Regensburg 1979.

Zieliński 1999
Zieliński, Tadeusz A.: Chopin. Sein Leben, sein Werk, seine Zeit, Bergisch Gladbach 1999 (polnische Originalausgabe, Paris 1993).

NINO KOTRIKADZE

Klavierunterricht erhielt die als Kind einer Musikerfamilie in Tiflis (Georgien) geborene Pianistin Nino Kotrikadze bereits im Alter von fünf Jahren bei ihrer Mutter, einer selbst am Konservatorium ausgebildeten Pianistin und aktiven Musikwissenschaftlerin. Früh wurde das Talent der Tochter für das Tasteninstrument offenbar, daher konnte Nino Kotrikadze schon während ihrer Schulzeit an einem speziellen Musikgymnasium ihrer Heimatstadt gefördert werden. Dort, und an einem weiteren Gymnasium, das sie parallel besuchte, wurde der Grundstock gelegt für die vier europäischen Sprachen, die sie heute – zusätzlich zur Weltsprache der Musik – fließend beherrscht.

Im Alter von sechs Jahren trat sie erstmals gemeinsam mit einem Kammerorchester auf; mit elf gab sie ihren ersten Solo-Klavierabend mit Werken von Bach, Mozart, Schumann und Chopin. Als Konzertpartner begleitete sie oftmals Prof. Revaz Tavadze, der später ihr Lehrer am Konservatorium in Tiflis wurde. Dort nahm sie 2003 ihr Studium auf und führte es 2007 mit dem Bachelor of Arts zu einem ersten Abschluss.

Mit einem Stipendium des Deutschen Akademischen Austauschdienstes setzte sie seit 2008 ihr Studium an der Musikhochschule Lübeck bei Prof. Konrad Elser fort, ab Oktober 2010 ergänzend auch an der Hochschule für Musik und Theater Hamburg.

Nino Kotrikadze ist Preisträgerin diverser Wettbewerbe und Festivals. Sie erhielt 1995 den ersten Preis des Nationalen Musikwettbewerbs ihres Heimatlandes Georgien, erreichte 2000 den zweiten Preis beim „MTENY" Musik Festival in Tiflis, sowie 2002, mit 15 Jahren als jüngste Teilnehmerin, den Elisabeth Leonskaja Fund Award. Im Jahre 2006 wurde ihr der „Gurevich Award" als erster Preis des R. Rozhok und E. Gurevich Klavierwettbewerbs in Tiflis zuteil. Last, but not least errang Nino Kotrikadze im Juni des Jahres 2010 den Steinway-Förderpreis in Hamburg.

Künstlerische Impulse in ihrer Entwicklung gaben Nino Kotrikadze die Zusammenarbeit mit den weltweit renommierten Klavierlehrern und Pianisten Natalia Troull, Peter Lang, Karl-Heinz Kämmerling, Elisabeth Leonskaja und Andrzej Jasinski.

Als Solistin und Kammermusikerin konzertiert sie derzeit in Deutschland, Italien und der Schweiz. Ihr Repertoire reicht von den Werken des frühen Barock bis hin zu den Avantgardisten des 20. Jahrhunderts.

Tiefe Konzentration im Spiel, beispielhaft ansprechender Einsatz und hoher Ernst ihrer Interpretation sind die nach außen hin am schnellsten wahrnehmbaren Eigenschaften der Pianistin im Konzert, denn auf dem Podium weiß sie mit Ausstrahlung zu begeistern.

Ein klangreiches Farbspektrum und mitreißende Ausdruckskraft zeigen sich in den von ihr frei vorgetragenen großen Werken der Klavierliteratur, wie beispielsweise der „Kreisleriana" Schumanns oder den „Bildern einer Ausstellung" Mussorgskys.

Faszinierend einfühlsam gibt sie auch allen kleinen, „erzählenden" Charakterstücken des Elisabeth-Fest-Albums klingende Lebenskraft. Mit dieser Einspielung präsentiert Nino Kotrikadze ihre Debüt-CD. Für die Aufnahme wählte sie den großen Saal der Musikhochschule Lübeck.